가람 이병기 전집 24

역사학

— 어린이역사·역사이야기·역사 평론 —

이 도서는 2024년 국립대학육성사업의 지원을 받아 수행되었음
이 도서는 2024년 익산시와 전라북도의 지원에 의해 간행되었음

가람 이병기 전집

24

역사학

어린이역사·
역사이야기·역사 평론

전북대학교출판문화원

역사학

어린이역사 · 역사이야기 · 역사 평론

목 차

어린이역사歷史

어린이역사歷史

이병기李秉岐 저著

「어린이歷史」 정음사, 1949 표지

정음사正音社 간刊

일러두기

1. 이 책은 가람 이병기의 『어린이歷史』(정음사, 1949) 수록하였다.
2. 원문대로 표기하되 제목의 한자어만 한글한자로 표기하였으며, 『동아일보』 출전은 각주로 표시하였다.
3. 원문의 표기법을 존중하여 수록하되, 띄어쓰기는 가독성을 고려하여 현재의 한글맞춤법과 표준어규정에 따르는 것을 원칙으로 하였다.

목차

성골장군聖骨將軍[1]

지금부터 천여 년 전 신라新羅가 망할 때입니다. 호경虎景이라는 이가 있었는데 스스로 성골장군聖骨將軍이라 이르고 산에 놀기를 조아하야 백두산에도 놀고 부소산개성송악산 왼편에 이르러 장가를 들고 집을 짓고 살엇읍니다.

활을 잘 쏘고 사냥을 일삼아 그날그날을 보내다가 하로는 아홉 사람을 더불고 평나산으로 매사냥을 갓습니다.

마츰 날이 저물엇습니다.

그 근처에는 인가도 없고 다만 바위굴만 있는지라. 그 굴로 들어가 자는데 난데없는 호랑이 한 마리가 나타나 굴을 드려다보며 웅크리고 있읍니다.

열 사람이 서로 잡고 벌벌 떨다가『이러고만 있을 것이 아니라 우리들 갓을 벗어 던저 보아 그 갓을 웅키면 그 갓 임자가 당합시다』하고 과연 갓을 벗어 던지매 호경의 갓을 웅킵니다.

호경이가 나아가 그 호랑이가 싸우고저 하니 호랑이는 갑작이 없어지고 그 굴이 문어지며 아홉 사람은 다 나오지를 못하였습니다. 호경이는 돌아와 그 골 사람들을 다리고 가 그 아홉 사람의 장사를 지내고 그 산신

1「어린이歷史(1) 성골장군」,『동아일보』, 1938. 10. 16.

에게 제사를 지내매 그 산신이 나타나,

『내가 홀어미로 이 산을 지키고 있는바 다행히 장군을 만났으니 내외간이 되어 신정神政을 다스리고 이 산의 대왕大王이 되십시다』

하고는 둘이 다 숨어 보이지 않으니 그 고을 사람들이 호경으로 대왕을 삼고 사당을 세우고 제사를 지내고 이를 고려국조高麗國祖라 일컬엇습니다.

그리고 아홉 사람이 함께 죽었다 하야 이 산 이름을 구룡九龍이라기도 하고 또는 성골사聖骨祠가 있으므로 성거산聖居山이라기도 한답니다.

진훤甄萱2

신라 끝에 두 영웅이 있으니 하나는 궁예弓裔요, 또 하나는 진훤甄萱입니다. 궁예의 이야기는 이미 하였으니 오늘은 진훤의 이야기를 하겠습니다.

진훤은 상주尙州 가은현加恩縣 사람으로서 그 아버지 아자개阿慈介는 한 근실한 농부이었읍니다.

아직 진훤이가 젖을 먹을 때입니다. 그 아버지는 날마다 들에 나아가 일을 하고 있는데 하로는 그 어머니가 점심밥을 지어 광우리에 담아 이고 진훤이를 업고 그 일터를 찾아가다가 몸이 너무 무겁고 피곤하여 진훤이를 한 수풀 밑에 두고 갔습니다. 그리고 나종에 돌아오니 큼직한 암호랑이 한 마리가 와 누었습니다. 진훤의 어머니는 깜작 놀래어 크게 소리를 웨치려다가 가만이 살피어 본즉 이상하기도 하지요. 진훤이는 그 깜안 눈을 방그시 뜨고 호랑이 젖꼭지를 물고 오몰오몰 빨고 있습니다. 놀랐던 그 어머니의 가슴은 급작이 고마운 눈물로 진정되어, 우정 기침 소리를 내고 한 걸음 한 걸음 닥어가니 그제야 호랑이는 부시시 일어나 물러갔습니다. 또는 이런 말이 있습니다.

광주光州 어느 마을 집에 아름다운 한 여자가 있었는데 그 아버지 더러 이르되

---

2 「어린이歷史(二-三) 진훤甄萱 (上-下)」, 『동아일보』, 1938. 10. 23.-11. 6.

『밤마다 붉은 옷을 입은 한 남자가 와서 자고 갑니다』

하매 그 아버지가 하는 말이

『긴 실을 바늘에 꿰어 그 옷에 꼭 찔러 두어라』

하였습니다. 그 여자가 과연 그 말대로 하여 두고 그 이튿날 새벽에 이르러보니 그 실이 북편 담 밑으로 갔습니다. 그 실 끝을 찾아보니 그 바늘이 큰 지렁이 허리에 꿰어 있습니다. 그리고 애를 배어 한 사내를 낳았는데 나이 열다섯 되어 스스로 진훤이라 일컬었다 합니다.

진훤이는 어른이 되며 몸도 더 웅장하고 마음도 더 엉큼하였습니다. 신라의 벼슬을 하여 군사가 되고 장수도 되었다가 마침 그때 일어나는 도적을 오천 명 거느리고 광주 전주 등지를 차지하고 전주에 이르러서는 그 백성들에게 이르되

『백제百濟가 나라를 세운 지 오래더니 신라가 당나라와 합하야 이를 처서 멸하였으니 이제 이 완산完山(=전주全州)에 도읍을 세우고 그 원수를 갚으리라』

하고 스스로 후백제왕後百濟王이라 일컬었읍니다.

그는 아들이 여럿인데 그 네째 아들 금강金剛이를 가장 사랑하여 장차 그 임금 자리까지 내맡기려 하매 그 큰아들 신검神劍이가 그 다른 아우들과 몇 신하를 데불고 꾀하여 진훤이를 금산사金山寺에 가두고 금강이를 죽이고 스스로 대왕大王이라 일컬었읍니다.

그때 이런 동요童謠도 있었습니다.

『가여운 완산完山 아이는 아비 잃고 눈물 흘리더라』

진훤이는 금산사에 가친 지 석 달이 되자 하루는 그 지키는 군사들을 독한 술을 먹여 돌려 떠러치고 가만이 도망하여 금성錦城(=전남나주全南羅州)으로 가 있다가 고려태조高麗太祖에게 돌아가 의지하였읍니다. 고려 태

조는 크게 기뻐하여 임금의 다음을 삼고, 양주楊洲 고을까지 주어 살렸습니다.

그리고 얼마 아니하야 고려태조는 수만 명 군사를 거느리고 가서 후백제를 치고 신검이와 그 신하들을 사로잡아 수죄를 하고 죽이기도 하였습니다.

이 광경을 보던 진훤이는 분하고 원통함을 못 이겨 등창이 터져 죽었다 합니다.

고려태조高麗太祖[3]

지금 개성을 송악松嶽이라고 부르던 옛날, 그곳에는 성골장군星骨將軍의 자손 왕王씨가 많이 살었습니다. 그 왕씨 가운데 왕륭王隆이라 하는 잘난이가 있었으며 왕륭의 아들에는 왕건王建이라는 이가 있읍니다.

왕건은 얼굴이 이상하야 이마는 넓고 턱은 모지며 총명이 놀랍고 도량이 컸읍니다.

스무 살 되던 때 태봉왕 궁예에게 의탁하야 가장 뛰어난 장수가 되어 공적이 많았읍니다.

한번은 군사를 이끌고 정주貞州라는 골을 지니다 한 늙은 버드나무 밑에서 말을 내려 쉬었읍니다. 그 옆에는 시냇물이 졸졸 흐르고 시내 우에는 한 아리따운 처녀가 있었읍니다. 물어보니 그 처녀는 그 고을 장자부자의 따님입니다. 왕건은 그 처녀 집에서 융숭한 대접을 받고는 그 뒤 그 처녀를 데려다 부인을 삼고 유씨柳氏라 일컬었읍니다. 그런데 태봉왕泰封王 궁예弓裔는 그때 철원鐵原을 웅거하고 임금 노릇을 하되 착한 정사보다도 착하지 못한 일을 많이 베풀어 인심을 퍽 잃었읍니다.

어느 날 밤에 왕건의 집에는 여러 장군들이 찾어왔읍니다. 비밀히 무슨 일을 의론하라 온 줄 알고 그 부인 유씨를 보고 밭에 가서 외를 따오라고

3 「어린이歷史(4) 고려태조高麗太祖」, 『동아일보』, 1938. 11. 13.

내보냈읍니다. 그러나 유씨는 미리 그 뜻을 알고 나가는 척하다는 가만히 그 뒷문 뒤에 숨어 엿을 들은 즉 여러 장군들이 왕건더러 나라님 노릇을 하라고 하나 왕건은 듣지를 않습니다. 유씨가 급작이 뛰어나와 왕건을 격동케 말하고 갑옷을 내 입히니 여러 장군들이 옹위하고 나가 볏누리 우에 앉어 군신의 예禮를 행하고 의기義旗를 들어 번득이매 따르는 이가 만여 명입니다.

궁예는 이 소문을 듣고 달어나 버렸읍니다. 왕건은 포정전布政殿에 이르러 즉위卽位를 하고 천수天授라 연호年號를 세우니 이가 곧 고려 태조입니다.

혜종惠宗과 박술히朴述熙[4]

오다련군이라는 이가 목포全南 木浦에서 미천하게 살었는데 덕조라는 여자를 얻어 따님 한 분을 낳었는데 퍽 어여뻣습니다.

오씨 따님이 차차 자라 얌전한 색씨가 되었을 때 하루밤에는 용龍이 별안간 그 뱃속으로 들어오던 꿈을 꾸었습니다. 그 뒤 몇 날 안 되어 고려 태조가 수군장군水軍將軍으로 나주羅州로 오는데 목포에 배를 대고 뭍으로 올라, 한 냇물 위에 오색五色구름이 떠 있음을 바라보고 다다르니 마츰 오씨 따님이 빨래를 하고 있읍니다.

태조와 그 여자 사이에 한 아드님이 태어났으니 이가 이가 혜종惠宗이고 이름은 무武고 얼굴에는 자리 문의가 있는 이랍니다.

혜종이 일곱 살 적에 태조가 태자를 삼고 싶으나 그 어머니 오씨가 미천함을 저허하고 다만 낡은 상자에 자황포柘黃袍를 담어 그 어머니를 주었읍니다.

박술히朴述熙는 혜성槥城 사람인데 날래고 과단이 있으며 몹시 고기를 즐기어 개구리나 개아미 따위를 다 잡아 먹었읍니다. 나이 열여덟에 궁예弓裔의 위사衛士가 되고 그 뒤 고려 태조를 섬기어 공을 세우고 대광大匡이 되었습니다. 혜종 어머니 오씨가 이때 이 박술히에게 그 상자를 내보인바

---

4 「어린이歷史五 혜종과 박술희」, 『동아일보』, 1938. 11. 20.

박술희가 그 뜻을 알고 태조께 청하여 혜종을 태자로 삼게 하였읍니다.

태조는 그중 대한 군국軍國 일을 박술희에게 신신부탁하고 돌아가신 뒤에 박술희는 혜종을 극진히 도아주고 혜종이 병환이 나시매 무슨 일이 있을가 보아 백여 명 군사를 거느리고 다니매 혜종의 아우 되는 정종定宗이 의심하고 갑고지甲串로 귀양을 보냈는데 왕규王規라 하는 이가 박술히를 미워하여 거짓 왕명王命을 꾸미어 죽었읍니다.

강감찬姜邯贊[5]

강여청姜餘淸이라는 이가 신라新羅 사람으로서 시흥始興 골에 와서 살었읍니다.

강여청의 현손玄孫 궁손弓孫이는 고려 태조를 섬기어 삼한벽상공신三韓壁上功臣이 되고 궁진의 아들에는 강감찬姜邯贊이라는 이가 있읍니다.

강감찬은 고려 성종成宗 때에 과거를 보아 장원이 되고 이어 벼슬을 하였읍니다.

마츰 현종원년顯宗元年입니다. 거란契丹이라는 나라의 임금이 친히 군사를 거느리고 와서 서경西京(=평양平壤)을 칩니다. 우리 군사가 패하였다는 보도가 이르니 현종이 여러 신하를 더불고 항복하기를 의론하였든 바 강감찬이 홀로 말하되

『오날 일은 죄가 강조康兆(=그때 패한 장수)에게 있으나 구원할 수 없고 적은 군사로서 많은 군사를 당할 수 없으니 우선 피하였다가 차차 회복하기를 도모합시다』

하고 왕을 권하여 남쪽으로 피란을 시켰읍니다.

강감찬은 그 뒤 더 높은 벼슬을 하여 평장사平章事가 되었을 때 왕이 친히 글을 써 이르되

---

5 「어린이歷史(7-8) 강감찬姜邯贊 (上, 下)」, 『동아일보』, 1938. 12. 4.-12. 11.

『그때 거란의 군사가 한강漢江 가에 침노하였을 때 만일 강공姜公(=강감찬姜邯贊)의 꾀를 아니 썻드면 우리는 다 망하엿으리라』
하였읍니다.

그 뒤 또 거란 소손녕蕭遜寧이라는 장수가 십만 대군을 거느리고 와 침노하였습니다. 강감찬은 마츰 서북면행영도총사西北面行營都統使가 되었다가 상원수대장군上元帥大將軍이 되어 이십만 팔천삼백 명 군사를 거느리고 소손녕과 싸우는데 그중 일만 이천 명을 뽑아 가만이 산골짜기에 매복을 시키고 굵은 바로 소가죽을 꿰어 큰 냇물을 막고 기다렸읍니다. 되놈의 군사가 이르매 냇물을 터놓고 복병伏兵을 이르켜 다 두드려 잡았읍니다. 또 여러 곳에서 거란의 군사들을 처 이기어 죽이기도 많이 하였읍니다. 살어간 놈이 수천 명이라 합니다.

강감찬은 개선가凱旋歌를 부르고 돌아오매 왕이 친히 마중을 나가고 큰잔치를 베풀고 금화金花 여덟 가지를 강감찬 머리에 꽂아 주고 왼손으로는 강감찬의 손을 잡고 오른손으로는 잔을 들어 위로하엿습니다. 그리고 으뜸 공신功臣을 삼고 고을을 오백호五百戶나 주었읍니다.

강감찬은 그 뒤도 나라를 위하여 걱정을 하다가 그때 서울에 성곽城郭이 없으므로 나성羅城을 쌓자고 하매 왕이 듣고 쌓게 하였읍니다.

덕종德宗 때에 이르러서는 개국후開國候가 되고 골을 일천호一天戶를 주엇습니다. 그러자 나이 여든넷이 되어 돌아갔읍니다.

세상의 전하는 말에는 강감찬이를 낳았을 때 그 집에는 큰 별이 떨어졌다 하고 송나라 사신使臣이 강감찬을 보고는 절을 하며 하는 말이 『문곡성文曲星을 못 본 지가 오래러니 이제 예서 보겠노라』 하였다 하고, 또는 삼각산三角山 호랑이를 쫓아버리고 벼락칼을 잡어 분질렀느니 하고 마치 신인神人처럼 숭배하여 오든 이입니다.

그러나 강감찬은 실상 키도 적고 얼굴도 변변치 못하고 본대 검소함을 좋아하고 때묻은 옷을 입고 하여 여느 사람과 다를 것이 없으되 만일 정색正色을 하고 조정朝廷에 나아가 큰일을 당하여 큰 꾀를 처단할 때에는 우뚝히 나라의 주석柱石이 되어, 나라이 평안 하고 백성들이 즐겁게 사는 것은 모다 그의 공이라고 일컫든 바입니다.

한송정곡寒松亭曲[6]

한송정寒松亭 달밝은 밤의 경포대鏡浦臺에 물결 잔제
유신有信한 백구白鷗는 오락가락 하것마는
어떠타 우리 왕손王孫은 가고 아니 오느니

하는 이 노래가 한송정곡이라는 것입니다. 한송정과 경포대는 강원도 강릉 골에 있습니다. 경치 좋기로 이름난 곳입니다. 유신有信은 믿음성이 있다는 것이고 백구는 바다나 강으로 날아다니며 노는 하얀 새요, 왕손은 임금의 자손을 이름입니다. 그런데 이 노래의 뜻은 이러합니다.

한송정 달이 밝은 밤에 경포대 바다의 물결은 비단결처럼 잔잔한 때 백구는 때로오고 가고 하지마는 어찌하여 우리 임금의 자손은 한번 돌아간 뒤 다시 오지를 않는가 합니다.

이 노래를 고려말高麗末 기생 홍장紅粧이가 지었다 하나 실상은 그 오래 전부터 전하던 노래입니다.

고려사 악지樂志라는 책을 보면 이 노래가 가얏고 밑판에 써 있는데 그 가얏고가 무슨 일인지 바다에 둥둥 떠서 중국에까지 갔드랍니다. 중국 사람들은 이 가얏고의 이 노래를 보고 이 말을 몰랐읍니다. 그러자 고려 광종 때 장진공張晋公이라는 이가 중국 사신으로 갔더니 중국 사람들이

6 「어린이歷史(9).」 寒松亭曲, 『동아일보』, 1938. 12. 18.

장진공을 보고 이 노래를 물어본바 장진공은 우리말을 한문으로 번역하여 주었다 합니다.

그러나 그 번역한 것을 보면 한송정으로부터 백구가 오락가락한다는 대문밖에 없습니다.

그러면 우리 왕손이라는 이하 대문은 과연 그 뒤 홍장이라는 기생이 더 만들어 붙이었는지도 모르겠습니다.

홍장이라는 기생은 인물도 잘나고 노래도 잘 부르고 하여 경포대 놀음놀이에 한 선녀仙女가 되어 가지고 그도 감사를 놀랬다 합니다.

신혈소군神穴小君[7]

고려 제팔대 임금 현종顯宗은 고려 태조의 손자요 종욱宗郁의 아들로 성종 십일 년에 탄생되어 좀 자라서는 대량원군大良院君이 되셧읍니다.

성종 다음에 목종穆宗이 즉위卽位한 뒤, 대량원군이 열두 살이 되든 때입니다. 그때 목종의 어머니 되는 천추태후千秋太后가 대량원군을 퍽 꺼리고 미워하여 억지로 머리를 깍고 중노릇을 시켰읍니다.

대량원군은 처음에는 숭교사崇敎寺에 가 있었는데 그 절 중이 하룻밤에 꿈을 꾸니 큰 별이 앞뜰에 떨어져 갑자기 용이 되고, 용이 또 사람이 되고, 사람은 대량원군이더랍니다. 그러므로 그 뒤부터는 그 절 사람들이 모다 이상하게 여겼다 합니다.

대량원군이 열다섯 살 되든 때에는 삼각산三角山 신혈사神穴寺로 옮아가 있었는바 그때 사람들이 그를 신혈소군神穴小君이라 일컬었읍니다.

천추태후千秋太后가 여러 번 사람을 보내어 대량원군을 죽이고저 하여 한번은 내인을 시켜 술과 떡에다 독약을 넣어 이 절에 이르러 소군을 찾었으나, 한 늙은 중이 있어 땅을 파고 방을 맨들고 그 속에 소군을 숨기고는 말하기를 『소군이 놀러 나갔으니 간 곳을 모르겠다』 하였더니 내인은 돌아가고 가지고 온 술과 떡을 뜰에 헡었더니 가마귀와 참새들이 먹고

---

7 「어린이歷史(11).」 神穴小君, 『동아일보』, 1939. 1. 22.

즉시 죽었답니다.

소군이 하루는 시냇물을 두고 이런 글을 지었습니다.

한줄기 백운봉白雲峯 물이 만 리 밖의 바다로 흘러가는지라
잔잔히 바위 아래 있다고 말을 말라 얼마 아니면 용궁龍宮에 이르리라

하고 또 조고마한 배암을 두고 지엇으니

조고만 배암이 한 등걸을 감었는데
몽둥어리 비단같이 아롱지도다
꽃숲 아래 길이 있다고 말을 말라
갑자기 용이 됨이 쉬우리로다

하고 또 어느 날 꿈에는 닭의 울음과 다듬이 소리를 들었는바 이걸 술사術士에게 물었더니 풀어 말하되

『닭의 울음은 고귀위高貴位요. 다듬이 소리는 어근당御近當이니 이는 즉위의 조심이이외다』

하였읍니다.

수군이 열여덟 살 되던 해 서북면 순검사 강조가 병환 중으로 계오신 목종穆宗을 폐하고 유의兪義 등 십여 인을 이 신혈사神穴寺에 보내어 소군을 맞어다 임금을 삼으니 그가 곧 현종顯宗입니다.

현종顯宗 때에 거란과 싸움을 이기고 강감찬 장군이 큰 공을 세웠다 함은 이미 말한 바어니와 또 놀라운 일이 있으니 그때에 은진미륵불恩津彌勒佛을 맨들고 합천해인사陜川海印寺 팔만대장경을 새기기 시작한 일입니다. 과연 문화사업文化事業으로 굉장한 것입니다.

왕가도王可道의 꾀[8]

고려 현종 오 년에 상장군上將軍 김훈金訓 최질崔質 등이 군사를 거느리어 난리를 이르키고 장연우張延祐 황보유의皇甫兪義를 귀양을 보내고 무관으로서 문관을 겸하고 정사를 주장하여 조정이 퍽 문란하게 되었읍니다.

이때 이자림李子琳이라는 이는 화주방어사和州防禦使로 가 있다가 돌아와 서울에 있으며 김훈 등의 일을 보고 분하게 여기고 가만이 김맹金猛이라는 이더러 이르되

『왕은 어찌한 한고조漢高祖 운동雲夢의 놀음을 본받지 아니하시는고. 옛날 중국의 한고조가 운봉이라는 땅에 놀러 간다 하고 그 신하 한신韓信이를 꾀어 잡어죽인 일이 있읍니다』

한즉 김맹이가 그 뜻을 가만이 왕에게 아뢰었읍니다.

왕은 이자림李子琳이 일즉 서경西京(=평양平壤) 서기書記로서 인심을 많이 얻은 줄 아시고 이때 서경류수판관西京留守判官이라는 벼슬을 시켜 먼저 가서 설비를 하고 있게 하였읍니다.

그 이듬해 왕은 서경을 거동하여 여러 신하를 데불고 장락궁長樂宮에서 큰 잔치를 하다가 김훈 등이 취하였을 적에 군사를 시켜 다 잡아 김훈 최질 등 열아홉 사람을 죽여버렸읍니다.

---

8 「어린이歷史(13) 왕가도의 꾀」, 『동아일보』, 1939. 2. 5.

이 공로로 이자림李子琳은 공신功臣이 되고 참지정사參知政事까지 되었읍니다.

또 현종顯宗 이십 년에 황보유의皇甫兪義 등을 데불고 개경라성開京羅城을 쌓을 때 이자림이가 사람을 시켜 우산을 들리고 사방으로 둘러서 들락날락하라 높은 곳에 올라서서 보고 그 넓이를 고르게 하여 성터를 정하였읍니다.

이 공로로서 벼슬을 더 주고 왕王가의 성을 주고 개성현開城縣 전장田庄을 주고 그 안해를 개성군부인開城軍夫人으로 봉하엿습니다. 이자림을 왕가도王可道라는 이름으로 고친 것도 이때인 듯합니다.

현종 다음에 덕종德宗이 즉위하매 그 따님을 드리어 왕비王妃를 삼고 왕가도玉可道는 평장사平章事라는 벼슬이 되었읍니다.

그때 마츰 거란契丹 임금이 죽고 그 사위가 반하여 동경東京이란 곳을 웅거한지라 왕가도가

『이때를 타서 압록강鴨綠江의 성과 다리를 허물고 사로잡아 두었던 우리 사람들을 돌려보내라고 청하여 듣지 않으면 국교國交를 끊어버리자』고 주장하였읍니다.

그러나 다른 신하의 반대하는 이가 많아 이 주창함을 듣지 아니하였읍니다.

왕가도는 할 일 없이 시골로 돌아가 삼 년 동안을 병으로 지내다가 졸卒하였습니다.

조상祖上의 음덕陰德[9]

서눌徐訥은 고려 성종成宗 때 과거科擧에 뽑히어 국자제주國子祭酒(=벼슬 이름)가 되고 따님을 들이어 왕비王妃를 삼고 덕종德宗 때에 문하시중門下侍中이라는 벼슬을 하고 정종靖宗 때에는 대광大匡이라는 높은 벼슬을 하고 님금이 특별히 사랑하시어 그 자손에게는 영업전永業田(=오래 두고 지어먹을 땅)을 주었읍니다.

서눌의 아버지 서히徐熙는 열여덜 살 때부터 벼슬을 하였읍니다. 성종成宗 때에 거란의 장수 소손영蕭遜寧이가 팔십만 대병을 거느리고 치러온다고 위협을 하며 나와 항복을 하라는 둥, 땅을 베어달라는 둥, 또는 대신大臣을 보내어 달라는 둥 하는데 성종은 여러 신하를 모아 놓고 묻되

『누가 거란 영營에 가서 구설口舌로 그 군사를 물리치고 만세에 공을 세우겠느냐』

한즉 서희가 나서

『신이 비록 불민하오나 가겠사오이다』

하였읍니다. 왕은 강가에까지 나가 전송하고 서흭의 손을 잡고 위로하였습니다.

서희는 국서國書(=임금의 글)를 받들고 거란영에 이르니 소손영이

---

9 「어린이歷史(14) 祖上의 陰德(上, 下)」, 『동아일보』, 1939. 2. 19.-2. 26.

『나는 대조大朝의 귀인貴人이니 뜰에서 절을 하라』
하였읍니다.

『그는 신하가 임금에게 하는 예려니와 두 나라의 대신이 서로 보는데 어찌 이러랴』
하고 서희는 대답을 하고 끝끝내 항거하여 굴하지 않고 돌아와 머무는 집에 누어 일어나지 안 하려 하니 소손영이가 하는 수 없이 허락을 하여 예를 행하고 드디어 강화講和를 하였습니다. 또 성종을 따러 해주海州를 갔을 때 왕이 서희의 의막 안으로 들어오려 하매

『신하의 의막은 임금이 오실 데가 아니오이다』
하고 술을 들이라 하매 서히가 대답하되

『신의 술은 감히 들일 수 없사오이다』
하고 의막 밖에서 술을 들이고 뫼시어 마시고 파하였으며 그 뒤 태보내사령太保內史令이라는 벼슬을 하였습니다. 서희의 아버지 서필徐弼은 벼슬이 대광내의령大匡內議令까지 이르렀읍니다. 광종光宗이 왕함민王咸敏, 황보광겸皇甫光謙 서필 등 중신重臣(=벼슬 높은 신하)에게 금으로 만든 술잔을 주는데 서필이 흘로 아니 받고

『신이 외람히 제상 지위에 있으며 괴옴을 받는바 또 금그릇을 주시니 더욱 황송하옵고 분수에 넘치오이다. 사치함과 검소함은 다스리고 어지러움에 크게 관게되오니 신이 금그릇을 쓰면 임금은 장차 무엇을 쓰겠사오리까』

한즉 광종이

『경卿이 보배로서 보배를 삼지 아니하니 내 마땅히 경의 말로써 보배를 삼겠노라』
하였읍니다.

그리고 또 광종에게 아뢰어 유공한 이를 후히 상을 주게 하였으며 광종이 한인漢國(=중국中國사람)으로서 그때 투화投化(一살러온 사람)하는 이가 있으면 신하의 집과 딸을 빼앗어 주었는데 이걸 풍간諷諫(=일깨워 주는 것)하여 못하게 하였으며 내구內廐(=나라의 마굿간)의 말이 죽으매 광종이 말 맡은 관원을 죄주려 하는 것을 서필이가 성인 말슴을 끄을어 간하여 못하게 하엿습니다.

서필의 아버지는 서신일徐神逸이라는데 여든 살에 서필이를 낳았다 합니다. 서신일은 신라말 서원西原(=지금 청주淸州) 백성으로 들에서 살고 있는바 하루는 사슴 한 마리가 활촉을 맞고 달아오는지라 사슴의 활촉을 빼어 주고 얼마잖어 산양군이 와서 찾는 것을 달리 말하여 보내고 사슴의 상처 난 곳을 약을 발러 주고 놓아보냈읍니다.

그날 밤 꿈에 한 신인神人이 와서『사슴은 내 아들인데 그대의 힘을 입어 죽지 않았으니 마땅히 그대의 자손으로 하여금 대대로 재상宰相이 되게 하리라』하였답니다.

날러드는 봉[10]

봉鳳이라는 이상한 새가 있읍니다. 이새는 산에 가나 들에 가나 얻어볼 수 없고 어느 집에나 동물원動物園에 가도 또한 없읍니다. 이 새는 신조神鳥라 합니다.

이 새는 보통 여니 때에는 나오지 않고 이 세상에 거륵하신 성인聖人이 나시거나 어지신 임금이 계시어 나라를 잘 다스리고 천하가 태평하거나 하면 나오기도 한답니다. 우리가 그림으로나 조각彫刻으로나 모형模型으로는 이 새를 보기도 하였으며 이야기로나 글로도 많이 듣고 보고 하였읍니다. 그리고 이 새가 중국中國 사람의 글에 많이 보이므로 중국에만 있고 나오는 것같이 생각하리다마는 따는 그렇지도 않읍니다. 한 구백 년 전에 고려 덕종德宗이라는 임금은 현종顯宗의 큰 아드님으로서 나이 열여섯에 즉위를 하여, 열아홉에 돌아가시었읍니다.

겨우 네햇 동안 임금 노릇을 하시었으나 그 아버지 초상을 만나 효자의 도리를 극진히 하시고 이웃 나라들과 잘 사괴어 토물土物(=선물)을 가져와 드리는 이가 많았으며 해마다 농사도 잘되어 백성들이 편안히 살었읍니다. 그리고 덕종은 어렷을 적부터 퍽 으젓하고 성품이 굳세고 어른이 되어서는 어느 날 전와塼瓦(=벽돌같이 굳넓고 두터운 것)를 밟은바 문득

10 「어린이歷史(16) 날러드는 봉」, 『동아일보』, 1939. 3. 5.

깨어졌다 하여 사람들이 그 덕德이 무거워 그랬다고 합니다. 이때 이상한 것은 봉새가 위봉문威鳳門에 날어들다가 뭇까마귀떼가 쫓아다니며 지저귀니까 하는 수 없어 날어갔다 합니다. 그래서 나랏사람들이 가마귀를 미워하여 활로 쏘아 잡어 덕종 때에는 서울에 까마귀가 없다 합니다.

그 뒤 유명한 이승휴李承休라는 이가 유명한 제왕운기帝王韻紀라는 책을 지어내는데 『덕이 어찌 네해 그치랴 봉새가 와 상서로다』 하는 노래가 있읍니다. 과연 상서가 아니오리까.

대각국사의 사업[11]

대각국사大覺國師는 이름은 후煦요 자字는 의천義天이라 하는데 고려 문종文宗의 네째 아드님입니다. 문종이 하로는 여러 아드님을 모아 놓고

『누가 중이 되어 도를 닦겠느냐』

고 하시매 후煦가 일어나 말하되

『신臣이 그 뜻이 있아오니 분부하시는 대로 하겠나이다』

하여 왕은 좋다고 하시었읍니다.

드디어 스승을 따러 영통사靈通寺라는 절에 가 있었읍니다.

그는 재주가 놀랍고 공부도 즐겨하고 부즈런하여 불교佛敎의 이치며 유교儒敎의 학문을 모다 잘 알었읍니다. 그리고 법을 더 구하러 송宋나라를 가고저 하였으되 왕이 허락하지를 아니하였으며 그 형님 선종宣宗이 임금이 된 때에도 여러 번 청하였으나 듣지 아니하였읍니다.

선종 이년 사월 어느 날 그는 몰래 제자 두 사람을 다리고 송나라서 온 장사하는 배를 타고 따러갔읍니다. 나종에야 그런 줄 알고 사람을 시켜 배를 타고 여러 길로 쫓았으나 따르지 못하였읍니다. 그는 송나라에 이르매 송나라 임금이 불러보고 대접을 융숭하게 하고 또 그의 청하는 대로 그 나라의 여러 절들을 구경하게 하였는 바 가는 곳마다 왕신王臣과

11 「어린이歷史(18) 대각국사의 사업」, 『동아일보』, 1939. 3. 19.

같이 대접을 받었읍니다.

그러나 선종은 그 아우를 보고 싶어 송나라에 사신使臣을 부리어 속히 돌아오기를 청하였습니다. 그리하여 선종 삼 년 유월달에 돌아오는데 왕은 그 어머니를 모시고 봉은사奉恩寺라는 절에까지 나가 기다리었읍니다. 그런 끔찍한 영접迎接은 전고에 없다 합니다.

그는 그때 석전釋典(=불교책)과 경서經書와 같은 귀중한 책을 천 권이나 구하여 가지고 왔읍니다. 그 뒤 또 요遼나라와 송나라에서 책을 사들인 것이 사천칠백사십여 권이나 되었읍니다. 교장도감敎藏都監이라는 것을 두고 이 책들을 거의 다 판을 새겨 박어내고 자기가 맨들어낸 책도 많았읍니다. 그때 그런 굉장한 문화사업文化事業을 한 이가 또 누가 있겠습니까. 그는 우리의 한 자랑거리입니다.

그는 남도南道의 명산들을 찾어다니기도 하나 흥왕사興王寺라는 절에 와 있다가 병으로 열반죽은 것이 되었읍니다. 왕은 대각국사大覺國師라는 존호尊號를 주었습니다.

아우와 누이 송사[12]

고려 고종高宗 때입니다. 아우와 누이가 이런 송사訟事를 하는 일이 있었습니다. 아우는 말하기를

『한 동기로서 누이만 부모父母의 재물을 얻어 가지고 아우에게는 어찌 나누어 주지 안 하오』

하고 누이는 말하기를

『아버지께서 도라가실 때 집의 재물은 모두 나를 주시고 너에게는 검은 옷 한 벌, 검은 갓 한 닙, 메투리 한 커리, 종이 한 권을 주실 뿐이다. 이것이 글에도 다 적혀 있으니 어찌 틀림이 있으랴』

하고 서로 여러 해를 두고 송사를 하였으나 판결이 되지 못하였읍니다.

이때에 손변孫抃이라는 이가 경상도慶尙道를 다스리는 관원이 되었는데 이 두 사람을 불러보고

『너의 아버지가 죽을 때에 어머니는 어디 있었느냐』

『어머니는 먼저 도라갔습니다』

『너의 들은 그때 나이 몇 살씩 되었느냐』

『누이는 이미 어른이 되고 아우는 어리었읍니다』

이러케 말을 물은 뒤에 다시 이르되

12 「어린이歷史(19) 아우와 누이 송사」, 『동아일보』, 1939. 3. 12.

『부모의 마음은 어느 자식에게나 매한가지다. 어찌 어른이 되고 남편이 있는 딸에게만 후히 하고 어미도 없는 어린 아들에게는 박하게 하랴. 돌아보건대 그 아이의 의탁할 곳은 누이뿐이라 그 재물을 누이에게 준 것은 그 우애가 혹 덜할가 기르기를 혹 잘못할까 함이오. 아이가 장성하거던 이 종이로 소지를 쓰고 검은 옷을 입고 검은 갓을 쓰고 메투리를 신고 관가官家에 가 고하면 분변하여 줄 이가 있으리라는 뜻으로 옷 갓 신 종이 네 물건을 준 것이다』

하였읍니다. 아우와 누이는 이 말을 듣고 느끼며 깨닫고 마주 서서 울었읍니다. 그 재물은 똑같이 나누어 주었습니다.

여진을 친 윤관[13]

지금 함경도咸鏡道 평안도平安道 등지에는 여진女眞 사람이 살었읍니다. 여진 사람은 본대 만주滿洲 땅으로부터 온 것입니다.

이 여진 사람이 고려 처음부터 성가스러이 굴었읍니다. 고려의 백성 노릇을 하기도 하고 고려를 배반하기도 하고, 와서 침노하기도 하고, 와서 조공선물을 가지고 와 받치는 것도 하였읍니다.

그러다가 점점 성하여 고려 숙종肅宗 때에 이르러서는 더욱 말성을 부렸습니다.

그때 왕은 윤관尹瓘이라는 이를 보내어 치게 하였읍니다. 윤관은 가서 싸웠으나 죽은 군사가 많고 그 싸움이 이롭지 못함을 알고 도로 물러왔읍니다.

왕은 분함을 이기지 못하여 크게 결심을 하고 왼 나라에 명을 나리어 말馬을 가진 이는 신기神騎라 하고 말을 가지지 못한 이는 신보神步라 하여 이십 세 이상 남자로서 과거를 못한 이는 다 군사로 뽑아 훈련을 시키고 또 중들을 뽑아 강마군降魔軍이라 하였읍니다.

이렇게 군사를 길러가지고 국경國境에 있는 여진 군사를 다 쓸어버리려 하다가 숙종肅宗은 승하昇遐하시고, 예종睿宗이 즉위하셧습니다. 예종

13 「어린이歷史(19) 여진을 친 윤관」, 『동아일보』, 1939. 3. 26.

은 윤관을 시켜 다시 여진을 쳤읍니다. 윤관은 이르는 곳마다 여진 군사를 파하고 그 점령占領한 땅에는 여섯 성城과 세 성을 쌓었읍니다.

이것을 합하여 윤관의 아홉 성이라 일컬었읍니다. 윤관은 이 아홉 성을 남기고 개선가凱旋歌를 부르고 돌아와 큰 공훈功勳을 받었읍니다.

윤관은 어렸을 때부터 신라의 김유신金庾信 같은 거룩한 이를 사모하고 자기도 그와 같은 공업功業을 세우겠다고 학문을 좋아하여 책을 아니 보는 때가 없었읍니다. 그렇게 장수將帥가 되어 싸움을 싸우러 나간 때라도 책을 꼭 가지고 다니며 보았다 합니다.

묘청의 술법[14]

고려 인종仁宗 때 서경西京(=평양平壤)에 사는 묘청妙淸이라는 이가 있었습니다. 그때 백수한白壽翰이라는 이는 묘청의 제자가 되고 둘이 술법術法을 잘 안다 하였으며 또 그때 글을 잘하든 정지상鄭知常이라 하는 이도 그 말을 믿었습니다.

묘청은 임금님께 말하되

『서경의 림원역林原驛(=평양북平壤北 이십리二十里에 있는 곳)에 만일 궁궐을 세우고 계시오면 천하를 다 합병하고 금金나라가 와 항복하고 설흔 여섯 나라이 다 신하 노릇을 하리다』

하였읍니다. 왕은 서경을 가시어 다른 신하와 묘청과 백수한더러 그 땅을 보라 하고 궁궐宮闕을 지으라 하였읍니다.

궁궐은 짓기 시작 한지 넉 달만에 다 되었읍니다. 왕은 다시 서경을 가시어 새로 진 궁궐에 계시고 그 궁을 건용전乾龍殿이라 일컬었습니다. 그 뒤 왕은 묘청과 백수한 등을 총애하시고 그 말을 잘 들었는바 묘청 등은 왕을 다시 권하여 대화궁大華宮을 짓게 하고 왕을 서경에 오래 계시게 하고 자기들은 공신이 되고 자손들까지 복록을 받도록 하려 하였읍니다. 그리고 상경上京(=개성開城)은 땅 기운이 쇠하였음으로 재앙이 나리어

---

14 「어린이歷史(20) 『묘청의 술법 (上-下)」, 『동아일보』, 1939. 4. 2.-4. 9.

궁궐이 다 불로 망할 것이오. 이 서경에 계시면 무궁한 업을 받으시리라 하고 몰래 큼즉한 떡을 맨들어 그 속은 비게 하고 그 속에는 기름을 넣어 대동강大同江에 갈안지매 기름은 물 우에 떠 오색五色이 영롱한지라 이것을 보고는 신용新龍이 침을 배앝어 오색 구름을 이르킨 좋은 상서라 하고 백관百官을 다리고 하례를 하였습니다.

묘청은 또 왕에게 고하되

『주상主上은 오래 대화궁에 계시오. 그렇지 못하시면 어좌御座(=임금의 자리)를 베풀 고어의御衣(=임금의 옷)를 두시오』

하였읍니다. 왕은 그 말을 조차 어의를 받들게 하였읍니다.

그러나 한편에서는 이런 일을 전연 반대하는 이가 있으니 김부식金富軾 임원애任元敳 등입니다. 이들은 묘청 등이 간사한 꾀를 부려 백성들을 속이고 큰 화변을 낼 터이니 죄를 주라고 청하였읍니다.

그러자 왕이 서경을 가신바 친종親從하든 장군의 말이 무단히 놀래어 왕의 앞으로 달아나며 그 장군이 떨어져 거의 죽게 되고 대동강에 이르매 물결이 몹시 일어 왕의 타신 배가 번덕이고 다시 대화궁으로 옮기려 하시매 폭풍이 몬지를 몰아, 소란케 하고 또 그해 벼락이 삼십여 군데나 대화궁을 쳤읍니다.

왕은 크게 마음이 움지기어 다시는 서경을 안 가겠다 하였읍니다. 조정에서는 묘청 등을 배척하는 기세가 높아지고 역적으로 몰고 치자는 의논을 결정하고 김부식을 원수로 삼었읍니다.

김부식은 치러 갈 군사를 준비하고 여러 대신과 의론하여 정지상, 백수한 등을 먼저 불러다 죽이고 나아갔으나, 묘청의 무리는 벌서 높은 성을 차지하고 진을 굳게 치고 있으므로 얼른 칠 수가 없읍니다. 김부식은 할 일 없어 가까운 골에 가서 웅거하고 사람을 보내어 항복하라 권하매 서경

사람들이 지키다 못하여 드디어 묘청 등의 머리를 베어 윤첨尹瞻이라는 이를 시켜 조정에 바치었습니다.

그러나 조정에서는 도리어 윤첨을 잡아 가두었으므로 그 무리들이 도로 배반하였습니다. 김부식은 또 사람을 보내어 달래었더니 듣지 않을 뿐 아니라 그 사람까지 죽이었습니다. 김부식은 군사를 시켜 성을 에워싸고 치기를 한 햇 동안이나 하여 겨우 이기고 그 난리를 진정하였습니다.

김부식과 정지상[15]

김부식金富軾은 몸이 큼즉하고 얼굴이 검고 눈방울이 툭 내밀었다 합니다. 김부식은 한문漢文도 잘하고 중국 사람에게 아첨도 잘하였읍니다. 그때 중국송나라 사신이 왔다가 김부식의 화상을 그리어가고 그 화상을 그 임금의 명령으로 판에 사겨 전하게 되매 김부식의 이름이 천하에 드날렸다 합니다.

김부식은 고려 인종仁宗의 명을 받들어 삼국사기三國史記라는 책을 지었고 자기의 문집文集도 이십 권이나 지었읍니다.

정지상鄭知常은 본래 평양 사람으로 재조와 글이 김부식보다 나었더랍니다.

정지상은 나이 겨우 일곱 살 되었을 때 대동강大同江에 떠 노는 오리를 보고

『누가 새붓을 잡아 새을자를 강에 그렸노何人把新筆 乙字寫江波』

하는 시詩를 짓고 신동神童이라는 이름이 퍼졌읍니다. 그리고 커서도 더욱 글을 잘하였읍니다. 한번은 영명사永明寺에 가서 놀다가

15 「어린이歷史(22) 김부식과 정지상」, 『동아일보』, 1939. 4. 16.

『절집에 쇠북을 울리고 나니 하늘빛이 유리보다 맑도다琳宮擊磬罷 天色淨琉璃』

라 하는 시를 지었는바 이 시가 어떻게나 잘 되었든지 김부식이가 이 시를 탐내어 제가 지었다 하자고 간청하였으나 정지상은 허락지 아니하였습니다.

김부식은 그 전부터 정지상이가 자기 글보다 나은 것을 시기하여 오다가 이때부터는 정지상을 더 미워하고 요놈 보자 하고 그 기회를 기다리다 묘청妙淸이 난리에 김부식이가 원수가 되자 먼저 핑계를 하고 정지상을 죽인 것이라 합니다.

어린 시절의 궁예弓裔[16]

궁예는 신라왕新羅王의 서자庶子로서 오월 단오날 그 외가에서 낳았읍니다.

그날, 그 집웅에서는 허연한 빛이 무지개같이 뻐쳐 하늘에 닿았읍니다.

그때 일관日官길하고 흉함을 점하는 관원이 나라에 이렇게 알외었읍니다.

『이 아이가 단오ㅅ날 낳았고, 나며 잇발이 있고 또 이상한 빛이 나타나앗으니 장차 나라에 이롭지 못하리니 기르지 마옵소서』

왕은 그 말을 듣고 사람을 시켜 그 집에 가서 아이를 죽이라 하여 포대기에 싼 채로 다락 아래에 던저버리었읍니다.

그 아이는 다행이 죽지를 아니 하였읍니다. 그 유모乳母가 매우 애처로이 여기고 몰래 그 아이를 주어들다가 손을 그릇 질러 그 눈 하나를 멀리고 안고 도망하여 갓갓으로 수고하며 길럿읍니다.

그 아이 나이 여남 살 되어 작난이 너무 심하였읍니다. 유모가 하로는 궁예弓裔에게 가만이 말하였읍니다.

『아지님이 처음 나라에서 내버린 것을 내 참아 볼 수 없어 몰래 받들어 길러온 바 오늘날 아지님이 이같이 하시니 반드시 남들이 알고 보면 나와

16 『역사이야기 어린시절의 궁예弓裔』, 『동아일보』, 1937. 11. 14.

아지님의 목숨은 보존치 못하리다』

궁예가 이 말을 듣고는 눈물을 흘리며

『만일 그러하면 나는 갈 터이니 어머니는 걱정을 마시오』
하고 세달사世達寺라는 절로 찾어갔읍니다.

세달사世達寺에 간 궁예는 머리를 깍고 중이 되어 스스로 선종善宗이라 이름을 일컬었읍니다.

그러나 절간은 속가俗家와 달러 약간 쇠북소리, 목탁소리, 염불소리를 듣는 것밖에는 다만 적적할 뿐이라 궁예와 같은 작난군으로는 도저히 견딜 수 없읍니다.

날마다 그 근처 마을로 가서 아이들을 모여 아이들은 병정을 삼고 자기는 대장이 되어 진법을 익히고 날이 저물어야 돌아왔읍니다.

절 저녁은 꽤 일읍니다. 궁예의 밥은 매양 식은 때가 많읍니다. 궁예는 식은 밥을 대할 때마다 이 중 저 중을 때리고 야단법석을 합니다.

이 절에서는 부처님 뫼시기 보다 궁예가 더 어려웁니다. 그 중들도 참다 못하여 하로는 서로 짜고 트집을 잡어 뚜드려 내쫓자 하고 궁예가 돌아오기를 기다리었읍니다.

궁예는 그날도 여전히 늦게야 돌아왔읍니다. 방에 들어 밥을 찾었읍니다. 여러 중들이 죽 둘러앉고 한 공양주는 밥 한 덩이를 방바닥에 내던지고 『옛다 처먹어라』 하고 눈을 부라리었읍니다. 궁예는 아모 대답도 않고 일어서 밖으로 나가더니 물 한 통을 방바닥에 업질러 버렸읍니다. 물은 퍼져 흐릅니다. 중들은 모다 쫓겨 나가며 『웨 방에다 물을 붓느냐』
고 게두덜거립니다. 궁예는 태연히 있으며

『내 밥그릇에 물을 붓거니 무슨 상관이냐』
하고 그 중들을 꾸짖고 또 야단을 하였읍니다. 그 뒤부터는 무엇이든지 하라는 대로 그 중들이 복종하고 궁예는 후고려後高麗의 왕이 되고 미륵불彌勒佛도 되어 보았습니다.

구진천仇珍川과 목노木弩[17]

신라新羅는 경주慶州에 도읍을 하고 천 년 동안을 지니고 지금까지 훌륭한 고적古蹟을 많이 남긴 나라입니다. 그중 문무왕文武王 때는 그 한중간이고 가장 융성한 때입니다. 문무왕은 그 아버지 되시는 태종무렬왕太宗武烈王의 뜻을 이어 힘을 쓰시고 신하와 백성들은 충성을 다하여 그때 어느 나라로든지 당할 수 없는 가장 강한 나라가 되었읍니다.

그리고 당ㅅ나라중국의 옛나라 군사와 합하여 문무왕 원년에는 그 이웃에 있는 백제百濟와 같은 강한 나라를 처부시고 팔년에는 고구려高句麗와 같은 강한 나라를 처부시고 나종에는 그 땅을 거의 차지하고 당나라와는 멀리 두고 사귀기만 하였읍니다.

신라는 정사하는 법이라든지 군사 쓰는 법이라든지 농사짓는 법이라든지 심지어 기와나 벽돌을 굽는 법까지라도 퍽 발달되었는바 또한 유명한 것은 목뇌木弩(=나무로 만든 활의 일종)를 만드는 법이었읍니다.

문무왕 구 년일천이백칠십 년 전에 당나라에서는 일부러 사람을 보내어 목뇌 만드는 이를 청하여 구진천이라는 이를 데리고 갓읍니다.

구진천은 그 나라에 가서 목뇌를 만든바 쏘아본즉 화살이 삼십 보三十步쯤 갑니다. 그 임금이 물어 말하되

17 「어린이歷史(23) 仇珍川과 木弩」, 『동아일보』, 1939. 5. 28.

『들으면 네 나라에서는 일천 보一千步를 간다는데 겨우 삼십 보라니 이 무슨 까닭이냐』

『그는 재목이 좋지 못함이니 만일 본국本國(=제나라)에서 그 재목을 가져오면 맨들 수 있습니다』

하고 구진천은 대답을 하였읍니다. 그 나라에서 또 사람을 보내어 그 재목을 가져가 목뇌를 다시 맨든 바 이번에는 육십 보쯤 가고 맙니다. 그 임금이 또 그 까닭을 물으매 구진천은

『그 까닭은 모르겠읍니다. 혹은 그 재목이 바다를 건너오느라고 습기濕氣에 젖었는가 합니다』

고 하였습니다.

그때부터는 의심을 하고 옥에 가두고 아무리 형벌을 하여도 마츰내 알려주지를 아니 하였읍니다.

이는 저의 끔찍한 재조를 남에게 알리지 않자는 것입니다. 이는 저 하나를 위함이 아니고 저의 나라를 위함입니다. 신라가 그렇게 융성한 것은 이런 사람이 많이 있기 때문입니다.

장궁복張弓福과 정년鄭年[18]

장궁복張弓福은 또 장보고張保皐라, 정년鄭年은 또 정련鄭連이라고도 이름을 하는데, 이 두 사람이 다 신라 흥덕왕 때興德王은 지금부터 一千一百十年 전 사람입니다. 다 싸움을 잘하는바 정년은 헤엄을 잘하는바 바닷속으로 오십리五十里를 가되 숨이 차지를 않었다 하고 그 용맹과 재조는 더하고 나이는 덜하여 장궁복을 형님이라 부르되 서로 늘 겨르고 지냈읍니다.

그리고 이 두 사람이 당나라로 가서는 어느 군대의 소장小將이 되었으며 말을 타고 창을 쓰면 당할 이가 없었읍니다.

그 후 장궁복은 신라로 돌아와 대왕大王을 뵈옵고

『당나라를 돌아다니며 본즉 우리나라 사람을 데려다 종으로 부리는 이가 많으니 청해淸海(=지금 전라남도 완도莞島인바 그때 바닷길로 중요하든 곳)를 지키어 도적으로 하여금 사람을 잡어가지 못하게 합시다』

알외었읍니다. 대왕은 장궁복에게 군사 만 명을 주어 지키게 하였읍니다. 그 뒤로는 한 사람도 잡아가지를 못하였읍니다.

정년은 그저 당나라에 있으며 벼슬도 내놓고 살길이 없었읍니다. 하로는 그곳 장수將帥더러 말하되

『나는 우리나라로 돌아가 장궁복이게 얻어먹겠노라』

18 「어린이歷史(24) 張弓福과 鄭年」, 『동아일보』, 1939. 6. 4.

한즉 그 장수는 말하기를

『그대가 장궁복과 겨르고 지내든 바 가면 그 손에 죽을 것이 아닌가』
하였읍니다. 그러나 정년은

『이렇게 주리어 죽는 것보다는 싸우다 죽는 것이 낫고 더구나 고국故國에 가서 죽는 것이리오』
하고 당나라를 버리고 돌아와 장궁복을 찾어보앗읍니다. 장궁복은 정년을 보고 퍽 반가워하며 술을 내어 서로 질거이 마시다가 마침 나라의 임금을 죽이고 난리가 낫다는 말을 듣고 군사 오천 명을 나누어 정년을 주고 그 손목을 잡고 눈물을 흘리며

『그대가 아니면 이 난리를 평정할 수 없다』
하였읍니다. 정년은 서울을 들어가 역적을 죽이고 새로 임금을 세웠읍니다.

새 임금은 장궁복을 불러들여 정승을 삼고 정년으로는 그 대신 청해를 지키게 하였읍니다.

대세大世의 큰 뜻[19]

대세大世는 지금부터 一千三百五十여 년 전 신라 진평왕眞平王 때 사람입니다. 임금의 자손으로서 퍽 귀한 집에 태어나 아무것도 그리울 것이 없이 호화롭게 자랐으되 조금도 만족히 여기거나 교만을 부리는 일이 없고 어려서부터 이상한 큰 뜻을 가지고 있습니다.

그 친구에는 담수淡水라는 중이 있는바, 한번은 담수더러

『우리가 이 신라 산골짜기에서 일평생을 보내는 것이 저 못의 고기와 새장 속의 새가 큰 바다와 수풀을 모름과 무엇이 다르냐. 내가 장차 배를 타고 바다를 건너서 다른 나라로 돌아다니며 좋은 곳과 좋은 사람들도 찾어보고 좋은 공부도 하려 하니 그대가 나를 따르겠느냐』

한즉 담수는 겁을 내고 따르지 아니하였습니다.

마츰 구칠仇漆이라는 이를 만난바 구칠은 담수보다 걸걸하고 봇장이 크던 이입니다. 어느 가을날, 대세는 구칠을 더불고 남산ㅅ절로 놀러갔는데 갑자기 비바람이 몰아치며 우수수 떨어지는 나무잎들이 마당의 고인 물에 둥둥 뜹니다. 대세가 구칠더러

『내, 그대를 더불고 멀리 가 놀고저 하는 뜻이 있으니 지금 각각 나무잎 하나를 배를 삼아 뉘 해가 먼저 가나 보자』

---

19 「어린이歷史(25) 대세大世의 큰 뜻」, 『동아일보』, 1939. 6. 11.

하고, 떠가는 나무잎을 보니 대세의 나무잎이 앞서 가는지라 대세가 껄껄 웃으며

『내가 먼저 가겠노라』

하였읍니다. 구칠이도 이 말을 듣고는 기를 내며

『나도 또한 사나이니 어찌 못가리오』

하였읍니다. 대세는 그제야 더불어 감즉함을 알고 그 뜻을 가만이 다 말하고 구칠을 벗을 삼아 남해바다로 배를 타고 떠나갔읍니다. 그들은 그리운 고국을 버리고 가지마는 그들의 앞에는 그보다 더한 희망의 꽃이 피고 성공의 항구가 바라다보일 뿐이었습니다.

거문고의 유래[20]

거문고는 우리 현악絃樂의 하나인데 여섯 줄로 되었습니다. 이것이 중국 것과는 다릅니다. 중국 것은 일곱 줄로 되었습니다.

처음 진나라 사람이 칠현금을 고구려로 보냈던바 고구려 사람이 그것이 악기樂器인 줄은 알되 그 소리며 타는 법을 몰라서, 그것을 아는 이가 있으면 후히 상을 주겠다고 하였습니다.

그때 마츰 제이상第二相(=정승의 다음)으로 있는 왕산악王山岳이라는 이가 그걸 알아보고 뜯어고치어 일곱 줄이든 것을 여섯 줄로 만들고 또 백여 곡百餘曲을 만들어 아뢰니 그 소리가 어떻게나 좋았든지 검은 두루미가 와서 춤을 너울너울 추었답니다. 그래서 그 이름을 검은두루미고玄鶴琴라 하다가 그 뒤 두루미라는 말은 줄이고 다만 거문고라고만 하였읍니다.

그리고 거문고가 그 이웃 나라 신라에도 전하게 되어 사찬沙飡 벼슬을 한 공영恭永이 아들 옥보고玉寶高라는 이는 지리산地利山, 지금 智異山에 들어가 이걸 오십 년을 배워 새로 삼십 곡조를 지었읍니다. 이걸 그 제자 속명득續命得에게 전하고 속명득은 또 귀금 선생貴金先生에게 전한바 귀금 선생은 역시 지리산에 들어가 나오지를 아니합니다.

20 「어린이歷史(23) 거문고의 유래」, 『동아일보』, 1939. 6. 18.

신라왕新羅王은 그 거문고법이 끊어질가 걱정하여 윤흥允興이라는 이를 시켜 그 소리를 얻어 전코저 하여 남원공사南原公事를 맡겻읍니다. 윤흥은 남원에 이르러 총명한 소년인 안장安長과 청장淸長이라는 두 사람을 뽑아 지리산으로 보내어 배우게 하였읍니다. 그러나 귀금 선생이 그 묘한 법은 가르켜 주지 않읍니다. 하루는 윤흥允興이가 그 안해와 함께 찾아가서 그 선생을 보고

『우리 나라님께서 나를 남원으로 보낸 건 다름이 아니라 선생의 재조를 전코저 함인데 벌서 삼 년이 되도록 선생께서 그 묘한 법은 아니 전하시니 나는 내 임금을 돌아가 볼 낯이 없노라』

하고 윤흥은 술병을 들고 그 안해는 술잔을 잡아 무릎을 꿀고 드리며 정성을 다하였읍니다. 그런 뒤에야 그 묘한 법을 다 가르쳐 주었다 합니다.

그리고 안장安長은 그 아들 극상克相 극종克宗에게 전하고 극종은 일곱 곡조를 새로 짓고 그 뒤로부터는 거문고를 배운 이가 한두 사람이 아니고 평조平調, 우조羽調 합하여 일백팔십칠 곡一百八十七曲을 전하였다 합니다.

그 후 고려를 거쳐오며 거문고로서 유명한 이도 많거니와 삼백이십칠 년 전에는 양덕수梁德壽라 하는 이가 양금신보梁琴新譜라는 귀중한 책도 지어 전하였습니다.

가야금 내력[21]

마누라님 오시는 길에
거문고로 다리 놓아
가야금 열두 줄에
덩기둥당실 나리소서.

이런 노래는 무당노래에도 있거니와 가야금도 현악絃樂의 한 악기로서 줄이 열두 줄 되는 것입니다.

그런데 가야금은 일천사백一千四百여 년 전 신라의 이웃에 있던 가야伽倻라는 나라의 가실왕嘉實王이 당의 악기를 보고 만들었으며 가실왕이 이르되

『여러 나라의 말이 각기 소리가 다르니 어찌 한결같이 하랴』

하고 악사樂師(=음악을 맡은 이) 우륵于勒를 시켜 열두 곡조를 지었읍니다.

그 후 신라 진흥왕眞興王이 낭성娘城이라는 땅에 가시어 우륵과 그 제자의 음악 소리를 들으시고 우륵을 데려다 국원國原이라는 곳에 두고 계고階古, 법지法知, 만덕萬德이라는 세 사람을 보내어 가르치게 하였읍니다. 우륵은 그 세 사람의 재조를 헤아려 계고에는 가야금을 가르치고, 법지에게는 노래를 가르치고, 만덕에게는 춤을 가르치었읍니다.

21 「어린이歷史(27) 가야금 내력」, 『동아일보』, 1939. 6. 25.

이 세 사람이 다 배우고는 서로 의론하야 그 열두 곡조가 너무 번거하고 또 정당하지 못하다 하고 줄이어 다섯 곡조를 만들었읍니다. 우륵이가 그걸 처음 들을 때는 선생의 것을 고치었다고 노하였으나, 그 다섯 곡조를 다 듣고 나서는 눈물을 흘리며

『질겁고도 질탕하지 않고 슬프고도 상하지 않으니 정당하다고 하겠다』
하고 탄복을 하였읍니다.

그 뒤 이 곡조를 왕 앞에서 아뢰매 왕이 들으시고 크게 기뻐하시었읍니다. 그러나 신하들은

『가야는 망한 나라이니 그 소리를 쓸 수 없나이다』
하고 간하였읍니다.

『가야왕이 정사를 잘못하여 망한 것이지 음악이 망친 건 아니다』
하고 왕은 그 음악을 행하고 더 힘쓰게 하였읍니다.

이리하야 가야금의 곡조도 통 일백팔십오一百八十五나 되고 그 뒤 또 유명한 사람도 많었습니다.

김후직金后稷의 충간忠諫[22]

김후직金后稷은 신라 지증왕智證王의 증손曾孫—손자의 아들으로서 진평대왕眞平大王을 섬기었읍니다.

그때 대왕大王은 사냥하기를 퍽 좋아하였는바 김후직은 대왕에게

『옛날 임금은 반드시 하루라도 모든 정사를 살피며 어진 선비의 바르게 간하는 말을 듣고 나라를 보존하였는데 이제 전하殿下께옵서는 미친놈과 사냥ㅅ군을 더불어 매를 놓아 꿩과 토끼를 잡으려 산과 들로 쫓아다니시니 안으로는 마음을 상하고 밖으로는 나라를 망하리다. 전하께옵서는 깊이 생각하소서』

하고 간諫하였으되 대왕은 듣지 아니합니다.

그 뒤 김후직은 병이 들어 죽으려 할 제 그 세 아들에게

『내, 신하가 되어 임금의 잘못하심을 광구匡救(=고치게 함)치 못하야 대왕이 사냥놀이를 마시지 않으니 나라가 망하리라, 내 걱정하는 바이다. 내 비록 죽드라도 임금의 잘못하심을 깨쳐들이고 싶으니 내 백골을 대왕이 사냥하러 가시는 길가에 묻어다오』

하고 유언遺言(=죽을 때 하는 말)을 하였읍니다. 그 아들은 그 아버지가 죽은 후 그 말대로 하였읍니다.

---

22 「어린이歷史(29) 金后稷의 忠諫」, 『동아일보』, 1939. 7. 9.

어느 날 대왕은 또 사냥을 나가는데 그 길을 반이나 가서 뒤에서 멀리 『가시지 마옵소서』 하는 소리가 연해 들리는 듯하였읍니다. 대왕은 괴이히 여기고 그 소리가 어디서 오는가를 종자從者(=따르는 이)에게 물은즉 종자들은 저 김후직의 무덤에서 오는 소리라 하고 인하야 김후직의 유언遺言을 말하였읍니다.

대왕은 이 말을 듣고는 눈물을 줄줄 흘리며

『그분의 충간忠諫(=충성되이 간함)은 죽어도 잊지 않으니 과연 나를 사랑함이 깊고나. 내 만일 고치지 않으면 무슨 낯으로 저승에 가서 그를 보리오』

하고 다시는 사냥을 아니 하였습니다.

이사부異斯夫의 지모智謀[23]

이사부異斯夫는 신라 내물왕奈勿王의 사세손四世孫으로서 슬기와 꾀가 만흔 이었읍니다.

신라 제이십이세二十二世 지증왕 때에 연변沿邊(=국경國境)의 관원이 되어 거도居道의 말노리 하던 꾀를 써 가지고 가야加倻라는 나라를 빼앗었읍니다.

거도는 신라 제사세 탈해脫解 임금 때 사람입니다. 그때 이웃에 두 나라가 있어 괴롭게 구는데 거도가 연변의 관원이 되어 엉큼한 마음을 먹고 해마다 한 번씩 여러 말馬을 모여 군사를 시켜 타고 달리고 노리를 하였읍니다. 그 이웃의 두어 나라 사람들도 이걸 보고는 예사로 아던바 하로는 뜻밖에 그 병말兵馬를 모아 그 나라들을 쳐 없이었읍니다.

이사부가 그 뒤에도 우산국于山國(=지금 울릉도鬱陵島)을 칠 때에 그 나랏사람 들이 어리석고 사나워서 힘으로는 할 수 없으나 꾀로는 항복을 받을 수 있다 하고 나무를 깎어 사자獅子의 모양을 많이 맨들어 여러 배에 실어 가지고 그 나라 바닷가에 이르러

『너히들이 만일 항복을 아니 하면 이 짐생들을 다 놓아 짓밟어 죽이게 하겠다』 하였읍니다. 그 사람들은 과연 그걸 무서워하여 항복을 하였읍

23 「어린이歷史(31) 異斯夫의 智謀」, 『동아일보』, 1939. 7. 23.

니다.

또 제이십사세 진흥왕 때에 병부령兵部令이라는 벼슬이 되어 온 나라의 군사일은 다 맡어보았읍니다. 그리고 백제와 고구려와도 싸워서 그 땅을 많이 빼앗었읍니다.

진흥왕이 완산주完山州를 두고 북한산北漢山에 순수비巡狩碑를 세우고 화랑花郎과 같은 좋은 제도를 베풀고 외국의 서적도 많이 구해들이고 큰 절과 부처도 맨들고 하야 사업을 굉장하게 하였읍니다. 이도 다 이런 이사부가 도아준 것이고 그 유면한 신사의 국사를 거칠부居柒夫 등을 시켜 맨든 것도 이사부가 하자 하야 된 것입니다.

사다함斯多含의 용기勇氣[24]

사다함斯多含은 신라 진흥왕 때 사람입니다. 내물왕奈勿王의 칠세손七世孫으로 워낙 훌륭한 집안에 태어났으며 인물이 출중하고 마음이 바른지라 그때 사람들이 화랑花郞으로 받들기를 청하매 마지 못하야 화랑이 되었는바 다 그 환심歡心(=좋아하는 마음)을 얻었읍니다.

진흥왕 이십삼 년에 가야라는 나라가 난리를 일으키매 진흥왕이 이사부를 명하야 치러 보냈습니다.

그때 사다함斯多含은 나이 열대여섯 밖에 못 되는데 종군從軍(=싸우러 감)하기를 청하였읍니다. 왕은 그가 아직 어리다 하고 허락지 아니하다가 자꾸 가지라 하매 마침내 부장副將(=다음 되는 장수)을 삼아 보냈읍니다. 그 무리가 따르는 이도 많었읍니다. 그 나라에 이르러 서는 사다함이 그 원수元帥(=으뜸되는 장수)에게 청하야 오천 명 군사를 거느리고 먼저 성문城門에 들어가 힌기白旗를 세웠읍니다.

그 성중城中에서는 뜻밖에 대병大兵이 들어옴을 보고 놀래어 어찌할 바를 몰랐읍니다. 그 자리 이사부가 또 대병을 이끌고 다달었으매 일시에 항복을 하였읍니다. 그리고 개선凱旋을 하매 왕이 공훈功勳(=싸운 성적)을 의론하되 사다함을 으뜸으로 하야 좋은 밭과 사로잡아온 인구人口 이백을

24 「어린이歷史(32) 斯多含의 勇氣」, 『동아일보』, 1939. 7. 30.

주었습니다. 사다함은 받지를 않고 세 번이나 사양하였습니다. 왕은 억지로 맡기었습니다. 사다함은 하릴없이 받어가지고 사로잡은 이들은 다 돌려보내고 밭은 나누어 나랏사람에게 주었습니다.

사다함은 또 무관랑武官郎이라는 이를 더불어 죽기를 가치 하자는 벗이 되었던바 무관랑이 병들어 죽었는데 몹시 슬프게 울고 일혯만에 자기도 죽었습니다. 나이 열일곱 살이었습니다.

황산黃山의 싸움[25]

지금부터 一千二百七十八 년 전은 백제百濟의 의자왕義慈王 二十 년이오, 신라新羅의 태종 무렬왕太宗武烈王 七년이오, 당唐나라 고종高宗 五 년입니다.

이해 七월에 신라가 백제를 치는데, 당나라에서는 군사 十三萬 명을 보내어 신라를 도아주었읍니다.

신라의 태자太子와 대장군 김유신金庾信은 먼저 날낸 군사 五萬 명을 거느리고 백제ㅅ군사와 싸워 이기고 황산黃山(=지금 호남선) 연산역 부근에 이르렀읍니다.

백제 의자왕義慈王은 나라도 다스리지 않고 백성의 추렴이나 걷어가지고 집이나 치장하고 놀음 놀이로나 일을 삼다가 갑자기 이런 대군大軍이 처들어오매 어찌할 바를 몰랏읍니다.

백제에는 계백階伯이라는 장군이 있었읍니다. 죽기를 헤아리지 않는 군사 五千명을 뽑아 열을 지어 세워 놓고는

『한 나랏사람으로서 신라와 당나라의 대병을 당하게 되매 나라의 망하고 아니 할 것을 알 수 없으니 내 처자가 그 종이 되어 살어가지고 욕을 보는 것보다 차라리 죽어 쾌함만 같지 못하리라』

하고 그 처자를 군사들 앞에서 다 죽여버리었읍니다.

---

25 「어린이歷史(33) 黃山의 싸움」, 『동아일보』, 1939. 7. 30.

군사들은 이걸 보고 더욱 분을 내고 용기를 내었습니다.

계백은 이 군사들을 거느리고 황산ㅅ들로 가서 진을 치고 신라군사를 맞었읍니다. 장차 싸우려 할 때 계백은 군사들과 이런 맹서를 하였읍니다.

『옛날 월越나라 임금 구천句踐은 오천五千 명으로서 오吳ㅅ나라의 칠십만七十萬 명을 파였으니 오늘날 우리도 각기 분투를 하여 나라의 은혜를 갚자』

하고 드디어 나아가 싸우는바 각기 한 사람으로서 천 사람을 당하였읍니다. 그런 날낸 신라의 군사들도 하는 수 없이 뒤로 물러서기를 시작하였읍니다.

이렇게 서로 나아가고 물러가고 하기를 네 번이나 하다가는 계백은 군사가 적고힘이 다하여 죽고 말었읍니다.

신라 군사는 크게 승전을 하고 들어와 당나라ㅅ군사와 합하여 그 서울까지 쳐부시고 백제 나라를 없이어 버렷습니다.

신라新羅의 기사奇士[26]

관창官昌은 신라의 장군 품일品日의 아들인바 인물이 좋아 어려서 화랑이 되고 나이 열여섯에 말을 잘 타고 활을 잘 쏘았읍니다.

태종 무렬왕 七년, 당나라 군사를 더불고 백제百濟를 칠 때 어느 대감의 천거로 관창官昌이 부장副將이 되어 황산ㅅ들에 이르러 백제 군사와 서로 대하게 되었읍니다.

그 아버지 품일品日이 이르되

『네, 비록 나이 어리나 지기志氣가 있는바 오날은 공명을 세우고 부귀를 얻을 때니 용기를 보일 수 없느냐』

한즉 관창은

『그러하리다』

하고 즉시 말을 타고 창을 비껴들고 적진敵陣을 달려들어가 두어 사람을 죽이었읍니다. 그러나 자기 편은 적고 저편은 많으므로 마츰내 적군敵軍에게 사로잡히어 백제의 원수 계백의 앞으로 가게 되었읍니다.

계백은 그 갑옷을 벗기게 하고 그 어리고 용기 있음을 사랑하여 참아 죽이지를 못하고 스스로 탄식하되

『신라에는 기사奇士가 많은바 나이 어려도 이렇거든 하물며 장사壯士이

26 「어린이歷史(34) 新羅의 奇士」, 『동아일보』, 1939. 8. 13.

리요』

하고 살리어 도로 놓아 보냈읍니다.

관창은 자기 진으로 돌아와

『아까 내 적진敵陣에 들어가 장수를 죽이고 기를 빼앗지 못함은 한이 되는 바이니 다시 들어가 공을 이루리라』

하고 손으로서 우물물을 움키어 마시고 다시 적진에 들어가 싸웠읍니다.

그때에는 계백階伯이가 사로잡아 목을 베어 그 말 안장에 달어 도로 보내었읍니다.

품일品日은 아들 머리를 잡고 소맷깃으로 피를 씻고

『내 자식 얼굴이 산듯하구나. 나라일에 죽었으니 뉘우칠 것이 없다』

하였읍니다. 온 군사들이 이걸 보고 더욱 분을 내어 고함을 치고 처들어 가매 백제는 크게 패하였읍니다.

태종무열왕은 죽은 관창에게 벼슬을 주고 장사를 훌륭히 지내주고 그 집에 당ㅅ비단 삼십三十 필과 베布 삼십三十 필과 곡식 일백一百 석을 주었습니다.

응렴膺廉의 대답[27]

신라 헌안왕憲安王 四년 왕이 여러 신하를 임해전臨海殿에 모하 놓고 열다섯 살 된 왕의 일가인 응렴膺廉이란 이를 옆에 앉히고 그 뜻을 보고저 별안간 이런 말을 물었읍니다.

『네가 한동안 유학을 하였으니 착한 사람을 못 보았느냐』

응렴은 서슴지 않고 바루 대답하되

『신이 일즉 세 사람을 본바 착한 행실이 있는 이라고 생각합니다』

왕은 또 물었읍니다.

『어떤 인고』

응렴은 또 대답하되

『하나는 귀한 집 아들로서 사람과 사귈 때 남을 먼저 높이고 자기는 아래에 처하고, 하나는 부자집 사람으로 의복衣服을 사치할 것이로되 항상 삼베옷을 입고 질거워하고, 하나는 권세 있는 집 사람으로 권세를 부리지를 않더이다』

하였읍니다. 왕이 이 말을 듣고는 왕후王后를 더불고 가만이 귀ㅅ속 말을 하되

『짐朕이 사람을 많이 겪어 보앗으되 응렴이와 같은 이는 없다』

27 「어린이歷史(35) 膺廉의 대답」, 『동아일보』, 1939. 8. 20.

하고 사위를 삼으려 하고 응렴이더러

『원컨대 그대는 스스로 생각해 보라 내 딸이 있는바 사위를 삼을가 하노라』

하고 다시 음식을 작만하여 함께 먹으며

『내, 딸이 둘이 있는바 형은 二十 세, 아우는 十九 세니 그대 마음대로 골라라』

하였읍니다. 응렴은 사양을 하고 다시 일어나 사례를 하고 자기의 집으로 돌아와 부모에게 고하였읍니다. 부모는 말하기를

『들으니 왕의 두 따님의 얼굴이 형이 아우만 못하다니 부득이하면 그 아우를 얻어라』

하였으나 미처 결정을 못하고 흥륜사 중에게가 물었읍니다. 중은 말하되

『형을 얻으면 세 가지 이익이 있고 아우를 얻으면 두 가지 손해가 있으리라』

하였읍니다. 응렴은 마츰내 왕에게

『신이 감히 스스로 결정할 수 없사오니 명령하시는 대로 들으리다』

아뢰매 왕은 큰 따님을 주시었읍니다.

헌안왕 五년 왕이 병환이 나시어 낫지 아니하는지라 좌우에 있는 이들에게

『짐이 불행히 아들은 없고 딸만 있는바 사위가 나이 비록 어리나 노성한 덕이 있으니 경 등이 세우고 섬기라』

하고 승하昇遐하시었읍니다.

그 뒤를 이어 응렴을 세워 임금을 삼으니 그가 경문왕景文王이시었읍니다.

三년 되든 해, 왕비인 영화부인寧花夫人의 아우를 또 들이어 비妃를 삼고 하루는 왕이 흥륜사에 가시어 그 중을 보고 세 가지 이익이 있다는 말을

물었읍니다. 중은 대답하되

『당시 왕과 왕비께서 뜻과 같음을 기뻐하고 더욱 사랑하심이 하나요. 인하여 이어 임금이 되심이 둘이오. 얻으려 하든 그다음 따님까지 필경 얻으심이 셋이오이다』 하였읍니다. 왕은 껄껄 웃으시었다 합니다.

원술元述의 분한憤恨[28]

신라 문무왕 때 고구려의 땅과 또 백제의 땅을 차지하였는바 당나라 고종이 크게 노하여 군사를 보내어 치는데 당군은 말갈靺鞨 군사로 더부러 석문石門들에 진을 치고 신라에서는 장군 의복義福 춘장春長 등을 보내어 대방帶方 들에 진을 쳤읍니다

이때 장창長槍의 당幢이 따로 진을 치고 당병唐絣 三千여인을 잡아 대장군 영으로 보냈읍니다. 여러 당이 이걸 보고 장창은 따로 진을 치고 저와 같이 성공하여 반드시 후한 상을 탈 것이니 우리도 이렇게 한군데에만 모일 것이 아니라 하고, 드디어 각각 군대를 나누는데 당병과 말갈은 미처 진을 치지 못한 틈을 타서 쳐, 신라군이 크게 패하였읍니다. 이때 장군 효천曉川, 의문義文 등이 죽고 김유신金庾信의 둘째 아드님 원술元述이도 비장裨將이 되어 싸우고 죽으려 한즉 그 좌장佐將 담릉淡凌이 한사코 말리며

『대장부 죽기가 어려운 것이 아니라, 처사處死를 잘하기가 어려우니, 만일 죽어 성공이 없으면 살어 뒤 일을 도모함만 못합니다』

하매 김원술이가 대답하기를

『남자가 구차히 살 것이 아니다. 내 장차 무슨 낯으로 우리 아버지를 가 뵈오리오』

---

28 「어린이歷史(31) 元述의 憤恨」, 『동아일보』, 1939. 8. 27.

하고 문득 말을 몰아 달어가려 하니 담릉이가 고ㅅ비를 잡고 놓지 않으므로 죽지 못하고 대장군大將軍을 따러 서울로 돌아왔읍니다. 대왕大王이 들으시고 김유신金庾信에게

『군사 패하기 이같이 하였으니 어찌면 좋을고』

하고 물은즉 김유신은

『당나라 사람의 꾀란 알 수 없으니 장졸로 하여금 요해처要害處를 지키게 하고 원술은 왕명王命만 욕되게 함이 아니고 또한 가훈家訓을 저버렷으니 목을 베야 합니다』

하였읍니다. 대왕은 원술만 홀로 중형重刑할 수 없다 하고 용서하였읍니다.

원술은 부끄럽고 두려워 감히 그 아버지를 보지 못하고 시골 가 숨어 있다가 그 아버지가 돌아가신 후 그 어머니를 보고저 한대 어머니는 『부인婦人이 삼종三從의 의義가 있어 이제 내, 과부가 되었으니 자식을 좇음이 마땅하되 원술은 이미 아버지께 자식 노릇을 못하였으니 그 어민들 어찌 볼 수가 있느냐』

하고 보들 아니하였읍니다. 원술은 통곡을 하고 몸부림을 치고 참아 떠나지를 못하였읍니다.

원술은 탄식하되

『담릉이 때문에 그르친 바가 이같이 지극하고나』

하고 대백산大伯山으로 들어가 있다가 당병이 또 와서 매소천성買蘇川城을 칠 때, 원술이가 듣고자 원하고 나서 죽어 그전 부끄러움을 씻으려 하고 드디어 힘써 싸워 이기었읍니다. 그리고 나라에서 공과 상을 주어도 부모에게 용납지 못함을 분한憤恨하여 받지 않고 벼슬도 않고 일생을 죄인으로 지냈습니다.

김장군金將軍의 분노忿怒[29]

신라 태종무렬왕 七년, 김유신金庾信이 상대등上大等(=장군의 으뜸)이 되어 五萬 정병精兵(=날랜 군사)을 거느리고 태자太子와 함께 백제를 칠 제 당나라에서는 대장군 소정방蘇定方과 수륙군水陸軍 十三萬 명을 보내어 도아주었읍니다.

그해 七월 十일 김유신은 황산 땅에 이르러 백제의 계백의 군사 五千名과 서너 번 격전을 하여 간신히 이기고 그리고 당나라 군사와 만나게 되었는바 소정방은 김유신의 군사들이 늦게 왔다 탈을 잡고 신라의 독군督軍(=군사를 동독하는 장군) 김영문을 내다 군문軍門에서 목을 베려 하였읍니다.

김유신 장군이 이걸 보고는 크게 노하여 두 눈을 부릅뜨고 큰 소리를 질러 군사들에게

『당나라 사람이 우리가 아까 황산에서 싸우는 걸 보지 못하고 늦게 왔다 하고 무례히 구니 우리가 욕을 받을 수 없다. 우리는 먼저 당나라 군사와 싸운 후 백제를 파하자』

하고 군문軍門에서 부월斧鉞(=군사의 위엄을 뵈는 기구)지고 노기怒氣가 등등하야 머리털까지 곧곧 하여지고 그 허리에 찬 보검寶劍도 저절로 칼

29 「어린이歷史(32) 金將軍의 忿怒」, 『동아일보』, 1939. 9. 3.

집을 뛰어나올 듯이 절그럭절그럭 하였읍니다.

이때 소정방蘇正方의 우장 동보량董寶亮이 이 광경을 보고 황겁하야 발을 굴르며

『신라 군사가 변이 낫다』 하고 말을 하니 소정방蘇定方이가 놀래어 김유신 장군에게 사죄謝罪를 하였습니다.

귀산貴山과 추항箒項[30]

무은武殷의 아들 귀산貴山은 추항箒項과 어릴 때부터 친한 벗이었읍니다. 서로 말하기를

『우리들이 훌륭한 사람을 더불어 놀고저 하는바 먼저 마음을 바르게 하고 몸을 닦지 아니하면 욕을 면하지 못할 것이니 어찌 어진 이에게 배우지 아니하리오』 하였읍니다.

그때 마츰 원광법사圓光法師라는 이가 수隋ㅅ나라에 가서 유학을 하고 돌아와 가실사加悉寺라는 절에 있으며 사람들에게 존경을 받었읍니다.

귀산과 추항은 원광법사를 찾어보고

『우리들이 어리어 아무 아는 바가 없사오니 한말씀을 주시어 평생의 경계가 되도록 하시기를 원합니다』

하며 법사法師는 가로되

『부처님 경계는 보살계가 있고 또 열 가지가 있으나 너의들은 남의 신자臣子(=신하와 자식)가 되어 다 감당할 수 없다. 이제 세상에 다섯 가지 경계가 있으니 하나는 임금 섬기기를 충성으로 함이오. 둘은 부모 섬기기를 효도로 함이오. 셋은 벗 사귀기를 믿음으로 함이오. 넷은 싸움을 당하야 물러서지 말 것 이오. 다섯은 산 걸 죽이되 가리어 할 것이다.

---

30 「어린이歷史(33) 貴山과 箒項」, 『동아일보』, 1939. 9. 10.

너이들은 이 다섯 가지를 행하되 소홀히 여기지 말어라』
하였습니다. 귀산 등은 이 말을 다 듣고는 다섯 가지 경곗가운대 산 걸 가리어 죽이라는 말은 그 뜻을 모르겠다고 하였읍니다. 법사는 그건 봄, 여름 같은 때라든지 집에서 기르는 말, 소와 같은 걸 함부로 죽이지 말라는 것이라 하여 귀생 등은 인자는 잘 알고 그대로 꼭 준행하겠다 하였습니다. 신라 진평왕眞平王 건복建福 十九년 八월 백제百濟가 대병을 일으켜 아모성阿墓城을 와 쳤습니다. 왕은 장군 파진간波珍干과 급관級干 무은武殷 등을 시켜 군사를 거느려 막게 하였읍니다. 귀산과 추항도 따러갔읍니다.

백제 군사가 패하여 산ㅅ골짜기로 물러가서는 복병伏兵을 하고 기다리든 바 신라 군사는 나아가 치다가 힘이 곤하여 돌아올 때 무은武殷이가 뒤에서 오는데 또 복병이 별안간 달겨들어 무은을 끌어 나립니다.

귀산은 소리를 질러

『내, 일즉 스승에게 들은바 선비가 싸움을 당하여 물러서지 말라 하였으니 어찌 달아나리오』
하고 적병敵兵 수십 명을 쳐 죽이고 자기의 타든 말을 내어 그 아버지와 추항을 빼어 보내고 창을 휘둘러 죽도록 싸우니 여러 군사들이 보고 격분하여 싸웠읍니다. 송장이 들에 가득하고 말 한 바리 돌아가지를 못하였읍니다. 귀산 등은 온 몸이 상하야 성한 곳이 없었읍니다. 그리고 돌아오다 중로에서 죽었읍니다.

왕은 여러 신하를 더불고 마중을 나가 그 시체를 보고 통곡하고 예를 가추어 장사를 지내주고 높은 벼슬도 주었읍니다.

살수撒水의 싸움[31]

고구려 영양왕嬰陽王은 영특한 임금으로 나라를 잘 다스리었습니다.

그때 이웃에는 수ㅅ나라가 강성하였읍니다. 왕은 그 세력을 꺾으려 하야 항상 말갈이라는 나라의 군사로 선봉을 삼아 그 땅을 지켰읍니다.

왕의 구 년에는 수ㅅ나라 임금 양견楊堅이가 수륙군 三十萬 명을 거느려 대들다가 패해 가고 二十三 년에는 양견의 아들 양광楊廣(=수隋의 양제煬帝)이가 그 전의 부끄러움을 씻고저 수륙군 百三十萬 명을 거느려 쳐들어 왔습니다. 왕은 을지문덕乙支文德 장군을 시켜 막었습니다. 그 수군은 패강浿江(=대동강大同江)에서 맞어 파하였읍니다.

그 육군은 압록강에 이르자 을지 장군이 단기필마單騎匹馬로 찾어가 거짓 항복을 하는 체하고 그 군사들의 동정을 보러 갔읍니다. 적군의 장군들이 저의 임금의 밀지密旨(=비밀한 명령)를 받고 잡으려 하였다가 맞나고 본 즉 감히 잡지를 못하였읍니다. 을지 장군은 태연히 돌아옵니다. 그제야 후회를 하고 다시 할 말이 있다고 오라 하였으나 을지 장군은 돌아도 안 보고 압록강을 건너갑니다. 그들은 크게 노하여 군사를 몰고 쫓아옵니다. 을지 장군은 그 군사들을 피로케 하고저 매양 싸울 때에 일부러 지고 달아옵니다. 적군은 싸울 때마다 이기는 걸 믿고 차츰차츰 쫓

31 「어린이歷史(34) 撒水의 싸움」, 『동아일보』, 1939. 9. 27.

아와 살수淸川江을 건너 평양성을 삼십 리를 남기고 산을 의지하여 진을 치고 있었습니다. 을지 장군은 적군의 군수에게 『싸워 이겨 공이 높았으니 흡족한 줄 알고 그칠지어다』 하는 시詩를 지어 보내고 또 사람을 보내어 군사를 거느려 돌아가면 왕을 모시고 가 항복을 하겠다 하였습니다. 적군은 몹시 피로도 하였고 또는 평양은 치기 어려움을 알고 마지못하여 돌아가려 하였습니다.

을지 장군은 급작이 군사를 사면으로 출동시켜 쳤습니다. 적군은 싸우며 달아납니다. 적군이 살수에 이르러 반이나 건느자마자 을지 장군이 군사를 몰아 마구 쳤습니다. 적군은 거의 다 죽었읍니다. 몇몇 장사들은 하루와 하루밤에 압록강까지 四百五十 리를 도망하여 갔읍니다. 요동遼東으로만 온 적군이 처음에는 三十萬五千 명이나 되든 것이 겨우 二千七百 명만 살어갔답니다.

왕손王孫 을불乙弗[32]

고구려 봉상왕烽上王은 서천왕西川王의 태자로 즉위하던 그 이듬해, 그 아우 돌고咄固가 딴마음이 있다 하고 죽였읍니다.

돌고의 아들 을불乙弗은 피란을 하야 달아나 수실촌水室村 음모陰牟라는 이의 집에 가서 머슴을 살었읍니다. 음모는 몹시 일을 시켰읍니다. 낮에는 나무를 해오라 하고, 밤이면 돌을 던져 개구리 소리까지 금하라 하였습니다. 을불은 견디다 못하야 또 달아나 압록강에서 소곰장수를 하고 마을 집에 머물렀더니 그 집 주인 마누라가 소곰을 많이 아니 주었다고 그 혐의로 도적으로 몰아 관가에 고하야 태형笞刑—종아리 맞는 것을 당하였읍니다.

을불은 이렇게 고생을 하매 몸이 말르고 얼굴이 틀리어 사람들이 그가 왕손인 줄을 몰랐습니다. 이때 봉상왕은 나라는 잘 다스리지 않고 점점 무도한 일만 하였읍니다. 그 정승 창조리倉助利는 여러 번 왕의 잘못함을 간하였으나 듣지 아니하므로 마침내 왕을 폐하려는 생각을 하였읍니다. 창조리倉助利는 조불祖弗과 소우蕭友라는 이를 보내어 산야로 다니며 을불을 찾었읍니다.

불류하沸流河에 이르러 보니 한 장부丈夫(=사내)라는 말가 배 우에 있는

32 「어린이歷史(36) 王孫 乙弗」, 『동아일보』, 1939. 10. 8.

바 모양은 꺼칠하되 거동이 비방하였습니다.

이가 을불인 줄 알고 절을 하고

『이제 나라님이 무도하야 여러 신하들이 의론하고 왕손王孫이 검약인자儉約仁慈하시어 대업을 이으시리라 하고 신을 보내어 봉영逢迎을 하는 바입니다』

하니 을불은

『나는 들사람이오. 왕손이 아니라』

하였읍니다. 그래도 소우 등은

『여러 신하들이 왕손을 바라옴이 지극하오니 왕손은 부디 의심을 마소서』

하고 모시고 돌아와 오맥남가烏陌南家에 숨기었읍니다.

그리고 왕이 후산에 사냥을 가매 창조리가 따라갔읍니다. 창조리가 여러 사람들에게 이르되

『나와 마음이 같은 이는 내 본을 보라』

하고 갈잎을 뜯어 고깔에 꽂았습니다. 여러 사람들도 다 각기 꽂았읍니다. 창조리는 여러 사람들을 데불고 드디어 왕을 폐하야 별실에 가두고 군사를 시켜 지켰읍니다. 왕은 스스로 목을 매어 죽었읍니다. 왕의 두 아들도 따라 죽었읍니다. 왕을 봉산에 장사하고 을불을 세워 왕을 삼으니 이가 미천왕美川王입니다.

근초고왕近肖古王[33]

백제는 나라가 된 지 百八十 년 근초고왕近肖古王때 이르러 퍽 성하였읍니다.

근초고왕은 성품이 사납고 일을 당하면 까다롭고 자상하였으며 풍신이 거룩하고 지혜가 많았읍니다.

이때에 고흥高興이라는 박사를 써 백제의 역사인 서기를 지었읍니다. 백제의 역사책을 맨들기는 이것이 처음이라 합니다.

이런 일도 장하려니와 이보다 더 장한 일은 나라를 잘 누리고 군사를 잘 길러 그 이웃의 강한 나라이던 고구려를 쳐 이기고 위엄을 부리던 것입니다.

왕의 二十四 년에는 고구려왕이 二萬 명 군사를 거느리고 와서 침노하는 것을 태자를 보내어 쳐서 五千여 명을 사로잡았읍니다.

또 二十六 년에는 고구려 군사가 온다는 말을 듣고 복병을 하였다가 급히 쳐서 쫓고 그해 가을에는 왕과 태자가 정병 삼만 명을 거느리고 고구려에 들어가 평양성까지 쳤는바 고구려왕은 싸우다가 화살을 맞어 죽었읍니다.

그런데 한번은 이런 일이 있었읍니다. 고구려 군사가 백제를 와 침노하

33 「어린이歷史(37) 近肖古王」, 『동아일보』, 1939. 10. 15.

매 왕이 태자를 보내어 막는데 반걸양半乞壤이라는 곳에 이르러 싸우려 할 때입니다.

고구려 사람 사기斯紀라는 이가 있는바 이는 본대 백젯사람으로서 국마國馬 —임금이 타시는 말를 기르다가 어찌 잘못하여 그 발굽을 상하고 죄를 두려워하여 고구려로 도망하였던 것입니다.

이때, 사기가 돌아와 태자에게 고하되

『저 군사가 비록 많으나 다 수만 채운 의심스러운 군사뿐이오. 정말 날래기는 다만 붉은 기를 들은 군사입니다. 만일 그걸 먼저 치면 그 남어지는 저절로 달어나리라』

하메 태자가 그 말대로 쳐, 크게 이기고 수곡성水谷城 서북에까지 쫓아가다가 장군의 간諫하는 말을 듣고 그치고 그곳에 돌을 쌓아 표를 하고 그 우에 올라 좌우를 돌아보며

『이 뒤에 누가 또 이기고 이곳에 오리오』

하였읍니다.

그리고 이상한 것은 그곳에 바위가 있는바, 바위에는 말발굽 모양으로 파진 곳이 있읍니다. 이걸 그 후 사람들이 태자마적太子馬跡이라 일컬었습니다.

처용處容의 가무歌舞[34]

헌강왕憲康王은 신라의 마흔아홉 대 되는 임금님이올시다.

어느 해 구월 구일, 왕은 좌우의 신하들을 더불고 월상루라는 집에 올라 사방을 바라본즉 고래등 같은 기와집들이 서로 이어있고 예서제서 노래와 기악器樂 소리가 들리었읍니다.

왕은 좌우를 돌아보며

『내, 들으니 이제 백성들이 집을 짓되 기와를 이고 짚은 쓰지 않고 밥을 짓되 숯을 피고 나무는 쓰지 않는다니 과연 그런가』

하였읍니다. 그 곁에 있든 신하가 여쭈되

『신도 이런 말을 일즉 들었읍니다. 상임금님을 이르는 말이 즉위하신 뒤로 치위, 더위가 고르고 비와 바람이 순하여 해마다 풍년이 들어 먹을 것이 넉넉하고 나라가 편안 하고 백성들이 질거워하니 이는 성덕聖德으로 이룬 것입니다』

하매 왕은 기빼하시고

『이는 경들이 도아준 바이지 짐 무슨 덕이 있스리오』

하였읍니다.

그때 이웃 나라에서는 사신을 보내어 황금과 구슬을 바치고 북쪽에

34 「어린이歷史(37) 處容의 歌舞」, 『동아일보』, 1939. 10. 22.

멀리 있든 보로국寶露國과 흑수국黑水國 같은 나라도 서로와 사귀기를 원하였습니다. 왕은 임해전에서 여러 신하를 다리고 검은고를 타고 취하여 놀기로 하였스려니와 또는 국내에 순행도 하였읍니다.

한번 동편으로 순행을 하였는바 어대서 온 지 알 수도 없는 네 사람이 대가大駕 앞에 나타나 춤을 추고 노래를 불렀읍니다. 모양이 해괴하고 의복도 이상하였읍니다. 그때 사람들이 이 네 사람을 산과 바다의 귀신이라고 하였습니다. 그 후 이것을 처용處容이라는 이름으로 일컬으며 유명한 처용이 노래와 처용의 춤이 전하는 것입니다.

삼여왕三女王[35]

신라에서는 세 여왕女王이 있으니 선덕왕宣德王, 진덕왕眞德王, 진성왕眞聖王입니다.

선덕왕은 진평왕의 큰 따님으로서 이름을 덕만德曼이라 하고 성품이 어질고 너그럽고 밝고 민첩하였는바 진평왕이 아드님이 없어 돌아가시매 이 따님을 세워 왕을 삼은 것입니다.

선덕왕은 남다른 슬기가 있어 미리 세 가지 일을 알었다 합니다.

일즉이 당나라에서 모란의 그림과 그 열매를 보냈는데 왕이 그 그림에 나비가 없는 걸 보고 이 꽃은 향기가 없으리라 하더니 심어보니 과연 그 말과 같었고, 한여름 날에 개구리들이 대궐 서편에 있는 못에 모여 우는 걸 듣고 군사를 보내어 백제의 복병을 잡고 또 한 번은 여러 신하를 모여 놓고 자기의 죽을 날을 알렸다 합니다.

진덕왕은 진평왕의 질녀姪女로서 이름은 승만勝曼이라 하고 자질이 퍽 아름답고 키가 칠 척七尺이나 되고 손을 드리우면 무릎을 지냈다 합니다. 이가 선덕왕 다음에 선 임금이올시다. 겨우 여덟 햇 동안 임금 노릇을 하였으나 그때는 퍽 어렵든 때입니다. 당나라와의 교제와 백제百濟와의 전쟁이 잦고 심하여 그리 편할 날이 적었던 때입니다. 김춘추金春秋(=태종

35 「어린이歷史(38) 三女王」, 『동아일보』, 1939. 10. 29.

太宗 무열왕武烈王) 부자를 당나라에 보내어, 백제를 칠 연합군을 청하고 때로 침노하는 백제의 군사를 김유신金庾信 장군을 시켜 막고 쫓았습니다. 그리고 그 뒷일을 김춘추에게 다 맡기어 백제, 고구려를 쳐 삼국三國을 통일케까지 한 것입니다.

진성왕은 헌강왕의 누이올시다. 헌강왕 다음에 정강왕定康王이 섰다 바로 돌아가매 선덕·진덕왕의 옛일을 본받아 이 진성왕을 세운 것입니다.

진성왕 때는 신라가 망하는 때입니다. 왕과 신하들은 사치나 좋아하고 백성들은 살기가 어렵고 도적은 사방에서 일어납니다.

그러나 이 진성왕의 큰 사업은 위홍魏弘이란 이와 대구大矩라는 중을 시켜 향가鄕歌를 보여 삼대목三代目이라는 책을 맨든 것입니다. 지금 불행히 그 책이 전하지는 않으나 놀라운 문화사업이었읍니다.

향가鄕歌[36]

붉은 바윗가에
잡은 암소 놓고
날 아니 부끄러하시면
꽃을 꺾어 드리오리다

이는 한 향가鄕歌입니다. 신라 성덕왕聖德王 때 순정공純貞公이라는 이가 강릉江陵 원이 되어 그 부인 수로水路라는 이를 데리고 가다가 한 바닷가에 이르러 점심을 먹는데 곁에는 바위로 된 봉오리들이 병풍처럼 둘러서서 높이는 천 길은 되고 그 우에는 철축꽃이 만발하였읍니다. 수로가 이걸 보고 좌우더러 이르되

『저 꽃을 꺾어 드릴 이가 누굴고』

하매 그 따르던 이는 다 말하되

『발을 붙일 수 없으니 할 수가 없읍니다』

하였습니다. 그때 마츰 그 곁에 암소를 끌고 지내던 한 늙은이가 있어 이 말을 듣고 그 꽃을 꺾고 이 노래를 짓고 하야 드린 것입니다. 붉은 바위라는 말은 철축꽃이 피어 덮은 바위를 이름이오, 날 아니 부끄러하시면이라는 말은 이런 천한 사람이라도 꺼리지 아니하신다면과 같은 뜻인

36 「어린이歷史(39) 鄕歌」, 『동아일보』, 1939. 11. 5.

바 그 늙은이가 잡었든 암소를 놓아두고 그 위험한 바위를 올라가 꽃을 꺾어들인다는 것도 그 꽃과 같은 고운 마음입니다. 고운 마음에서 그런 고마운 노래가 나온 것입니다.

향가에는 이보다 더 많고 어려운 노래도 있으며 지금 전하기는 스무남은 수밖에 없읍니다마는 삼국 때에는 이 노래들을 퍽 숭상하였으며 화랑의 무리는 이 노래를 직업처럼 짓고 불렀으며 그중에는 놀라운 시인詩人도 많았읍니다.

융천사融天師와 같은 이는 혜성가彗星歌를 지어 혜성과 병란도 물리치고 월명사月明師와 같은 이는 그 죽은 누이를 위하여 재를 지내며 노래를 지어 지전紙錢을 날리고 영재永才와 같은 이는 어대 가다 도적들을 만나 노래를 지어 불렀더니 그 도적들이 도리어 감복되어 제자가 되었다 합니다.

이러하여 그때 사람들이 향가는 능히 천지 귀신까지라도 감동시키는 줄로 믿었던 바입니다.

백제百濟의 미술美術[37]

북으로는 고구려, 동으로는 신라를 이웃하고 가장 안윽한 땅을 차지하고 있던 백제는 기후도 좋고 물산도 많고 서해西海로는 항로航路가 터져 문물文物이 남달리 발전되고 찬란하였읍니다.

백제가 이미 망한 지 千三百여 년이지마는 오히려 이러한 기록을 전합니다.

백제 제十六세 진사왕辰斯王 때에는 궁실을 고쳐 짓고 못을 파고 산을 맨들고 이상한 새 짐승들을 기르고 이상한 꽃나무들을 심었다 하며 제 二十一세 개로왕蓋鹵王 때에는 흙을 써 성을 쌓고 굉장하고 화려한 집들을 짓고 또 큰 돌을 떠서 덧관을 맨들어 장사를 지내고 강ㅅ우으로는 수십 리 연하여 방축을 쌓고 그 가에 나무들을 죽 심었다 하며 제 二十四세 동성왕東城王 때에는 임류각臨流閣이라는 굉장한 집을 짓고 또 못을 파고 새, 김승들을 길렀다 하며 제 三十세 무왕 때에는 사자궁泗泚宮을 고치고 강ㅅ가에 금벽이 찬란한 왕흥사王興寺라 절집을 짓고 왕이 매양 배를 타고 가서 행향行香(=부처님 앞에 향을 피우는 것)을 하고 사자궁 남쪽에 못을 파고 물을 二十여 리를 끌어들이고 그 주위 언덕에는 버드나무들을 심고 물 가운대에는 섬들을 무어 방장선산方丈仙山을 맨들었다 하며 제

37 「어린이歷史(40) 百濟의 美術」, 『동아일보』, 1939. 11. 12

三十一세 의자왕 때에는 더 훌륭한 태자궁과 망해정望海亭을 사자궁 남쪽에 지었다 하여 건축의 호사가 지극하였습니다.

그리고 그림, 조각 기타 공예도 퍽 놀라운 재조를 부리던 이들 가운데에는 그때 이웃 나라에까지 불려 다니며 이름을 드날린 이도 많았습니다.

신라의 황룡사皇龍寺 구층탑을 세울 때 백제의 아비지阿非知와 수백 명 공장工匠을 고빙하였고, 일본 내량奈良의 법륭사를 짓는 데도 백제ㅅ사람의 손을 거쳤으며, 또는 거기 명공, 명화가 거의 다 백젯사람의 이름으로 전하던 바입니다.

그러나 지금 와서는 이 땅에 있는 그 유물遺物이라고는 익산益山의 미륵탑과 부여扶餘의 왕흥사탑과 부여 왕릉王陵의 연화운문도蓮花 雲文圖와 불상와편佛像瓦片의 약간 출토품出土品 부치에 지나지 못합니다.

거룩한 충성忠誠[38]

신라 선덕왕善德王 十三년에 김유신이 압양주押梁州 군주軍主로 있다가 상장군이 되어 백제의 가혜성, 성열성, 동대성 등의 일곱 성을 쳐 이기고 그 이듬해 정월에 돌아왔읍니다.

돌아와서 왕에게 미처 뵙지도 못하여 백제의 대군이 와서 매리표성을 친다는 급보를 듣고 김유신은 상주장군이 되어 가 막으라는 왕명을 받었읍니다.

왕명을 받고는 처자도 보지 않고 바루 떠나서 역격하야 二千명을 베어 죽이고 그 남어지 백제 군사를 다 쫓어버리고 삼월에 왕궁으로 돌아와 왕께 뵈오자 또 백제의 대군이 국경에 와 둔쳤다는 급보를 들었읍니다.

김 장군은 또 자기의 집에는 들리지도 않고 군사들을 교련하고 병기를 고치고 하여 서쪽으로 전지를 향하여 갈 때 그 집 앞으로 지내는바 그 집 사람들이 다 대문 밖에 나와 바라보고 울며 들어오기를 기다렸읍니다. 그래도 김 장군은 돌아보지도 않고 五十 보나 더 나아가서 말을 멈추고 자기 집의 장물을 가조라 하여 마시고

『우리 집 물은 그저 옛날 맛이 있고나』

하였읍니다. 군사들은 이런 광경을 보고

38 「어린이歷史(41) 거룩한 忠誠」, 『동아일보』, 1939. 11. 19.

『대장군께서도 오히려 이러하시거든 우리들이야 어찌 골육骨肉(=부모형제父母兄弟)을 이별함을 슬허하리오』
하였읍니다.

그리고 김 장군은 그 군사들을 거느리고 씩씩하게 나아가 적군 앞에 이르매 백제 군사들이 바라다보고는 감히 대들지 못하고 물러가버렸읍니다.

이렇게 나라일을 위하야 자기의 사랑하는 처자도 찾어 볼 틈이 없이 바쁘게 지내던 김 장군의 충성을 과연 거룩하게 아니 여길 수 없습니다.

동명성왕東明聖王[39]

이는 지금부터 二千여 년 전 일입니다. 청하靑河라는 곳은 지금 압록강을 이름인데 게서는 하백河伯이라는 이가 살었읍니다.

하백이가 세 따님을 둔바 맞은 유화, 다음은 선화, 끝은 위화입니다.

이 세 따님이 웅심연熊心淵이라는 물 우로 하로는 놀러 나갔다가 쓰로 천제자天帝子라고 일컫는 해모수를 만나 유화는 해모수와 혼인을 하였읍니다. 하백이는 이 일을 알고 부모의 허락도 없이 혼인을 하였다 하고 마츰내 유화를 내쫒았습니다. 유화는 갈 바를 모르다가 한 어부를 맛나 동부여왕東扶餘王 김와金蛙에게로 갔읍니다. 김와는 그가 천제자의 안해인 줄을 알고 별실에 두었읍니다.

버들은 푸르고 꾀꼬리 우는 첫 여름이올시다. 유화는 어느 날 한 옥동자를 낳았읍니다. 울음소리가 우렁차고 뼈대가 굵었습니다. 그 아이가 쉬이 자라며 일되게 말도 합니다. 한번은 그 어머니에게

『파리떼가 날아와 눈에 앉으므로 잠을 잘 수 없으니 어머니가 나를 위하여 활을 맨들어 주소서』

하였읍니다. 그 어머니가 갈대로 화살을 맨들어 주매 쏘는 대로 꼭꼭 맞히더랍니다. 이렇게 활을 잘 쏜다 하여 그 이름을 주몽朱蒙이라 하였읍니다.

---

39 「어린이歷史(42) 東明聖王」, 『동아일보』, 1939. 11. 26.

주몽의 나이가 많아지며 재능이 더욱 놀라워졌읍니다.

김와의 아들은 일곱을 두었는바 항상 주몽과 함께 사냥을 나가면 그 왕자의 종자는 四十여 인이나 되어도 겨우 사슴 한 마리를 잡는데 주몽은 사슴을 퍽 많이 쏘아 잡었읍니다. 왕자들은 이걸 새워하여 주몽을 잡어 나무에 묶어 놓고 사슴을 빼앗어갑니다. 그러면 주몽은 몸부림을 쳐 나무 뿌리까지 뽑아버리고 달아납니다.

『주몽은 신용神勇한 이오 지혜가 비상하오니 일즉 도모하여 뒷걱정이 없게 하소서』
하고 왕자들이 왕에게 말하니 왕은 주몽을 시켜 말을 먹이게 하였읍니다. 주몽은 이걸 싫어하여 그 어머니에게

『나는 천제의 자손으로서 남의 말을 먹이고 있으니 삶이 죽음만 같지 못하오니내 남토에 가서 나라를 맨들고저 하오니 어머님이 계심으로 감히 자단치 못합니다』

한즉 그 어머니가

『나도 밤낮으로 이 때문에 마음을 썩인 바이다. 내 들으니 먼 길을 가는 이가 준 마駿馬를 타야 한다니 말을 잘 골르리라』
하고 드디어 목장으로 가 긴 채축으로 함부로 치니 여러 말들이 다 놀래어 달아나는데 그중 한 절다말赤黃馬이 두 길을 뛰어 난간을 넘읍니다. 주몽이가 준마인 줄 알고 가만이 그 말 혀뿌리에 바늘을 찔러 두었읍니다. 그 말은 몹시 아퍼 점점 파리하였읍니다.

왕이 목장牧場에 순행巡行하다가 여러 말이 살찐 것을 보고 퍽 기뻐하고 그 파리한 말은 주몽을 주었읍니다.

주몽은 그 말을 얻어 바늘을 빼어 잘 먹여 가지고 따르는 세 사람을 데불고 도망하여 졸본천卒本川이라는 곳에 이르러 나라를 세우니 이가 고

구려 시조始祖 동명성왕東明聖王입니다.

유리명왕瑠璃明王[40]

고구려 동명성왕이 이왕 졸부여에 있을 때, 예씨에게 장가를 들었든 바 동명성왕이 졸본천으로 온 뒤 예씨는 유리類利라는 아들을 낳았읍니다. 유리가 어려서부터 또한 활을 쏘기를 좋아하드랍니다. 한번은 들에 나가놀며 새를 쏘아 잡다가 물 긷는 부인婦人의 동이를 마치어 깨었읍니다. 부인을 성을 내어

『이 아이는 아비가 없으므로 이와 같이 버릇이 없다』

고 하였읍니다. 유리는 이 말을 듣고 부끄러워하며 돌아와 그 어머니에게 물었읍니다.

『우리 아버지는 어떤 사람이시고 지금 어대 게십니까』

『너의 아버지는 비상한 사람이라 이 나라에서는 용납할 수 없어 남쪽으로 도망가서 나라를 열고 임금이 되시었단다』

하고 그 어머니는 다시 말을 이어

『그 도망가실 때 날더러 이르시되 만일 아들을 나서 그 아이가 자라거든 이러한 말을 주라시더니라-나의 유물遺物이 있는 바 일곱 모가 난 돌 위, 솔 아래에 감추어 두었으니 이것을 찾어가지고 오면 내 아들인 줄 알겠노라』

---

40 「어린이歷史(43) 瑠璃明王」, 『동아일보』, 1939. 12. 3.

하였습니다.

유리는 이 말을 듣고 바루 산골짜기로 가서 이리저리 찾어 보았으나 얻지 못하여 할 일 없이 어슬렁어슬렁 돌아왔습니다. 이렇게 찾기를 여러 날 하다가 하루는 집에 있노라니 주추ㅅ돌 사이에서 별안간 무슨 소리가 나는 듯하였읍니다. 가본즉 주춧돌은 일곱 모가 나고 기둥은 소나무였읍니다. 기둥 밑을 더듬어본즉 끊어진 칼 한 도막이 있었읍니다.

유리는 이 칼을 가지고 그 어머니를 모시고 옥지, 구추, 도조라는 세 사람을 다리고 졸본으로 찾어와 동명성왕을 뵈옵고 그 칼을 들였읍니다. 왕은 그 칼을 받어가지고 당신이 가졌든 끊어진 칼과 맞추어 보았읍니다. 꼭 맞어 한칼이 되었읍니다. 왕은 대단히 기뻐하시고 유리를 세워 태자를 삼었읍니다. 유리는 동명성왕의 뒤를 이어 유리명왕이 되었습니다.

효종랑孝宗郎[41]

신라 진성여왕眞聖女王 때 백성 련권連權의 딸이 하나 있었는데 어려서 그 아버지를 여이고 홀로 그 어머니를 봉양하였읍니다. 나이 설흔둘이 되도록 시집도 가지 않고 혹은 품도 팔고 혹은 밥을 빌어다 먹이었읍니다.

그러나 허구헌날 이렇게 하자니 몸이 고되어 견딜 수 없으므로 부잣집에 가서 자기의 몸을 팔어 그 집 종이 되고 그 값으로 쌀 十여 섬을 얻었읍니다. 그리고 온종일 그 집에서 일을 하고 저물면 밥을 지어 가지고 와 먹였읍니다.

이와 같이 三, 四일을 지내매 그 어머니가 딸더러

『이전 밥은 좋지 않어도 달더니 지금 밥은 좋아도 맛이 이전만 못하고 칼날로 창자를 찌르는 것 같으니 이게 무슨 까닭이냐』

하였읍니다. 딸은 그제야 사실대로 다 여쭈었읍니다. 어머니는

『나 때문에 너로 하야 종이 되게 하였으니 나는 속히 죽음만 같지 못하다』

하고 소리를 쳐 크게 울었읍니다. 딸도 또한 울었읍니다. 그리고 슬퍼하며 길을 갈 때 화랑의 효종랑孝宗郎이라는 이가 이런 것을 보고 그 집에 돌아가 부모에게 말하여 조 百 석과 옷 부치를 보내주고 또 그 부자ㅅ집

41 「어린이歷史(44) 孝宗郎」, 『동아일보』, 1939. 12. 10.

에 몸값을 갚아주고 종노릇을 면하게 하였습니다. 그 랑도 몇천 명도 각기 조 한 섬씩을 내어주고 나라님께서도 들으시고 또한 조 五百 석을 주고 그 집에는 정역征役(=나라의 부리는 일)도 제하고 곡식이 많아 도적이 있을 가하야 병정兵丁을 시켜 파수까지 보게 하였으며 그 동네를 표방하야 효양방孝養坊이라 하였읍니다.

효종랑은 그때 재상 인경의 아들인바 본 이름은 화달이라 하는 이입니다. 그가 비록 나이 어려도 그런 어른 같은 일을 하였다 하고 나라님께서는 그 형님 헌강왕의 따님을 주어 사위를 삼었다 합니다.

염직廉直한 검군劍君[42]

신라 진평왕 건복 四十四 년 八월에는 서리가 몹시 와 곡식들이 다 죽었읍니다. 그 이듬해 봄에는 먹을 것이 없어 백성들이 그 자식을 팔기도 하였읍니다.

검군劍君은 구문대사仇文大舍의 아들로 사량궁 사인沙梁宮舍人이 되었던 바 궁중의 여러 사인이 서로 짜고 창고의 곡식을 훔쳐내서 나누었으나 검군은 밭지를 않었읍니다. 여러 사인이 검군더러

『여럿이 다 받는데 그대만 안 받으니 웬 일인고 만일 적다 하면 더 주겠노라』

한즉 검군은 웃으며

『내가 근랑近郎의 무리에 이름을 두고 풍월의 마당에 행실을 닦는 터이라 그의義가 아니면 비록 천금이라도 마음을 움즉일 수 없노라』

하였습니다.

그때 대일이찬大日伊湌의 아들이 화랑이 되어 호를 근랑이라 하는바 검군이 하로는 근랑의 문에 이르자 사인들이 몰래 의논하되

『이 사람을 죽이지 않으면 반드시 누설漏泄(=비밀을 탄로하는 것)을 하리라』

42 「어린이歷史(45) 廉直한 劍君」, 『동아일보』, 1939. 12. 17.

하고 드디어 불렀읍니다. 검군은 그런 줄을 알고 근랑을 보고

『오날 이후로는 서로 다시 보들 못하리라』

하였읍니다. 근랑이 물어도 말을 않다가 두세 번 물으매 그 까닭을 말하였읍니다. 근랑은

『어찌 이일을 유사有司(=그 일을 맡은 관원)에 말을 아니 하노』

한즉 검군은

『내가 죽기를 두려워하여 여러 사람을 죄형 들게 함은 차마 못할 일이로라』

하였읍니다.

『그러면 어찌 도망하지 않는가』

한즉

『저의들은 굽고 나는 옳은데 도리어 도망함은 장부가 아니로라』

하고 검군은 게를 찾어갔읍니다. 여러 사인은 술을 내어 사례하고 몰래 독약을 그 음식에 탔읍니다. 검군은 번연히 알면서도 그 음식을 먹고 죽었읍니다. 이와 같이 신라 사람들은 의義를 태산보다 중히 알고 죽음은 털끝보다 가벼이 여겼습니다.

밀우密友와 뉴유紐由[43]

고구려 동천왕東川王 二十 년에 위의 유주자사幽州刺史. 관구검毌丘儉이가 군사를 거느리고 와 환도성丸都城을 함락하매 왕은 달어낫읍니다. 적군은 쫓아왔읍니다. 왕은 남옥저로 달어나려고 죽령竹嶺이라는 곳에 이르자 군사는 거의 다 도망하여버렸읍니다.

그때 동부사람 밀우密友가 홀로 곁에 있다가 왕더러

『미구에 적군이 다다를 터이니 벗어날 수 없소이다. 왕은 도망하소서. 신은 죽도록 막으리다』

하고 드디어 죽기를 결단하는 군사를 모집하여 적군과 몹시 싸웠읍니다. 왕은 겨우 벗어나 산골짜기에 의지하고 흩어진 군사를 모아가지고 스스로 호위하고

『만일 능히 밀우密友를 구원해오는 이가 있으면 후히 상을 주리라』

하매 유옥구劉屋句라 하는 이가 앞에 나와

『신이 가보리다』

하고 드디어 싸우는 곳에 가본 즉 밀우密友가 땅에 업드렸읍니다. 유옥구가 업고 왔읍니다. 왕은 당신의 다리로 베개 삼아 누이었읍니다. 이윽고 깨어낫읍니다. 왕은 샛길로 이리저리 돌아 남옥저에 이르렀읍니다. 적군

43 「어린이歷史(46) 密友와 紐由」, 『동아일보』, 1939. 12. 24.

은 자꾸 쫓아왔읍니다. 왕은 어찌할 바를 몰랐읍니다.

동부 사람 뉴유紐由가 나아와 왕더러

『사세가 몹시 위급하니 그저 죽을 것이 아닙니다. 신이 한 꾀가 있읍니다. 음식을가지고 가서 적군을 먹이고 틈을 타 그 장수를 찔러죽이겠읍니다. 꾀대로 되거든 왕은 마구 쳐 결단을 내소서』

하매 왕은 그러겠다고 하였읍니다. 뉴유紐由는 적군에게 들어가 거짓 항복을 하고

『우리 임금이 대국大國에 죄를 짓고 도망하여 바다ㅅ가에 이르러 몸둘 곳이없읍니다. 장차 진 앞에 이르러 항복코저 하며 먼저 소신小臣을 보내어 변변치 못한 음식으로 군사들을 먹이려 합니다』

한즉 적장敵將이 듣고 그 항복을 받으려 하였읍니다. 뉴유는 식기食器에 칼을 감추었다가 앞으로 나아가 칼을 빼어 적장의 가슴을 찌르고 함께 죽었읍니다. 적군은 어지러워졌읍니다. 왕은 군사를 세 길로 나누어 급히 쳤읍니다. 적군은 요란하여 대적하지 못하고 낙랑樂浪으로부터 물러갔읍니다.

왕은 나라를 회복하고 밀우와 뉴유를 제일 공이 있다 하고 고을을 끊어 주고 그 아들까지 큰 벼슬을 주었읍니다.

고국천왕故國川王[44]

고구려 고국천왕故國川王은 키가 아홉 자 길이나 되고 풍신이 웅장하고 힘이 장사였으며 무슨 일을 당하매 잘 처단하고 그리고 무서울 데는 무섭고 너그러울 데는 너그러웠습니다.

애초 신대왕新大王이 승하한 뒤, 그 큰아들 발기拔奇는 불초不肖하다 하여 둘째 아드님을 세운 것이 즉, 고국천왕故國川王입니다.

제나부提那部 우소于素의 따님인 우씨于氏를 세워 왕후王后를 삼었든바 패자沛者, 평자評者, 좌가려左可慮 등이 왕후의 친척으로 권세를 부리고 그 자제들이 세를 믿고 교만하고 사치하며 남의 자녀와 전장田庄을 빼앗으니 나라 사람들이 다 원망하였습니다.

왕이 이런 소문을 듣고 노하여 죽이러 한즉 좌가려左可慮 등은 반叛하여 여러 사람을 모아가지고 서울을 침노하였읍니다. 왕은 군사를 시켜 평정하고 드디어 령을 나리어

『이 근자 어질지 못한 이들이 높은 벼슬을 하여 백성을 괴롭게 하고 나라를 소동케 함은 내, 밝지 못한 까닭이다. 이제 너의들은 어진 이를 들어 말하라』

하였읍니다. 백성들이 동부 안류晏留라는 이를 천거하였읍니다. 왕은 안

44 「어린이歷史(47) 故國川王」, 『동아일보』, 1940. 1. 14.

류를 불러 나랏일을 맡기려 하매 안류는 왕에게

『신은 용열하여 큰 정사에 참예할 수 없읍니다. 서압녹곡西鴨淥谷 좌물촌左勿村에 있는 을파소乙巴素는 유리왕의 대신大臣 을소乙素의 손자입니다. 성질이 굳세고 슬기가 많으나 세상에 쓰이지를 못하여 농사나 짓고 삽니다. 대왕께서 만일 나라를 다스리시려면 이 사람이 아니면 될 수 없읍니다』

하였읍니다. 왕은 사신을 보내어 후한 예를 갖추고 데려왔읍니다. 중외대부中畏大夫와 우태于台라는 벼슬을 주고 나라를 위하여 마음과 힘을 써달라고 하였읍니다. 그러나 을파소는 비록 허락은 하였으나 고만한 벼슬로는 큰일을 할 수 없다 하고

『신은 노둔하여 말슴하신 일을 감당할 수 없사오니 대왕은 어진 이를 골라 높은 벼슬을 주고 대업大業을 이루소서』

하였읍니다. 왕은 그 뜻을 알고 을파소를 정승을 삼고 나랏일을 맡어보게 하였읍니다. 조신과 국척 등은 을파소가 새로 들어 온 이로 예전 일까지 간섭한다고 미워하였읍니다. 왕은 누구나 정승의 말을 듣지 안는 이는 멸족을 하겠다 하였읍니다.

을파소는 지성으로 나라를 반들고 정사를 밝히고 상과 벌을 삼가하여 백성들이 편안 하고 나라가 잘 다스려졌읍니다.

신숭겸申崇謙과 김락金樂[45]

신라 경애왕景哀王 四년 九월에 진훤甄萱이가 군사를 거느리고 신라 서울에 들어갔읍니다. 그때 경애왕은 비빈妃嬪과 종척宗戚을 더불고 포석정에 나가 놀며 술을 마시고 질거워 하다가 문득 진훤의 군사가 들어왔다는 말을 듣고 창졸히 어찌할 바를 몰라, 왕은 부인과 성남 이궁으로 달아나 숨었고 종신과 궁녀들은 다 함몰을 당하였읍니다. 진훤은 군사를 놓아 크게 노략을 하고 왕궁에 들어있으며 좌우를 시켜 왕을 찾어 군중에 두고 스스로 죽으라고 핍박을 하고 왕의 족제 되는 김부金傅를 세워 경순왕敬順王을 삼었읍니다.

고려 태조는 이 소문을 듣고 사신 보내어 조제를 지내고 친히 정기精氣五千을 거느려 진훤을 맞어 공산公山 동수桐數에서 크게 싸우다가 불리하여 진헌의 군사에게 고려 태조가 포위를 당하여 퍽 위급하게 되었읍니다. 태조의 장수에는 신숭겸申崇謙과 김락金樂이가 있던바 신숭겸은 얼굴이 태조와 흡사하여 대신하고 태조를 덤불 속 바위틈에 숨기고 드디어 태조의 수레를 타고 김락과 함께 몹시 싸우다 죽었읍니다. 진훤의 군사는 신숭겸을 태조로 알고 그 머리를 베어 창에 꿰어가지고 돌아가고 태조는 간신히 벗어났었읍니다.

---

45 「어린이歷史(48) 申崇謙과 金樂」, 『동아일보』, 1940. 1. 21.

그 후 태조는 팔관회八關會를 열고 싸우다 죽은 공신을 생각하여 유사를 시켜 신숭겸, 김락의 형상을 맨들어 조복을 입히어 그 반렬에 앉히고 주식을 주었는바 그 잔이 문득 마르고 그 형상이 산 이와 같이 움직이었다 하고 예종이 서경을 갔을 때에도 그 가상이 말을 타고 뜰에 돌아다니매 왕이 감개하여 그 자손을 불러 쓰이게 하고 시까지 지어 찬양하였다 합니다.

천명天命[46]

환선길桓宣吉이라는 이가 그 아우 향식香寔과 함께 고려태조를 섬기어 공로가 있으므로 태조가 선길에게 마군장군馬軍將軍을 시기고 심복心腹으로 여기고 항상 정예精銳한 시위 군사를 거느리게 하였읍니다.

하로는 선길의 안해가 선길에게

『당신은 재주와 힘이 뛰어나 사졸이 복종하고 또 큰 공로가 있으되 정권은 남에게 있으니 한이 되지 않으시오』

하매 선길은 과연 그렇다 하고 드디어 비밀히 병사와 약속을 하여 두고 틈을 보아 일을 내려하였읍니다.

마장군 복지겸卜智謙이가 그 일을 알고 가만이 태조에게 고하였더니 태조는 아직 그 형적이 들어나지 안 하였다 하고 그 말을 듣지 아니하였읍니다.

하로는 태조가 학사 두 사람을 더불고 전각에 앉어 정사를 의논하는데 선길이가 그 무리 五十여 인을 더불어 칼을 가지고 동편 익랑으로 하여 돌연히 들어와 바루 태조를 해치려 하였읍니다.

태조는 지팡이를 짚고 서서 소리를 질러

『짐이 비록 너이 힘으로 이렇게 되었으나 어찌 천명이 아니겠느냐 천

46 「어린이歷史(49) 天命」, 『동아일보』, 1940. 1. 28

명이 이미정하였으니 너이들이 감히 어찌겠느냐』

하고 꾸짖었읍니다. 선길이는 태조의 사색이 태연함을 보고 복병이 있는가 의심하고 그 무리와 함께 달아나왔습니다.

시위하든 군사들이 쫓아 다 사로잡아 죽였읍니다. 향식이는 그 뒤 이르러 일이 발서 패한 줄을 알고 도망을 하다가 또한 군사에게 잡혀 죽었습니다.

효자孝子 김천金遷[47]

김천金遷은 명주溟洲(=지금 강원도강릉江原道江陵)사람이오. 아이ㅅ적 이름은 해장海莊이라 하였읍니다.

고려 고종 때 몽고 군사가 와 침노하여 어머니와 아우 덕린이를 잡아 갔읍니다.

그때 김천의 나이 열다섯인데 밤낮으로 어머니를 부르고 울다가 잡혀 간 사람들이 중로에서 많이 죽었다는 말을 듣고 상복을 하여 입었읍니다.

그 뒤 十四년 만에 백호읍성百戶習成이라는 이가 원나라에서 돌아와 장에서 명주ㅅ사람을 불러 찾었읍니다. 사흘 만에 마츰 정선 사람 김순이가 있어 응답을 하매 백호읍성이가 김순이에게

『여자 김씨가 동경東京 遼陽에 있서 전달하되-저는 본래 명주ㅅ사람이고 아들 해장이가 있다 하고 나더러 편지를 전해 달라 하였는데 당신이 해장이를 아시오』

하였읍니다. 김순이는

『그이는 내 벗이올시다』

하고 그 편지를 받어가지고 가서 김천이에게 주었읍니다. 김천이는 편지를 읽어보았읍니다.

47 「어린이歷史(50-51) 孝子金遷 <上,下>」, 『동아일보』, 1940. 2. 4.-2.11.

—나는 살어서 이 골 이 동네 이 집에 이르러 종이 되었다. 배고파도 밥도 없고 치워도 옷도 없이 지내며, 낮에는 호미질을 하고 밤에는 절구 질을 하니, 몹시 괴롭다. 누가 나의 죽고 산들 알리오.—

김천이는 그 편지를 들고 통곡하였읍니다. 그리고 음식을 당하면 목이 메이어 넘어가지를 안 하였읍니다. 가서 그 어머니를 찾어오려 해도 집이 가난하여 할 수 없으므로 사람에게 간신히 은을 얼마 꿔어 가지고 서울을 와 그 어머니 찾으러 가기를 나라에 청하였으나 허락지 안 하여 그냥 집으로 돌아갔습니다. 또 충렬왕忠烈王 때에 서울을 와 청하였으나 허락지 안 하였습니다.

김천이는 서울서 오래 머무는데 옷은 해지고 양식은 없고 답답하기만 하였습니다. 하로는 길에서 고향 사람 승 효연을 맞나 울며 애걸을 하였읍니다. 효연은

『우리 형님 천호효千戶孝가 지금 동경을 가게 되었으니 따라가시오』

하고 그 형에게 부탁을 하였읍니다. 어떤 이는 김천이에게

『당신이 어머니 편지를 본지가 벌서 여섯 해인데 어찌 그동안 어머니가 죽었는지 살었는지 알며, 또는 가다가 길에서 도적을 만나면 헛되니, 몸을 여히고 재물을 잃을 것이오이다』

하매 김천이는

『가서 어머니를 보러 가는 길에 어찌 목숨을 아끼리오』

하고 마츰내 천호효를 따러 동경을 갔었읍니다.

김천이가 동경을 가서는 본국의 역어별장譯語別將으로 가 있는 공명孔明이란 이를 데불고 북주 천로색이란 곳으로 가 그 어머니 계신 데를 찾었읍니다. 군졸 요좌의 집에 이르니 한 여자가 나와 절을 합니다. 옷은 누더

기오. 머리는 북수세미오. 얼굴에는 때가 다닥다닥 하였읍니다. 공명이가 그 여자더러

『당신은 어떤 사람이오』

하매 그 여자는

『나는 본래 명주ㅅ사람으로 호장戶長 김자릉의 딸이오. 동생 김용문은 진사進士로서 급제를 하였고 나는 호장 김종연이에게 시집을 가, 아들 둘을 낳았으니 해장과 덕린이고 덕린이는 나를 따라 이곳에 이르러 十九년째 되며 이제 서편이웃 백호 천로의 집에 종이 되어 있는바 어찌 오늘 본국 사람을 다시 볼 줄 알었으리까』

하였읍니다. 김천이는 이 말을 듣고 울며 어머니 어머니 하고 달겨들었읍니다. 그 여자는 김천이 손을 잡고 울며

『네가 참 내 아들이냐 나는 네가 꼭 죽은 줄 알았다』

하였읍니다.

마츰 요좌가 집에 없었으므로 그 어머니를 모셔오지 못하고 도로 동경으로 와 별장 수룡의 집에 머물렀다가 한 달포 만에 수룡을 데불고 다시 요좌의 집에 가서 말한즉 요좌가 허락지 않었읍니다. 김천이가 심히 애걸하고 은 五十五 냥을 주고야 그 어머니를 모시어 말에 태우고 저는 그냥 걸어 따러왔읍니다. 그 아우 덕린이도 동경까지 따라와 울며

『안녕히 가시오. 안녕히 가시오. 지금은 못 따라가더라도 만일 천복이 있으면 반드시 서로 볼 날이 있으리다』

하고 모자 서로 울며 흑흑 느끼기만 하였읍니다. 그때 김방경이라는 분이 마츰 원나라로 사신을 갔다 돌아오는 길에 동경에 이르러 김천의 모자를 불러보고 퍽 칭찬하고 총관부에 말하야 로자를 후히 주어 보냈읍니다.

김천이 모자가 명주에 이르매 그 남편 김종연은 진부역까지 마중을

나와 서로 보고 기뻐하였읍니다. 김천이가 술잔을 들어드리고 물러 나와서는 통곡을 하매 보는 이마다 눈물을 흘렸읍니다.

그 아버지 김자릉은 나이 七十九세나 되어 그 딸을 보고 너무 기뻐서 땅에 꺼꾸러졌읍니다. 그 뒤 六년만에 천로의 아들이 덕린이를 데리고 왔읍니다. 김천이는 은 八十六양을 주고 속贖-볼모 잡었던 사람을 돈을 주고 찾는 것을 하였읍니다. 그리고 수년 만에 그 꿔어 쓴 은을 다 갚어주고 그 아우 덕린과 더불어 종신토록 효도를 극진히 하였습니다.

충직한 이존오李存吾[48]

넓은 들이 다 빠졌는데
높은 뫼만 그대로 있다.

이것은 이존오李存吾가 여나믄 살 되었을 때 큰물이 난 강을 두고 지은 시입니다. 아는 이들은 이때부터 이상한 이로 여겼읍니다.

이존오는 어려서 아버지를 여희고 공부를 스스로 힘써 하고 성품이 굳고 말이 적고 형제 우애하고 큰 뜻이 있었읍니다.

고려말 공민왕 때에 벼슬을 하고 정몽주, 박상충, 이숭인 등과 같은 유명한 어른들과 친하고 학문을 강론講論하고 헛되이 날을 보내지 아니하여 사람들에게 크게 칭찬을 받었읍니다.

스물다섯 살에 정언이라는 간관諫官 벼슬을 하자 마침 신돈辛旽이라는 중이 나라ㅅ정사를 맡어 참란한 일을 많이 하되 무서워하며 감히 말하는 이가 없는데 이존오가 신돈이를 몰아 상소上疏를 지어 가지고 동관同官들에게 보이며

『나라를 그르치는 그 요물를 내쫓아야 하겠다』

하여도 감히 응하는 이가 없고 오직 그 인친 되는 정추가

『형님이 이런 일을 하시면 마땅히 따르겠읍니다』

48 「어린이歷史(52) 충직한 李存吾」, 『동아일보』, 1940. 2. 18.

할 뿐이었읍니다.

드디어 상소를 들이매 대언代言으로 있던 권중화를 시켜 읽다가 미처 반절도 못 읽어 왕이 크게 노하여 불을 살러버리고 정추와 이존오를 불러 꾸중을 할 때 신돈이가 왕과 마주 앉는 것을 보고 이존오가 눈을 흘기고 신돈이를 보며

『로승이 어찌 저리 무례하냐』

하고 꾸짖으니 신돈이가 놀래어 바상에 내렸읍니다. 왕은 더욱 노하여 옥에 내려 가두고 국문鞠問 — 죄인을 묻는 것을 하고 장차 죽이려 하는데 첨서밀직簽書密直이란 벼슬로 있던 이색이가 태조 이래 五백 년 동안에 간관을 죽인 일이 없다 하여 겨우 면하여 장사 감무로 떠러져 갔다가 물러 와 공주 석탄이라는 곳에 있었읍니다.

신돈이 권세가 날로 더욱 성하매 이존오는 분하고 근심함이 병이 되어 오래 동안 앓다가 하루는 좌우를 시켜 앉어 신돈이가 오히려 성한다는 말을 듣고 도로 누어

『신돈이가 망하여야 나도 죽는다』

하고 불안 하게 죽었읍니다. 나이 五十一, 신돈이도 그해 三월에 죄를 당하여 죽었읍니다. 왕은 그때야 그 충직함을 생각고 대사성大司成 벼슬을 주고 그 아들까지 벼슬을 시켰읍니다.

김방경金方慶[49]

고려 중엽 명장 김방경金方慶은 어려서 떼를 잘 썼읍니다. 떼를 쓰면 반드시 길ㅅ거리에 누어 울었읍니다. 그러면 말과 소가 가다가도 피해갔읍니다. 사람들이 이상히 여겼읍니다.

그는 생길 때부터 이상하였읍니다. 그 어머니가 그를 낳기 전에 여러 번 꿈에 구름을 마시고 사람보고 하는 말이

『구름ㅅ기운이 내 입과 코에 있었으니 아기를 나면 이상하리라』

하고 과연 김방경을 낳았읍니다.

열여섯 살 때부터 벼슬을 하기 시작하였읍니다. 시중侍中 벼슬로 있는 최종준이가 김방경의 충성됨을 사랑하여 공경하여 대접하고 큰일이 있으면 다 맡겼읍니다. 그 뒤 여러 번 다른 벼슬로 옮겨 감찰어사가 되 우창右倉을 맡어보는데 어느 재상이 곡식을 달라고 청을 하였으나 주지를 안 했읍니다.

그 재상은 노하여 권신權臣에게 하소연하기를

『이제 어사는 이전 어사처럼 공사를 잘 못한다』

하였읍니다. 그러자 김방경이 이르매, 권신은 그런 말을 다하였읍니다. 김방경은

---

49 「어린이歷史(53) 金方慶」, 『동아일보』, 1940. 2. 25.

『나도 이전 어사와 같이는 하기 쉽다. 나는 나라ㅅ곡식을 많이 저축하자 함이오. 여러 사람의 입은 다 고르게 할 수 없다』
고 대답을 하였읍니다. 그때 그 재상은 옆에 앉었다 퍽 무안 하였읍니다.

그리고 서북면 병마판관 벼슬이 되었을 때 몽고 군사가 들어와 여러 성을 치므로 김방경은 위도라는 섬으로 들어가 지켰읍니다.

섬에는 十여 리나 넓은 들이 있어 농사를 짓게 되었으나 바다의 조수ㅅ물이 들어와서 못하는데 김방경이 보를 막어 벼를 심었읍니다. 백성들이 처음에는 괴롭게 알다가 가을에 이르러 곡식이 잘 익어 섬사람이 다 그걸로 살었읍니다.

또 섬에는 우물이 없어 항상 육지에 나와 물을 길어 갔읍니다 그러나 가끔 적군에게 잡혀가기도 하였읍니다. 김방경이 못을 맨들고 빗물을 저축하여 물 걱정이 없었읍니다.

그리고 삼별초군三別抄軍이 반하야 탐라耽羅(=지금 제주)로 들어갔는데 김방경이 그걸 치러 가다 추자도라는 섬에 다달러 바람 개기를 기다린 것이 밤중쯤 하여 바람이 더 몹시 불었읍니다. 갈 바를 몰랐읍니다. 김방경이 하늘을 우러러 탄식하되

『나라의 편안 하고 못함이 이번에 있고 오늘 일은 내게 있지 않은가』
하였읍니다. 좀 있다 풍랑이 그쳤읍니다. 드디어 들어가 쳐 크게 파하였읍니다.

그 후에도 몇 번 싸우러 나갔읍니다. 큰 공로가 있다고 상락공上洛公을 봉하였읍니다. 벼슬을 않고 물러가서도 나라ㅅ일을 집일처럼 걱정하였읍니다. 나이 팔십구에도 머리가 세지 않고 병도 없었읍니다.

최영장군崔瑩將軍[50]

최영 장군崔瑩將軍은 성은 최崔요, 이름은 영瑩인데 옛날부터 불러오기를 최영 장군이라 합니다.

장군은 고려말 사람으로 풍신이 거룩하고, 힘이 장사요. 마음이 굳고 곧고 충성되고 맑었읍니다.

열여섯 살에 그 아버지가 돌아가시며 경계하기를

『금을 보거든 돌 같이 여겨라』

하매 장군은 그 말을 꼭 지켜, 살림을 일삼지 않고, 조고마한 집에 살고 음식도 검소하고 좋은 말을 타고, 좋은 옷을 입은 이를 보면 개도야지 같이 천하게 여겼읍니다.

그러나 매양 싸움을 싸우러 나가 진에 다달러 적군을 대하면 신기가 편안 하여 화살과 돌맹이가 좌우로 비오듯 하여도 조곰도 두려워하는 빛이 없고, 크게 작게 백번이나 싸웠으나 싸울 때마다 이겨 공이 있었읍니다. 나라가 이 장군 때문에 편안 하였읍니다. 비록 오랫동안 장수 노릇도 하고 정승 노릇도 하여 병권兵權을 가졌으나, 대두리만 잡고 소소한 일을 아는 척하지 아니하여 평생 부하의 군사 얼골을 아는 이가 수십 명밖에 안 되고 조정에 나아가면 바른말을 하되 응하는 이가 없는지라

50 「어린이歷史(54) 崔瑩將軍」, 『동아일보』, 1940. 3. 3.

스스로 한탄하고, 밤에도 잠을 자지 않고 나라일을 생각하고 아침에 조정에 나아가 말을 하면 여러 재상이 자기 뜻과 같은 이가 없었다고 말도 하였읍니다.

왕우禑王 十四 년에 군사를 일으켜 요동僚東(=지금 만주에 있는 땅)을 치는데 왕과 장군은 평양까지 갔었고, 이태조는 선봉으로 우군을 거느리고 압록강을 건너 위화도에 둔 치고 있다가, 반하여 군사를 돌이켜 몰고 왔읍니다. 왕과 장군은 이 소문을 듣고 급히 서울그때는 개성로 돌아왔읍니다. 이태조는 개성으로 와, 왕을 내치고 장군은 귀양을 보냈다가 얼마 아녀 데려다 목을 베었읍니다.

서울 사람들은 장군이 죽었다는 말을 듣고, 서로 눈물을 흘리고 전도 보지 않고, 장도 파하고, 그 시체 옆으로 다니는 행인들은 타고 가든 말도 나리어 갔다 합니다.

장군은 죽을 때 얼굴이 조금도 변치 않고

『내 평생에 죄를 지은 일이 없으니 만일 내가 조금이라도 탐욕하는 마음이 있으면 내 무덤 우에 풀이 나고 그렇지 않으면 풀도 나지 말라』 하였답니다. 장사 지낸 후 그 무덤에는 과연 풀이 나지 아니하여 그 무덤을 붉은 무덤이라 일컬읍니다.

삼별초三別抄[51]

고려 고종 때 사람 최우崔瑀가 나라일을 도맡어 볼 때, 각처에도 적이 많이 일어나므로 용맹스러운 군사를 뽑아가지고 밤이면 순행을 시켜 도적을 금하였는데 이걸 야별초라 하고 또 그 군사들을 여러 도道로 보내어 도적을 잡을 새 그 군사들을 나누어 좌우별초를 삼고 또 몽고로부터 도망해 온 본국 사람들로 하여 한 부대를 삼어 이르기를 신의군神義軍이라 하였읍니다-이것이 삼별초三別抄입니다.

삼별초는 권신의 수족手足과 같이 되어 그 봉록도 후하고 또는 죄인의 재물을 빼앗어 주기도 하며 권신들이 서로 다투어 그들을 부리었읍니다. 그러하여 김준金俊, 최의崔竩, 송송례宋松禮 등을 죽이고 그 재물을 다 적몰籍沒(=죄인의 재물을 뺏는 것) 하기에만 힘썼읍니다.

고종 다음에 원종이 몽고로부터 돌아와 다시 송도에 도읍을 하매 삼별초는 아직 강도江都(=강화인데 고종 때 몽고병을 피하여 예서 도읍한 지 삼십구년三十九年)에 있어 반하였읍니다.

그 장군 배중손裵仲孫, 노영히盧永禧 등이 난리를 일으키고 사람을 시켜 『되놈 군사들이 몰려와 사람을 죽이니 나라를 돕고자 하는 이는 다 구정毬庭에 모여라』

---

51 「어린이歷史(55) 三別抄」, 『동아일보』, 1940. 3. 10.

부르짖으매 잠시 동안에 사람들이 많이 모였읍니다.

그리고 별초군은 강으로 돌아다니며 크게 웨치기를

『만일 배에 있고 나리지 않는 이는 다 죽인다』

하매 듣고 다 두려워하며 다 달아나고 혹은 배를 저어가려 하면 조그만 배를 타고 쫓아 쏘았읍니다. 다들 꼼짝 못하였고 성안 사람들도 놀래어 모다 달어나 수풀 속에 숨고 부녀와 어린애들의 울음소리가 천지를 진동하였읍니다.

그리고 병고를 열고 병기를 내어 군사들에게 나누어주고 강화는 지킬 수 없다 하고 남쪽으로 나려갔읍니다. 배가 서로 바다에 있었읍니다. 배가 천여 척이 넘었읍니다. 그때 백관이 다 나와 왕을 마중하였으나 그 처자들은 다 삼별초에게 잡혀갔읍니다.

삼별초는 첨에는 진도에 웅거하였다가 나종에는 탐라지금 제주로 들어갔습니다. 원종이 김방경과 몽고 군사와 장수 헌도아해忻都阿海 등을 명하여 삼별초를 칠 새 삼 년만에야 비로소 평정하였읍니다. 몽고 군사들은 자녀와 옥백玉帛을 제 소유로 삼고 다 데리고 돌아갔습니다.

정포은鄭圃隱[52]

정포은鄭圃隱의 이름은 몽주夢周요. 포은은 그 호號인데 고려충숙왕高麗忠肅王 六년 十二월 二十二일에 낳았읍니다. 그 어머니가 난초분을 꿈에 얻고 포은이 생겼다 하며, 처음에는 이름을 몽란이라 하였다가, 그 뒤 어느 날 그 어머니가 낮잠을 자다 검은 용이 후원에 선 배나무로 오르는 꿈을 놀래어 깨서 나가보니 포은이었으므로 또 이름을 몽룡夢龍이라 하였다가 나중에 몽주夢周라 한 것입니다.

그 어머니 이씨李氏는 이런 귀한 아드님을 기를 제 옷을 해 입히되 거죽은 푸르고 안은 빨갛고 하였답니다. 속은 불덩이같이 빨갛고 겉으로는 물처럼 눅을눅울 하라는 뜻입니다. 그리고 그 아드님이 거룩한 이가 될 줄을 알고 백로가白鷺歌를 지어 주었다 합니다. 백로가는 『백로야 백로야 까마귀 무리에 들지 마라』 하는 것입니다.

포은은 스물넷에 과거를 보아 장원이 되고 그 뒤 벼슬을 하여 여러 번 외국으로 사신도 가고 정승도 되어 자기의 몸과 마음을 모두 나라일에 받히었읍니다.

그러자 이태조가 그때 함께 벼슬을 다니든바 세력이 퍽 성하여 장차 달리 뜻을 먹고 있었읍니다. 다른 이들은 그 세력을 무서워하여 그 뜻을

52 「어린이歷史(56-57) 鄭圃隱 <上,下>」, 『동아일보』, 1940. 3. 17.-3. 24.

따르되 포은은 따르지 않었읍니다.

하루는 태조의 다섯째 아드님은 태종이 잔치를 베풀고 포은을 청하여 술을 권하며

> 이런들 어떠하며 저런들 어떠하리
> 만수산 드렁츩이 얽어진들 그 어떠리
> 우리도 이같이 얽어져 백년까지 누리리라

하는 노래를 지어부르매, 포은은 술을 보내며

> 이몸이 죽어죽어 일백번 고쳐 죽어
> 백골이 진토塵土되고 넋이라도 있고 없고
> 님향한 일편단심一片丹心이야 가실 줄이 있으랴

하는 노래를 지어 화답和答하였읍니다. 태종은 그 뜻이 변하지 않을 줄을 알고 드디어 포은을 죽이려 하였읍니다

공양왕 四년에 세자世子 석奭이가 중국을 갔다 오는데 태조가 황주까지 마중을 나갔다가 해주로 사냥을 가서 노루 한 마리를 쏘다가 말에서 떠러졌읍니다. 그래서 몸이 몹시 불편하여 가마를 타고 돌아왔습니다. 그해 사월 초나흘입니다. 포은이 태조에게 문병을 왔읍니다.

이때 태종은 조영규, 조영무, 고려, 이부 등을 더불고 포은을 때려죽이려 한바, 포은은 태조를 보고 돌아가는 길에 개성부사를 지낸 유원柳源이라는 이가 죽었으므로 그 집에 들어 조상을 하고 또 그 전에 아든 주도가酒徒家를 지내매, 그 주인이 나와 맞고 그 밖앝 뜰에는 꽃이 마침 만발하였

는지라 들어가 술을 부르고 꽃 사이에 춤을 추며

『오날은 풍색이 매우 사납다. 매우 사납다』

하고 이어 두어 대접을 마시고 나갔읍니다.

태종은 포은이 어디, 어디로 다녀가는 줄을 염탐하고 조영규 등을 시켜 선죽다리근방에서 기다리고 있었읍니다.

포은은 말을 타고 녹사祿事를 다리고 선죽다리께 이르자 동개화살그릇를 멘 무부武夫가 그 앞을 막읍니다.

포은은 녹사더러

『너는 뒤에 떨어지라』

한즉 녹사는

『소인이 대감을 모시고 다니는바 어데로 가오리까』

하고 두세 번 일러도 듣지 않고 따러옵니다.

별안간 조영규 등이 내달아 영규가 포은을 쳤읍니다. 포은은 돌아보고 꾸짖고 말을 채찍질하야 달렸읍니다. 영규가 또 달려들어 철퇴鐵椎로 말머리를 쳤읍니다. 포은은 떨어졌읍니다. 녹사는 대들어 포은을 안었읍니다. 고려 등이 목을 베었읍니다. 그 쏟아지는 불ㅅ덩이 같은 핏덩이가 선죽다리를 태웠읍니다. 그 다릿돌에는 뚜렷이 영이 져 六百 년 가까이 풍우를 겪은 오늘날까지도 영절스럽게 벌겋게 보입니다.

그런 뒤 석 달 만에 태조는 고려 공양왕을 폐하고 수창궁에서 즉위하였읍니다. 그 담 담에 태종이 등극하여 바로 포은을 고려 충신이라 하고 추존追尊하여 영의정領議政을 주었읍니다.

양만춘楊萬春[53]

고구려 보장왕 四 년에 당태종이 친히 대병을 거느리고 고구려를 치러 왔습니다.

당군唐軍이 고구려 땅이든 요동지금 봉천 동남에 있는 땅을 치고 또 안시성을 치려 하였습니다. 당태종이 안시성서 四十 리쯤 되는 곳에 이르러 먼저 기병을 시켜 싸웠습니다. 고구려 군사는 거짓 달아났습니다. 당병은 쉽게 여기고 다투어 쫓아갔습니다.

안시성 동남 팔 리까지 당병이 왔습니다. 고구려는 말갈靺鞨 군사와 합하여 진을 친바 그 길이가 四十 리나 뻐쳤습니다. 당태종이 그걸 바라다보고 두려워하고 四萬 명 군사를 시켜 싸우게 하였습니다. 고구려 장수 연수延壽 등을 군사를 나누어 막었는데 당병에는 설인귀라는 이가 있어 이상한 옷을 입고 크게 웨치고 막 대들었습니다. 그 바람에 고구려 병은 좀 패하였습니다. 그래도 안시성주安市城主 양만춘楊萬春이라는 이는 굳게 지키고 있었습니다. 양만춘은 성중 사람을 시켜 그 성을 더 높게 쌓어 막었읍니다. 그리고 하루에 六·七 합을 싸웠습니다. 당병이 충차와 포석으로 그 성첩을 허물으면 다시 목책을 세워 무너진 곳을 막었읍니다. 당병은 밤낮으로 六十 일만에 五十萬 명을 써 산을 다 무넜읍니다. 성보다도 두어

53 「어린이歷史(58) 楊萬春」, 『동아일보』, 1940. 3. 31.

길이나 더 높아 성중이 다 나려다 뵈었읍니다. 한데 별안간 그 산이 무너져 성을 누르메 성도 무너졌읍니다. 고구려병이 그 틈으로 나와 그 토산土山을 빼앗어 차지하고 지켰읍니다. 당태종은 노하여 여러 장수를 시켜 치고 친히 말을 달러 지휘하다가 양만춘의 화살을 맞아 눈이 멀고 황망히 그 패군敗軍을 이끌고 달아났읍니다. 양만춘은 성에 올라 멀리 당태종을 바라보고 조롱하였읍니다.

당천자 일북문으로 도망하여 달어날제
앞에는 장강이오. 뒤에 따르느니 요동곱소문이라
어찌타 백포소장
설인귀는 어대가고 날못찾노.

하는 노래가 그때 당태종이 달어나던 광경을 말한 것입니다.

요동 곱소문은 그때 고구려 정승 연곱소문淵蓋蘇文인데 호랑이보다 무섭던 것입니다.

당태종이 고구려를 치러 온 것은 곱소문이가 그른 일을 하였다 하고 그 죄를 물으러 왔다는 것입니다.

삼원수三元帥[54]

삼원수三元帥는 고려 말 공민왕 때 안우安祐, 김득배金得培, 이방실李芳實입니다.

그때 원나라의 세력이 쇠해지고 직례直隷 땅에서 유복통劉福通 등이 일어나 홍건紅巾으로 기를 하고 한림아韓林兒라는 이를 세워 송宋이라 일컫고 고려를 와 침노하는바 이를 홍건적紅巾賊이라 합니다.

홍건적이 철주질금 평안북도에 왔을 때 안우가 七十여 기를 거느리고 전지에 나가, 산에 올라 말을 쉬는데 적장 모귀가 별안간 대병을 몰고 오매 장사들이 다 놀래었읍니다. 그래도 안우는 암스랑치도 않고 차근히 말을 타고 군사를 더불어 적병을 쳐부시었읍니다. 그리고 그 뒤 또 적장 관선생 등이 이십만 군사를 거느리고 압록강을 건너와 여러 골을 침략하고 서울까지와 점령하매 공민왕은 복주지금 경상북도 안동으로 파천임금이 피란간 것하였고 안우는 원수元帥가 되어 그 적을 쳐 물리치고 서울을 회복하였습니다.

그러나 그때 김용이라는 자가 그 공을 시기하여 왕을 속이고 사람을 시켜 안우를 때려죽였읍니다.

김득배는 정당문학政堂文學이라는 벼슬로서 원수가 되어 홍건적을 쳐

54 「어린이歷史(59) 三元帥」, 『동아일보』, 1940. 4. 2.

서울을 회복한 후 왕을 뵈러 가다가 기주라는 곳에 이르러 안우의 변을 들고 도망하여 산양에 숨은 것을 김용이가 사람을 보내어 죽였읍니다. 그 제자는 정포은이었읍니다. 포은이 왕에게 말하고 그 시체을 거두어 장사 지내며 제문을 지어 읽고 퍽 슬퍼하였읍니다.

이방실은 무등한 장사였읍니다. 소싯적에 길을 가다 빈 원집에서 도적을 만나 자기가 찼던 활과 화살을 끌러 도적을 주며

『너는 좀 여기 있거라 나는 뒤를 보러가겠다』

하고 뒷간에 가서 앉었은즉 도적이 활을 당겨 쏘았드랍니다. 이방실은 그 화살이 오는 대로 손으로 다 웅켜 잡어 뒷간 틈에 꽂았읍니다. 한 통 화살이 다 하매 도적은 그 죄를 빌었는데 이방실은 몸을 솟구쳐 수십 길 되는 상수리나무 끝을 휘어잡아 게다 그 도적의 머리채를 처매고 그냥 놓아버렸습니다.

그도 홍건적을 치고 왕에게 옥대와 옥영玉纓을 받고 원수도 되었다가 안우, 김득배와 같이 김용이 때문에 죽었읍니다. 이런 유공한 이들을 죽이든 김용이 저도 마츰내 왕의 눈밖에 벗어나 목이 달어나고 말었습니다.

공암진孔岩津[55]

한강 물ㅅ줄기를 따러 나리다 양화도 아래로 한 十여 리를 더 나려가면 바위 하나가 물속에 솟아 구멍이 뚫렸읍니다. 그러므로 이 바위를 구멍바위, 한ㅅ자漢字로는 공암孔岩이라 합니다. 그리고 이리 사람들이 건너다니기도 하였으므로 구멍바위나루, 즉 공암진이라 합니다.

고려말 공민왕 때입니다.

어떤 형제 두 사람이 함께 길을 걸어가다가 그 아우가 두 덩어리를 얻었읍니다.

한 덩어리는 형을 주고 한 덩어리는 제가 가졌읍니다.

그리고 이 나루에 이르러 배를 가치 타고 건너다가 아우가 금덩이를 강에 던졌읍니다. 형이 괴이하여 물었읍니다.

『내가 평일에 형님을 몹시 사랑하여 오든바 오날 금덩어리 나누고 나서는 믄득형님을 거리끼는 마음이 나니 이는 상서롭지 못한 물건이라 강에 던지고 잊어버리려 합니다』

하는 아우의 말을 듣고 형도

『네 말이 과연 옳다』

하고 그 금덩이를 강에 던졌읍니다. 그때 그 배를 가치 타고 가든 이가

---

55 「어린이歷史(60) 孔岩津」, 『동아일보』, 1940. 4. 14.

다 무지한 백성들이라 그 형제의 성명과 주소를 물어 전하지 못하였습니다.

팔만대장경八萬大藏經[56]

지금 경상북도 합천 해인사海印寺에는 八만여 개의 장경판藏經板이 간직되어 있읍니다.

이런 八만여 개의 장경판을 새기든 굉장한 사업은 고려 때 된 것입니다.

지금부터 약 千五十 년 전 고려 현종 二년에 거란契丹의 대병大兵이 서울까지 침노해 들어오매 현종은 나주지금 전남남도로 파천을 하였고 거란 군사는 오랫동안 둔치고 물러가지를 안 하였읍니다.

현종은 군사를 시켜 싸우며 하로는 여러 신하를 더불어 의론하고 부처님의 힘을 빌어 적병을 물리치고저 불경인 대장경판을 새기기로 하고 사람을 송宋나라에 보내어 대장경과 기타 불경 등을 얻어다가 새기기 시작하여 사십여 년 후 문종 때에 이르러 다 마치었읍니다.

그런 뒤 百六十여 년을 지나, 고종 十九 년에 이르러 몽고 군사들이 들어와 불을 질러 태워버렸읍니다.

그때 고종은 강화로 도읍을 옮기고 그러고도 몽고의 성화를 받어 괴로웠읍니다.

고종과 그 신하들은 또 현종의 본을 받어 부처님 힘을 빌어 적병을 물리치고저 대장경판을 다시 새기었읍니다. 즉 고종 二十四 년으로부터

56 「어린이歷史(61) 八萬大藏經』『동아일보』 1940. 4. 21.

三十八 년까지 十五 년 동안을 걸려 끝을 내었습니다.

이 장경판을 새기기는 그때 강화에서 주장하여 한 것입니다. 다 새긴 뒤에 강화 서문 밖 판당에 그 장경판을 두고 왕은 백관 거느리고 행향을 하였읍니다.

이 장경판을 다 합천 해인사로 옮겨 간 것은 어느 때인지 알 수 없읍니다.

이러하여 지금까지 약 七百 년을 전해왔읍니다. 이런 거대한 장경판이 완전히 남은 것은 다시 이 세상에 없는 것입니다. 이 장경판은 세계적 보물이라 합니다.

고려자기高麗瓷器[57]

고려 때 공예工藝 신라의 그것을 전해오고 혹은 중국의 송나라 원나라의 영향도 받고 하여 더욱 남다른 저의 재주를 들어내어 굉장히 발달하였읍니다.

그중 자기瓷器와 같은 건 그전에도 없고 그 뒤에도 없으리라고 일컬을 만큼 놀랍게 되었다 합니다. 그런 훌륭한 그릇들이 그때 능묘陵墓 속에 묻히었다가 이 근자에 많이 패여 나옵니다. 그것이 고물상으로 박물관으로 또는 사삿집으로 모여 간직됩니다. 그 어떤 놈은 세계의 보물이라 하여 그 값이 몇만 원 몇천 원도 된다 합니다.

그 형상과 빛갈과 문의와 그림이 가지가지로 되었읍니다. 여간 변화가 많은 것이 아닙니다.

가령 둥근 놈으로도 수박 같은 놈, 참외 같은 놈, 박 같은 놈, 호박 같은 놈, 감이나 복숭아 같은 놈도 있고 흰 빛으로도 하얀 놈, 하이한 놈, 희누름한 놈, 뽀얀 놈, 부연 놈, 허연 놈, 힙스를 한 놈도 있고 그림으로도 각색 화초, 새, 짐승, 버레, 고기 또 별별 것이 다 있읍니다.

그중에도 청자기青瓷器의 연옥색으로 버들, 갈ㅅ대, 물새 같은 걸 아루사긴 놈에 가장 신품神品이 있읍니다. 그건 고려 사람의 특이한 생각으로

57 「어린이歷史(62)「高麗瓷器」, 『동아일보』, 1940. 4. 28.

된 것입니다. 그 빛은 조선의 그 고운 하늘빛을 나타낸 것입니다. 얼마나 그 빛을 좋아하고 살었든가 함을 알 수 있습니다. 그 사람들의 마음도 그와 같이 고왔을 것입니다.

우리가 지금 그 그릇을 볼 때에는 맑고도 따뜻하고 곱고도 엄전하여 마치 그 사람을 대한 것 같습니다. 그 옆을 떠나고 싶지 않습니다. 부득이 그 옆을 떠난다드라도 도저히 잊을 수 없습니다.

고려 때에 그런 자기 외에 또 건축이라든지 조각이라든지 회화라든지도 매우 발달되었습니다. 건축, 조각 등은 그 유물이 꽤 있으나, 회화와 같은 건 퍽 귀합니다. 고려 말 공민왕은 친히 그림을 용하게 그렸읍니다. 그 그림은 더러 남었다 합니다. 과연 고려의 미술공예도 끔찍히 융성하였든 것임은 더 말할 것 없습니다.

세종世宗의 독서讀書[58]

세종대왕은 이조 태종의 셋째 아드님으로서 태조 六년 四월 十일 한양잠저漢陽潛邸에서 나셨읍니다.

천성天性이 공부를 좋아하시어 매양 글을 읽으실 때에는 백 번씩 읽고 어느 책은 이백 번도 읽었읍니다. 한번은 병환이 나셨는데도 글은 그대로 읽었읍니다. 병환이 심하였읍니다. 태종이 사람을 시켜 그 보시는 책을 다 가져가고 다만 구소수간歐蘇手簡이라는 책이 병풍 뒤에 남었는데 그 책을 가지고 천백 번을 읽었다 합니다.

처음에는 충녕대군이 되시고 그 큰형님 지禔가 세자가 되었더니 지가 실덕한 일이 많아, 태종이 그를 폐하고 충녕대군이 천성이 총민하고 공부를 부지런히 하여 비록 지독한 치위나 더위에도 밤새도록 독서를 하여 손에 책을 놓을 적이 없다 하고 충녕대군을 세자를 삼고 지는 양녕대군을 봉하였읍니다.

그리고 태종은 세자에게 선위禪位를 하여 세종대왕이 되었읍니다. 세종대왕은 즉위를 하신 뒤에도 틈만 계시면 독서를 하여 그때 책이란 책은 아니 읽으신 책이 없었다 합니다.

하루는 경연에서 탁신卓愼이라는 이가 말하기를

58 「어린이歷史(68) 世宗의 讀書」『동아일보』 1940. 5. 5.

『신이 들은즉 전하殿下께서 손에 책을 놓지 않으시고 밤ㅅ중에야 주무신다니이 마음으로 나라를 다스리시면 지당하시리라』
하였읍니다. 과연 세종대왕은 그 공부하심과 같은 정성으로 나라도 다스렸습니다. 내외문무의 모든 일을 지극히 하셨으려니와 문학, 음악, 공예, 천문, 지리까지 크게 발달시키고 그 중 훈민정음訓民正音을 친히 지으사 백성들을 가르치게 하였읍니다. 이걸 한글이라 합니다.

세종대왕은 재위 三十二 년, 五十四 세로 승하昇遐하셨읍니다. 그 능陵은 영릉英陵이라 하여 지금 경기도 여주에 있습니다.

길야은吉治隱[59]

길야은吉治隱은 재再인데 그 호가 야은입니다. 그 아버지는 이름이 원진元進이오, 어머니는 김씨입니다.

그 아버지가 보성대판寶城大判이 되어가는데 그때 받는 녹봉급이 얼마 안 되어 아들도 데리고 갈 수 없으므로 야은은 외가에 맡기고 갔읍니다.

야은은 나이 여덜 살이었읍니다. 때때로 어머니 생각이 간절하여 울기도 하였읍니다.

하루는 앞 시내에 나가 놀다 보니 이상스러운 돌 한 개가 있읍니다. 그 모양이 꼭 자래鼈와 같읍니다. 그 돌을 한 손에 들고는

> 자래야 자래야 너도 어머니를 잃었냐 나도 어머니를 잃었다 내, 너를 삶어
> 먹을 줄 아지마는 어머니 잃기는 너도 나와 같은 고로 너를 놓아준다.

하고 노래를 지어 부르고 그 돌을 물에 던져버리고 엉엉 울었읍니다. 그 근처에 있든 사람들이 그 울음소리를 듣고 달려와 그 일을 알고 야은을 다 안어주며 감탄하였읍니다.

야은은 커서 과거를 하고 고려말 왕우 임금 때에 벼슬을 다니다가 이

59 「어린이歷史(64) 吉治隱」, 『동아일보』, 1940. 5. 12.

태조가 위화도에서 반군하고 돌아와 왕의 부자를 다 폐한 뒤에는 벼슬을 버리고 그 고향인 경상도 선산으로 도라가 그 어머니를 모시고 조석으로 이부자리를 개드리고 봉양도 극진히 하였읍니다.

그 뒤 이태조의 나라가 되고 태종이 임금으로 있을 때 특히 벼슬을 시키려고 특히 불렀으나 종내 오지를 아니하였읍니다. 세종이 즉위하자 그 충효를 표창하고 야은의 아들을 불러다 벼슬을 주었읍니다.

야은은 그때 유명한 목은牧隱 李穡과 도은陶隱 李宗仁과 어울러 삼은三隱이라 일컫기도 합니다.

박안신朴安臣의 대담大膽[60]

이조 태종 때에 박안신朴安臣과 맹사성孟思誠은 유명한 신하이었읍니다.

박안신은 지평持平이라는 벼슬로 있고 맹사성은 대사헌이라는 벼슬로 있을 때입니다.

그때 조대림趙大臨이라는 이가 있었읍니다. 조대림은 태조의 공신인 조준趙浚의 아들이오, 태종의 두째 따님 경정공주의 남편으로 평양군이 되었읍니다.

조대림은 권세를 부리고 지내다가 큰 죄를 지었읍니다. 그때 법관이던 박안신과 맹사성은 조대림을 잡어다 그 죄를 물었읍니다. 태종은 그 말을 듣고 그런 일을 나라에 아뢰지도 않고 잡어다 묻는다 하고 크게 노하여 박안신과 맹사성을 거리에다 목을 베라 하였읍니다.

박안신과 맹사성은 수레에 실려 죽으러 갑니다. 찌거덕찌거덕 하는 바퀴 소리는 그 두 사람의 목숨을 재촉합니다. 맹사성은 얼굴이 흙빛이 되어 아무 말도 못하되 박안신은 조금도 두려워하는 빛이 없읍니다. 그리고

『사성아 너는 상관이오. 나는 하관이되 이제 죽는 마당에 무슨 존비가 있겠느냐. 내가 이전에 너더러 지조가 있다고 하였더니 어찌 이렇게 겁을 내느냐. 네, 저 바퀴 소리를 못 듣느냐』

---

60 「어린이歷史(65) 朴安臣의 大膽」, 『동아일보』, 1940. 5. 19.

하고 따르는 나졸羅卒을 보고

『네, 저 기와쪽을 주서오라』

하였으나 나졸이 듣지 안 하였읍니다. 박안신이 눈을 부릅뜨고 꾸짓되 『네, 만일 내 말을 듣지 않으면 내가 죽으면 귀신이 되어 너를 꼭 해하리라』

하였읍니다. 나졸은 그제야 무서워하여 기와쪽을 주어다 주었읍니다. 박안신은 그 기와쪽을 받어가지고

『네, 잘못하여 마땅히 죽음을 받음즉하나 임금이 간신諫臣을 죽였다는 이름을 남길가 한다』

하는 시詩를 지어 나졸을 주며 속히 나라에 아뢰라 하였읍니다. 나졸은 부득이 그걸 궐내闕內에 받히었읍니다. 태종이 그 시를 보고 깨닫고 또 여러 대신이 간하므로 그 두 사람을 죽이지 않고 놓았읍니다.

박안신은 또 그 뒤 사신이 되어 바다를 건너갔다 돌아올 때 해적을 만났읍니다. 해적이 칼을 빼들고 휘둘르며 행구를 빼앗으려는데 다른 이들은 겁을 내어도 박안신은 호상胡床에서 조용히 지휘를 하매 해적이 범하지 못하고 물러갔다 합니다.

악성樂聖 박난계朴蘭溪[61]

이조 세종대왕 때에 거룩한 인재가 많았읍니다.

김돈, 장영실, 박연과 같으신 어른이 그때 사람이었읍니다.

김돈은 천문을 잘하여 간의대簡儀臺, 보루각報漏閣과 같은 것을 맨들어 하늘의 모양이며 때가 감을 알리우고 장영실은 공예를 잘하여 여러 기구와 기계를 맨들고 박연은 음률을 정통하여 종래의 음악을 혁신하고 악곡과 악기를 새로 맨들기도 하였읍니다.

박연은 호號는 난계蘭溪입니다.

박난계朴蘭溪는 천생 총명이 유다르고 효성이 지극하고 공부도 잘하며 그중 음악을 좋아하여 어려서부터 매양 앉었을 때나 누었을 때에 손ㅅ고락을 가슴에 대어 악기를 치는 형상을 하고 입으로 회ㅅ바람을 불어 음률소리를 하며 그 묘리를 스스로 깨치었읍니다.

난계는 본시 영동충청도 골에서 생장하여 일즉이 저笛를 익혀 그 골에서는 제일가는 선수善手이었읍니다. 그 뒤 난계가 서울을 와서 저를 불었더랍니다. 마츰 한 악공이 지내다 보고 웃으며

『그 소리가 천하에 음률에 맞지 않으나 이미 버릇이 되어 고칠 수 없다』 하였읍니다. 난계는 그 악공에게 굳이 청하여 저를 고쳐 배웠읍니다. 그

61 「어린이歷史(66) 樂聖 朴蘭溪」, 『동아일보』, 1940. 5. 26.

리하여 수일을 지내매 악공은

『가히 가르침즉하다』

하였고 또 수일을 지내매

『벌써 부르는 법이 되었다』

하였고 또 수일을 지내매 무릎을 꿇고

『인제는 내가 따를 수 없다』

하고 탄복하였다 합니다. 그리고 또 거문고, 가얏고 - 모든 악기를 익혀 모다 용하게 하였답니다.

난계는 과거를 하여 오랫동안 음악을 맡어보는 관원으로 있으며 그와 같은 놀라운 업적을 이루었읍니다.

난계는 왕산악, 우륵과 아울러 조선의 삼대 악성의 한 분으로 일컬읍니다.

난계는 고려 왕우 四년에 나서 이조 세조 四년에 돌아갔습니다.

활자活字[62]

한 七百 년 전 고려 고종 때입니다.

진양공 최우崔瑀라는 이가 그 아버지 때 간직해 두었든 상정례문詳正禮文이라는 五十 권이나 되는 책을 주자를 써 스물여덜 벌을 박이어 여러 곳에 나누어 주었읍니다.

목판에 글자를 새겨, 박이든 것은 그전부터 있었지마는 주자, 즉 활자를 썻다는 건 이 기록이 처음입니다. 그러나 이 기록에 처음 주자를 맨들었다는 말이 없는 것을 보면 그전부터 주자도 있었든가 합니다.

중국에서는 그보다 二百 년 전 송나라 인종 때에 진흙으로 글자를 새겨 쓴 일이 있다 하였으나 그는 주자는 아니오. 그리 훌륭하게 책을 박이지도 못하였던 것입니다.

서양에서는 독일이 처음 활자를 맨들었다 합니다. 그는 겨우 五百년 전 일이라 합니다.

그러면 우리가 주자를 쓴 것이 세계의 으뜸입니다. 주자는 문화의 진보를 재촉하는 가장 귀중한 것입니다. 이것이 또한 우리를 크게 빛내게 하였읍니다. 그 뒤 이조에 들어 태종 때에 구리쇠를 녹여 수십만 활자를 맨들어 쓰다가 세종 때에 이르러서는 그보다 더 좋은 활자를 더 많이

62 「어린이歷史(67) 活字」, 『동아일보』, 1940. 6. 2.

맨들어 썻읍니다. 그리고 그 뒤 성종, 중종, 정종 때에도 활자를 맨들어 썻읍니다.

그리니 세종 十六 년 갑인甲寅에 맨든 이른바 갑인자甲寅字가 제일 잘 된 것입니다.

그때 장영실蔣英實같은 공예에 천재가 있든 이의 손으로 된 것입니다. 그때 갑인자로 박인 책을 보면 과연 탄복 않을 수 없읍니다. 인쇄印刷법이 지극하였다 할 수밖에 없읍니다.

갑인자를 또 위부인衛夫人자라고도 합니다. 이 활자가 五百여 년 동안을 쓰이어 왔읍니다. 이 활자가 지금도 더러 남어있습니다.

윤회尹淮[63]

윤회尹淮는 호는 청향당淸香堂입니다. 태종 때 주석柱石과 같은 소중한 신하입니다.

그는 글을 잘하고 또 술을 좋아하고 술을 너무 먹었읍니다. 나라님께서 그의 재주를 아끼시고 술이 과함을 염려하시어 하루는 그에게 대하여

『이 뒤로부터는 술을 먹되 세 잔밖에는 더 먹지 말라』

하였읍니다.

그런데 그 뒤 연회가 있을 때면 반드시 큼즉한 대접으로 세 대접을 마시었읍니다. 비록 세 잔은 세 잔이라도 실상은 남보다 몇 곱절을 더 먹은 것입니다. 나라님께서 이러한 말을 듣고 웃으시며

『내가 그의 과음함을 경계한 것이 도리허 더 먹게 권한 셈이라』

하시었읍니다.

하루는 그가 집에서 곤드라지게 취하였는데 나라님께서 사람을 보내어 급히 불렀읍니다. 사람들 붓들어 말을 태우고 그가 취하여 깨지 못함을 염려하였읍니다. 그러나 그는 나라님 앞에 이르러서는 종용하여 취한 이같지 않었읍니다. 나라님께서 그더러 글을 지으라 하시매 붓을 들어 술술 적어 뜻에 다 맞게 지었읍니다. 나라님은 그걸 보고 참 천재라 하셨

63 「어린이歷史(68) 尹淮」, 『동아일보』, 1940. 6. 9.

고 그때 사람들은 그를 문성文星, 주성酒星의 정기로 태어난 이라 하였습니다.

그가 젊었을 때 시골을 가다가 날이 저물어 한 주막을 찾어들었읍니다. 주막 주인은 그를 재우지를 않으려 하였읍니다. 그는 하는 수 없어 그 집 마당가에서나 그날 밤을 새워 가려 하고 가만이 앉었노라니 주인 아들이 큰 진주眞珠를 가지고 나와 놀다가 마당에 떠러트렸읍니다. 마츰 그 곁에는 거위가 있다가 진주를 집어 삼켰읍니다. 조곰 있다가 주인은 나와 진주를 찾었으나 얻지를 못하였읍니다. 주인은 그가 진주를 훔친 줄로 의심하고 그를 꽁꽁 묶어놓고 그 이튿날 아침에 관가에 고하려 하였읍니다. 그는 묶이면서도 아무 변명도 않고 다만 하는 말이

『저 거위도 내 옆에 잡어매어 놓으라』

하였읍니다. 그리고 그 이튿날 아침에 본즉 진주가 거위 똥에 섞여 나왔읍니다. 주인은 그제야 미안히 여기고

『어제 웨 그런 말을 않었느냐』

고 사례를 하매 그는

『어제, 그런 말을 하면 주인이 반드시 거위의 배를 갈러 진주를 찾었을 것이라내가 그 곤욕을 참고 기다린 바이로다』

하였습니다.

황희黃喜[64]

황희黃喜는 세종 때 이름난 정승이었읍니다.

그가 어렸을 때 나가 놀다가 농부가 누렁소, 검정소로 밭을 가는 걸 보고

『저 두 소가 어느 놈이 나으냐』

물었읍니다. 그가 농부를 좇아 산모퉁이 휘임한 곳까지 가매 그제야 농부는 가만이 말하되

『누렁소가 검정소보다 낫다』

하였습니다.

『웨 이런 말을 진즉 안 하였느냐』

하니

『저들이 비록 짐승이라도 오장은 사람과 같으므로 그 낫고 못함을 차마 그 소 귀에 들릴 수 없노라』

하였읍니다. 그는 그 말을 듣고는 남의 시비와 장단을 함부로 말하지 않었읍니다.

그러나 영의정지금의 수상으로 되어 있을 때 유명한 김종서라 하는 이가 그 부하 벼슬로 있었는데 잘못하는 일이 조곰만 있으면 나무래고

64 「어린이歷史(64) 黃喜」, 『동아일보』, 1940. 6. 16.

혹은 그 대신으로 그 종을 잡어다가 때리기도 하였읍니다. 동관들이 다 말하되 너무 심하다 하였으며 당하는 이도 또한 퍽 괴로워하였읍니다. 한번은 맹사성이 묻되

『김종서는 일대에 이르는 공경인데 공이 어찌 그리 심하게 하오』

하였읍니다. 황희는 가로되

『이는 종서를 위함이외다. 종서가 성품이 뻣뻣하고 예기가 많고 과감이 지나치니 다른 날 우리들의 지위에 있고 보면 스스로 신중치 못하고 무슨 일을 당하여 실수가 있을 것이라 미리 경계하고 억제하여 그 뜻을 신칙하고 무겁게 가져 가벼이 하지 않게 하자는 바이오 서로 틀린 건 아니외다』

하였읍니다. 맹사성도 그 말에 탄복하였읍니다. 그리고 그 뒤 황희가 늙어서 영의정을 내놓을 때에는 마침내 김종서를 천거하여 대신케 하였읍니다.

이징옥李澄玉[65]

이징옥은 단종 때 사람으로 무서운 장사이었읍니다.

이징옥은 활도 잘 쏘았읍니다. 매양 사냥을 가서 호랑이를 만나면 눈을 부릅뜨고 호통을 질러 호랑이가 문득 눈을 감고 머리를 숙이면 대번 쏘아 넘어트리었읍니다.

한번은 김해 부사를 보러 갔는데 부사가 보지를 않었읍니다.

그냥 돌아오다가 길에서 한 젊은 부인이 퍽 섧게 울고 있는 것을 보고

『웨 우느냐』

한즉

『내 남편을 호랑이가 물어다 먹고 그 호랑이가 저 대숲 속에 있노라』 하였읍니다. 이징옥은 두 팔뚝을 휘젓고 대숲 속으로 들어가 호랑이를 껴안고 찻든 칼을 빼어 그 배를 갈러 제치고 그 사람의 고깃덩이를 그 부인을 시켜 거두게 하고 그 껍질을 벗기어 그 부인에게 주며 돌아가서 부사에게 이런 말을 하라 하였읍니다. 부사는 듣고 크게 놀래어 사람을 보내어 사과를 하고 와 달라고 청하였으나 이징옥은 돌아도 안 보고 갔었읍니다. 이징옥의 형은 중석이었읍니다. 그도 장사이었읍니다.

이중석은 십팔 세 징옥은 십사 세 되는 때 하루는 그 어머니가 두 아들

65 「어린이歷史(65) 李澄玉」, 『동아일보』, 1940. 6. 23.

더러

『내가 산ㅅ도야지를 길러보겠으니 가서 잡어오라』

하였읍니다. 두 아들은 사냥을 갔읍니다.

그런데 중석은 그날 도야지 한 마리를 쏘아 잡어왔으나 징옥은 여러 날만에 빈 손으로 돌아왔읍니다. 그 어머니는

『남들이 말하기를 네 형의 힘이 너만 바히 못하다 하더니 형은 그날 바루 도야지를 잡어왔는데 너는 여러 날만에 그저 돌아오니 웬일이냐』

하였읍니다. 징옥이는

『어머니께서 좀 나와 보시오』

하였읍니다. 그 어머니가 따러가 본즉 큰 도야지가 문밖에 와 누어서 숨을 겨우 헐더기고 있었읍니다. 이는 그동안 징옥이가 산으로 굴헝으로 몰고 다녀 이렇게 지치게 하여 온 것이었읍니다.

그 어머니도 그제야 그 아들의 힘을 알었읍니다.

이징옥은 커서 전공이 많아 이름이 천하에 드날렸으며 김종서의 천거로 함길도 절제사가 되었다가 김종서 등을 다 죽이고 세조가 이징옥마자 불러다 죽이려 하매 그는 난리를 일으키고 두만강을 건너가 황제 노릇을 하고 오국성에 도읍을 하려다가 그 부하 정종에게 암살을 당하였습니다.

신동神童 김시습金時習[66]

김시습金時習은 호를 매월당梅月堂이라 하는입니다. 그는 어릴 때 말은 더디 하였으나 글ㅅ자는 일즉 깨치어 글을 읽지는 못하여도 그 뜻은 다 알었다 합니다.

세 살 때에 벌서 글을 짓되

> 푸른 바늘에 구슬을 꿴 건 솔닢의 이슬이다

하였고 유모乳母가 맷돌에 보리를 가는 것을 보고는

> 비도 없는데 우레ㅅ소리는 어대서 나는고
> 누렁구름은 나풀나풀 사방에 흩어진다

하는 글을 지었고 다섯 살에는 대학이라는 글을 능통하며 문리가 터졌읍니다. 그때 사람들이 그를 신동神童이라 일컬었읍니다.

그때 정승의 허조는 그를 찾어보고

『내가 늙었으니 늙었다는 말을 넣어 글을 지어보라』

하매

---

66 「어린이歷史(66) 神童 金時習」, 『동아일보』, 1940. 6. 30.

늙은 나무가 꽃이 피매 마음은 아니 늙었다

하는 글을 지었습니다. 허정승은 무릎을 치며 과연 신동이다 하였습니다.

그때 세종대왕께서 들으시고 그를 승정원으로 불러들여 사람을 시켜 시험을 하여본바 묻는 족족 훌륭히 대답을 하였습니다. 세종대왕께서는 친히 보시려 하다가 사람들이 해괴히 여길가 하여 못하시고 잘 가르치고 배워 큰 뒤에 크게 쓰리라 하시고 명주 五十 필을 내주며 혼자 그걸 다 가져가라 하시었습니다. 어린아이는 고사하고 장정이라도 그걸 한 번에 가져가기는 힘이 들 것인데 그런 어린이가 어떻게 가져가리오마는 그는 그 명주들을 다 풀어가지고 그 끝과 끝을 이어 매어 그 한끝만 잡어 끌고 나갔다 합니다. 이 소문이 온 나라에 드날리어 사람들은 그의 이름도 부르지 않고 그저 오세五歲라고만 일컬었습니다.

그는 그러한 칭도와 권장함을 받고 공부를 지독히 하던 바 삼각산에서 글을 읽고 그날 그달을 보내다가 단종을 폐하고 세조가 임금 노릇을 한다는 말을 듣고는 문을 걸어 닫고 섧게 울고 그 책들을 불사르고 미쳐서 달어나 중노릇을 하였으며 명산대천이나 찾어다니고 시詩나 지었습니다.

대담大膽한 허종許琮[67]

허종許琮은 세조 때 북병사로 이시애란李施愛亂을 쳐 평하고 또 절도사가 되어 전라도에 가서 도적의 무리를 잡어 없애고 성종 때에는 우의정이 되었읍니다.

그는 어렸을 때부터 특이하였읍니다. 나이 열두어 살 적에 동무들과 절에 가서 글을 읽는데 밤에 도적이 들어 옷과 신을 다 가져갔읍니다.

그 이튿날 다른 아이들은 모다 무서워서 집으로 돌아갔으되 그는 홀로 꼼짝 않고 있으며 벼개를 도로 베고 흥건히 누어서 붓을 들어 벽에다 글을 썼읍니다.

> 내 옷을 훔쳐 갔으니 내 신도 가져가리로다. 옷을 훔쳐가고 신을 가져 감은 도 적 선생으로 안할 짓이로다.

그는 큼즉한 얼굴에 이마가 넓고 수염이 좋고 키가 十一尺 二寸이오. 풍신이 여러 사람 우에 뛰어나, 바라보면 엄하여 산악山岳과 같으나 가까이 하면 따뜻한 바람이 일며 노하지 않어도 사람이 절로 두려워하고 말을 아니 해도 사람이 절로 감복케 되었읍니다.

그는 천문학을 연구하여 잘 알었읍니다. 하루는 일식日蝕이 되자 그는

67 「어린이歷史(79) 大膽한 許琮」, 『동아일보』, 1940. 7. 14.

그걸 말하고 또는 우에서 사냥을 좋아하고 글공부를 아니 하고 신하들의 간하는 말도 아니 듣는다고 상소上疏를 하였읍니다.

세조는 그 상소를 보고 그렇게 바른말을 함을 기특하게 알고 있다가 어느 날 그를 시험해 보고저 하여 괜히 트집을 잡고 크게 노하여 그를 잡어내라고 호령을 하고 형벌을 합니다. 시신들도 어찌 할는지 몰라 벌벌 떨었읍니다. 세조는 또 갑에 들었든 칼을 들어 무릎에 놓고 역사를 시켜

『내가 칼을 다 빼거든 즉시 목을 베어라』

하고 천천히 칼을 빼매 칼날이 서리발처럼 번쩍어렸읍니다. 그래도 그는 꼼짝 않고 두려워 않고 묻는 대로 차근차근히 대답하며 목소리가 우렁우렁 하였읍니다. 세조는 그 칼을 다 빼지 않고 도로 꽂으며

『참 장부다』

하고 크게 칭찬을 하고 오히려 늦게 만난 것을 한하고 한 동이 술을 주며 먹으라 하였읍니다. 그는 조용히 그 동이 술을 다 기울렸읍니다.

그는 그렇게 대담하고 벼슬도 높았으되 가난한 선비처럼 검소하게 살었습니다.

김규金虯[68]

성종대왕成宗大王 때입니다. 날이 오랫동안 몹시 가물었읍니다.

우에서 친히 경회루경복궁 안에 있는 집에서 비 오기를 빌으시고 경회루 못 가에 볕을 쪼이고 앉으셨는데 마츰 궁성 밖에도 풍악소리가 들렸읍니다. 물으니 그건 방주감찰房主監察이 잔치를 하고 노던 것이었읍니다. 우에서 노하사

『오래 비가 오시지 안아 흉년이 되겠으므로 내 반찬을 감하고 풍악을 폐하고 폭양에 앉어 이같이 비 오기를 비는데 벼슬 다니는 무리가 감히 풍악을 갖추고 즐거히 놀 수가 있느냐』

하고 명하여 그들을 다 잡어다 옥에 가두라 하여 그들 二十四 명이 한꺼번에 잡혀 가치었습니다. 그들은 각기 아들들을 시켜 상소를 하여 그 아비를 놓아주소서 하고 애걸케 하였읍니다. 우에서는 더욱 크게 노하사

『저의들이 그런 죄를 짓고 또 자식을 시켜 애걸함이 더 나쁘다』

하시고 명하여 그 상소하는 이들을 다 잡어들이라 하매 다들 달어나고 오직 방주감찰의 아들만 남어있다가 잡혀왔읍니다. 우에서 묻되

『너는 아이로서 어찌 홀로 남어 있었느냐』

하시매, 대답하되

68 「어린이歷史(80) 金虯」, 『동아일보』, 1940. 7. 22.

『신이 처음 아비를 구원하여 상소코저 하던바 비록 죄를 받을망정 어찌 감히 달어나겠읍니까』

하였읍니다. 우에서 또 묻되

『이 상소를 누가 지었느냐』

하시매 대답하되

『신이 지었읍니다』

하고

『누가 썼느냐』

하시매

『신이 썼읍니다』

『네 나이 몇이냐』

하시매

『열세 살이올시다』

『네가 과연 그랬을가. 속이면 마땅히 죽일 것이다』

하시매

『짓고 쓰고 함을 다 신의 손으로 하였사오니 원하옵건대 시험하소서』

하였읍니다. 우에서 『가믐 걱정』이라는 글 제목을 내주매 바루 붓을 들고 훌륭한 글을 지어 드렸읍니다. 우에서 보고 기특히 여기시고 그 아비의 이름을 물으시매

『방주감찰 김세우가 즉 신의 아비올시다』

대답하고 또 네 이름이 무었이냐고 물으시매

『규올시다』

하였읍니다.

우에서는 어필로서

『네 글을 잘하고 또 글씨를 잘 쓴다. 네 글을 보고 네 아비를 놓고, 네 글씨를 보고 네 아비의 동무들을 놓으니, 그 효孝를 옮기어 충忠을 할 지이다』

하고 사관史官을 명하고 김규를 데리고 금부禁府에 가서 그 죄인들을 다 내놓게 하였읍니다. 김규는 그 후 벼슬도 하였읍니다.

朝鮮兒童文庫

어린이歷史

李秉岐 著 값 30圓

發行所 **正 音 社**

역사이야기

목차

일러두기

1. 이 책은 『어린이歷史』(정음사, 1949)에 실리지 않은 가람 이병기의 '역사 이야기'를 연도순으로 수록하였다.
2. 『동아일보』 '역사이야기' 원문의 한글한자어로 쓰인 한자어는 가독성을 위하여 '한글漢字' 식으로 표기하였다.
3. 원문의 표기법을 존중하여 수록하되, 띄어쓰기는 가독성을 고려하여 현재의 한글맞춤법과 표준어규정에 따르는 것을 원칙으로 하였다.
4. 출전은 각주로 표시하였으며, 발표 일자는 신문은 연월일까지, 잡지는 연월까지 밝혔다.

여옥麗玉[1]

대동강大同江에 나룻배를 부리든 자고子高라 하는 이가 잇엇읍니다.

자고는 이 강으로 오고 가는 사람들을 건네주엇읍니다. 돈이 없는 사람이면 그저 건네주고 돈 잇는 사람에게는 몇 잎을 받기도 하고 그날그날을 살엇읍니다.

자고가 어느 날 새벽에는 일즉 일어나 배를 저엇고 있다가 이런 일을 보앗읍니다.

머리가 하야케 센 사내 하나이 머리를 풀어 허트리고 한 손에는 병을 들고 강에 뛰어들어 물을 거스리고 건너갑니다. 그 안해가 쫓아와 아모리 말려도 듣지 않고 건너갑니다. 그러다가 더 깊은 곳에 이르러 마츰내 빠져 죽엇읍니다. 그 안해는 눈물을 흘리고 우두커니 섯다가 공후箜篌를 타고 노래를 불럿습니다.

당신은 물을 건느지 마오.
당신이 물을 건느다가
물에 빠져 돌아가시면
당신은 어찌하잔말이오.

1 「역사이야기 麗玉」, 『동아일보』, 1937. 11. 21.

이 노래가 매오 슬픕니다. 이 슬픈 노래를 다 부르고는 그도 그 물에 빠져 죽엇읍니다.

자고는 돌아와 그 안해 여옥麗玉을 보고 말하엿읍니다. 여옥도 퍽 슬퍼하고 또한 공후箜篌를 타아 그 노래를 그대로 불러보앗읍니다. 그 소리가 얼마나 슬프든지 그 소리를 듣는 이는 눈물을 아니 흘릴 수 없읍니다.

여옥은 그 노래를 다시, 그 이웃에 사는 여용麗容이라는 여자에게 전하여 주엇읍니다.

그 노래는 공후인箜篌引이라 하고 수천 년 전부터 중국中國에도 퍼져 이름이 놀랍게 전하고 글 짓는 이들은 또 그 흉내를 내어 짓기도 많이 하엿읍니다.

—공후箜篌는 악기樂器의 일종一種—

어린이歷史(五)

해동공자海東孔子[2]

최충崔沖이라 하는 이가 잇엇습니다. 그는 풍신이 두드러지고 뜻을 가짐이 굳으며 어려서부터 배우기를 조하하고 글도 잘하엿습니다.

고려목종高麗穆宗 팔년九百年前에 과거科擧를 보아 장원壯元이 되고 그 뒤 현종顯宗, 덕종德宗, 정종靖宗, 문종文宗 때까지 이르며 문무文武의 벼슬을 겸하여 혹은 장수도 되고 혹은 정승도 되고 나히 칠십이 되어 물러가기를 원하매 허락은 하엿으되 군국대사軍國大事만은 그에게 다 물어보고 하엿읍니다.

그러나 이보다는 더 놀라운 것은 그때 처음 학교學校를 자기 집에다 세우고 아홉 가지로 나누어 가지고 어린이와 젊은이들을 모여 부즈런히 가르처 주든 것입니다.

그 학과學科는 물론, 지금과 같은 것은 아니고 한문漢文으로 된 것입니다. 그한문을 때로 읽고 짓고 하고는 가끔 과거보는 모양으로 방도 걸고 장원도 내고 하여 권장勸奬하엿습니다.

과연 나중 나라에서 과거를 볼 때에도 과거를 한 이들은 대개 게서 배운 이들이라 합니다.

---

2 「어린이歷史(五) 海東孔子」, 『동아일보』, 1938. 11. 27.

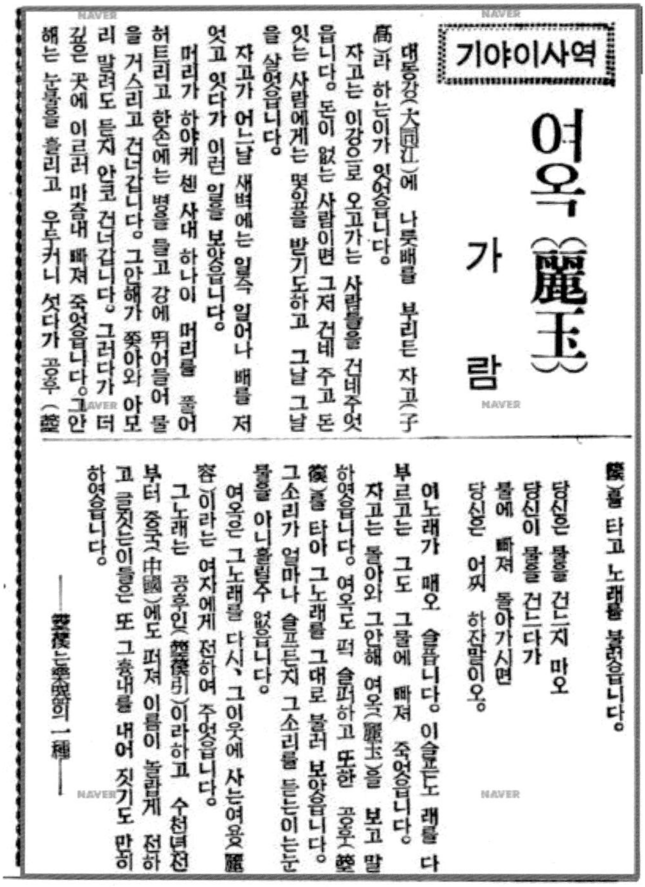

기야이사역

여옥(麗玉)

가람

대동강(大同江)에 나룻배를 부리든 자고(子高)라 하는이가 잇엇습니다.

자고는 이강으로 오고가는 사람들을 건네주엇습니다. 돈이 없는 사람이면 그저 건네 주고 돈 잇는 사람에게는 몇잎을 받기도하고 그날 그날을 살엇습니다.

자고가 어느날 새벽에는 일족 일어나 배를 저엇고 잇다가 이런 일을 보앗습니다.

머리가 하야케 센 사내 하나이 머리를 풀어헤트리고 한손에는 병을 들고 강에 뛰어들어 물을 거스리고 건너갑니다. 그안해가 쫓아와 아모리 말려도 듣지 안코 건너갑니다. 그러다가 더 깊은 곳에 이르러 마츰내 빠져 죽엇습니다. 그안해는 눈물을 흘리고 우두커니 섯다가 공후(箜篌)를 타고 노래를 불럿습니다.

당신은 물을 건느지 마오
당신이 물을 건느다가
물에 빠져 돌아가시면
당신은 어찌 하잔말이오.

이노래가 매오 슬픕니다. 이슬픈노래를 다 부르고는 그도 그물에 빠져 죽엇습니다.

자고는 돌아와 그안해 여옥(麗玉)을 보고 말하엿습니다. 여옥도 퍽 슬퍼하고 또한 공후(箜篌)를 타아 그노래를 그대로 불러 보앗습니다. 그소리가 얼마나 슬프든지 그소리를 듣는이는 눈물을 아니흘릴수 없엇습니다.

여옥은 그노래를 다시, 그이웃에 사는여용(麗容)이라는 여자에게 전하여 주엇습니다.

그노래는 공후인(箜篌引)이라하고 수천년전부터 중국(中國)에도 퍼져 이름이 놀랍게 전하고 글짓는이들은 또 그흉내를 내어 짓기도 만히 하엿습니다.

—箜篌는 樂器의 一種—

역사이야기 여옥麗玉(『동아일보』, 1937. 11. 21.)

그때 다른 선비들도 덩다라서 학도學徒를 둔 이가 열하나가 되지마는 이가 그 중 성하다 하고 또는 우리 동방東方에서 생기기는 이로 말미암아 시작하엿다 하므로 이를 해동공자海東孔子라 일컬엇습니다.

어린이歷史(十)

광종의 일대[3]

광종은 고려 태조의 세째 아드님으로서 그 형님 정종定宗과 같은 어머니 신명왕후神明王后 유씨柳氏에게 태어나, 스물다섯이 되든 해 정종定宗 사년四年에 즉위卽位 되엇습니다.

그 이듬해가 광종光宗 원년元年입니다. 종래 우리 법에는 즉위하든 그 해는 전 임금의 몇 해라 하고 그 다음해부터 새로 선 임금의 햇수를 치기 시작하므로 이러케 원년元年이 되는 것입니다.

광종 원년에는 바루 정월달에 큰바람이 불어 나무뿌리를 빼기도 하엿습니다. 왕은 두려워서 그 재앙을 물리치기를 물으니 그 관원이 말하기를 덕을 닥는 것이 제일 조타 하야 왕은 이때부터 항상 정관정요貞觀政要라는 글을 읽엇다 합니다.

그리고 광종光宗 구년九年 지금부터 九百八十年前에는 비로소 과거科擧보는법을 두고 선비들에게 그 학력學力을 시험하여 진사進士도 시키고 급제及第도 시키엇습니다. 진사나 급제는 벼슬이 아니고 벼슬할 자격資格을 주는 것입니다. 요새 마치 보통문관시험普通文官試驗이나 고등문관시험高等文官試驗에 입격함과 비슷한 것입니다. 이 놀라운 법이 이때 시작 되엇다는

3 「어린이歷史(十) 광종의 일대」, 『동아일보』, 1938. 12. 25.

것은 우리의 기억記憶을 또 하나 새롭게 하여주는 바입니다.

광종 십년에는 백관百官의 공복公服을 정하고 개성 서울을 황도皇都라 하고 평양 서울을 서도西都라 하고 준풍峻豊이라는 연호年號를 쓰고 하엿습니다.

그러나 이 해에는 조치 못한 일을 하엿습니다. 그건 간사한 신하 권신權信의 준홍俊弘과 왕동王同이 역적질을 도모한다는 참소하는 말을 듣고 그들을 떠러친 것입니다. 그런 뒤로는 권신이 같은 나쁜 사람들이 득총이 되어 어진 이들을 무함誣陷 하엿습니다. 그러고 보니 그런 나쁜 버릇이 백성들 사이에도 흘러 종은 그 상전을 속이고 자식은 그 아비를 참소하여 옥에는 죄인罪人이 항상 차고 죄도 없이 죽는 이가 만코 서로들 미워하며 일가나 집안 간에도 의취를 진히지 못하고 광종의 아들은 귀한 외아들이지마는 저절로 의심을 하고 사람들을 가까히 하지 안코 사람들은 모다 두려워하여 감히 누구를 더불고 남 보는 데서는 말도 못하엿다 합니다.

광종이 나종에는 이런 일을 잘못한 줄 알고 신민臣民에게 관곡한 조서詔書도 나리고 큰 절도 짓고 하여 부처님께 복도 빌엇다 합니다. 그러다가는 얼마 아니하야 승하昇遐하엿다 합니다.

어린이歷史(十二)

강조康兆의 죄[4]

목종穆宗은 페위廢位를 당한 후 양국공讓國公이 되엇으며 그 신하臣下와 태후太后의 친속親屬들은 많이 섬島으로 귀양을 갓습니다.

목종은 최항崔沆이란 이를 시켜 강조康兆에게 말馬을 청하매 한 바리를 보낸지라 또한 바리를 인가人家에서 얻어 태후太后와 타고 선인문宣人門을 나서 충주忠州를 향하여 가다가 적성현積城縣에 이르럿습니다.

강조康兆는 상약직장尙藥直長(=벼슬이름) 김광보金光甫를 보내어 독약毒藥을 들이엇으나 목종은 아니 자시엇습니다.

김광보金光甫가 그 따르던 군사 안패安覇 등에게 이르되

『강조가 말하기를 만일 독약을 아니 받으면 군사로 하여 일을 내고 스스로 목 찔러 죽엇다고 하라 하엿으니 그러치 안흐면 나와 너의들은 다 멸족滅族이 되리라』

하여 밤을 타서 안패安覇 등이 목종을 죽이고는 스스로 목 찔러 죽은 양으로 소문을 내고 문짝으로 관棺을 하여 그 집에 두고 사람을 시켜 그 골 창미倉米로서 제사를 지내게 하엿습니다.

강조는 바루 이부상서吏部尙書 참지정사參知政事라는 높은 벼슬을 하엿

4 「어린이歷史(十二) 康兆의 죄」, 『동아일보』, 1939. 1. 29.

습니다. 거란契丹 임금은 강조가 제 임금을 죽엿다는 죄를 묻는다 하고 친히 보병과 기병을 사십만을 거느리고 의군천병義軍千兵이라 일컷고 압록강鴨綠江을 건너 흥화진興化鎭을 에윗습니다.

강조는 행영통사行營統使가 되어 삼십만 군사를 거느리고 통주通州 성남城南에 나가 세 패로 나누어 물을 격하는 진을 쳣습니다. 한패는 물가에, 한패는 산에, 또 한패는 성에 진을 치고 검거劒車를 배치하여 거란병契丹兵이 오면 서로 대들어 쳐서 여러 번 물리치엇습니다.

이 때문에 당조는 거란병은 업수히 여기고 여간 거란병이 와도 태연히 있던바 거란병은 잔뜩 들어 밀렷습니다. 강조는 그제야 놀랫습니다. 별안간 목종이 그 옆에 나타나 꾸짓되

『이놈 네 어대로 달아나리』

하엿습니다. 강조는 투구를 벗고 무릎을 꿀허

『제 죄는 죽어 지당하오이다』

하자 거란병이 대들어 강조를 묶어, 저의 나라로 잡아갓습니다.

거란 임금은 강조를 풀러 노코 물어 갈오대

『네, 내 신하가 되겟느냐』

한즉 강조는

『나는 고려 사람이다. 어찌 네 신하가 되리』

대답하엿습니다. 또 물어도 이같이 대답합니다. 또 살을 깍어내고 물어도 이같이 대답합니다. 그때 함께 잡혀갓던 현운鉉雲에게 물으니

『두 눈으로 새해와 달을 보니 한마음으로 어찌 옛 산천을 생각하리오』

하고 대답하엿습니다. 강조는 크게 성을 내어 현운을 발질로 차고

『너는 고려 사람으로 어찌 이런 말을 하냐』

하고 드디어 그 죽임을 당하엿습니다.

어린이歷史(二八)

목주木州의 효녀孝女[5]

이건 고려사高麗史 악지樂志라는 글에 있는 이야기.

목주木州는 지금 충청남도忠淸南道 청주淸州인데 신라 때 그곳에는 놀라운 효녀孝女는 어리어서 어머니를 일코 아버지와 계모繼母(=다시 얻은 어머니)를 극진히 섬기엇는 바 계모는 무단히 효녀를 미워하며 그 아버지도 계모에게 혹하여 그 말만 믿고 날마다 몹시 하고 나가라고 야단을 쳣습니다.

효녀는 하는 수 없어 집을 버리고 나갓습니다. 지향 없이 가다가 한 깊은 산속으로 들엇습니다. 산속에는 한 바위굴이 있고 굴속에는 한 노파老婆(=늙은 여자)가 살고 있습니다.

효녀는 그 노파에게 자기의 슬어운 사정을 다 말하고 두어두기를 청하매 노파도 불상히 여기고 허락을 하엿습니다.

효녀는 그 노파를 저의 친부모와 다름없이 섬기매 노파도 그 효녀를 퍽 사랑하고 마츰내 그 며누리를 삼엇습니다.

효녀는 그 후 남편과 함께 부지런히 일을 하고 돈을 모아 큰 부자가 되엇습니다. 효녀는 그때 그 아버지와 계모는 가난히 지낸다는 말을 듣고 모시어다 더욱 극진히 봉양을 하엿습니다.

---

5 「어린이歷史(二八) 木州의 孝女」, 『동아일보』, 1939. 7. 2.

그런데 그 부모는 그 효성도 모르고 기뻐하지를 아니 하엿습니다. 효녀는 하는 수 없이 스스로 원망을 하고 슬픈 노래를 지엇습니다. 그 노래가 그때 유명하던 것이되 불행히 지금은 전하지 안흡니다.

우리가 효도를 말할 때에는 여러 천 년 전 중국의 순舜임금 일을 흔히 일컬읍니다. 그러나 옛날 신라에도 순임금의 효도만 못지 안흔 이런 효녀가 있는 줄을 알어야 합니다.

순임금의 부모는 마츰내 그 효성으로 말미암아 순임금을 사랑하엿다는 것이 한 사실이려나와 이 효녀의 부모는 마츰내 그 효성으로 기뻐하지 아니하엿다는 것도 한 사실입니다. 과연 순임금과 이 효녀의 효성만은 다른 것이 없습니다.

어린이歷史(26)

신라新羅의 화랑花郎[6]

신라 진흥왕眞興王 때에 사람을 쓰고져 하되 알 수가 없으므로 이런 시험을 하엿습니다.

먼저 무리를 지어 서로들 모여 마음대로 놀게 하고 그 행실을 보고 골라 쓰게 하엿습니다.

그러하야 그때 아름다운 두 여자를 뽑앗는데 하나는 남모南毛 또 하나는 준정俊貞이라는 여자입니다.

그 무리가 삼백여 명이나 되는바 그 두 여자가 서로 어여뿜을 다투고 시새워 하엿습니다.

하루는 준정이가 자기의 집으로 남모를 청하야 억지로 술을 권하야 잔뜩 먹여가자고 정신 모르게 취하게 한 뒤에 그를 끌어다 강물에 던졋습니다.

이 일이 발각 되어 준정이도 죽엄을 당하고 그 무리들도 자미가 없어 흩어져 버렷습니다.

그 후에 다시 어여쁜 소년 남자들을 뽑아 곱게 단장을 시키고 이름을 화랑花郎이라 하고 받들어습니다.

6 「어린이歷史(26) 新羅의 花郎」, 『동아일보』, 1939. 7. 16.

그 무리들은 때로 모여 올흔 일로 서로 닦고 또는 노래와 음악으로서 서로 질거워하고 산과 물이 조흔 곳이면 어대든지 찾어다니며 놀기도 하고 그리고 누가 착하고 못함을 알어가지고 착한 이는 나라에 천거하야 쓰게 하엿습니다.

그러므로 어진 재상과 충성된 신하와 놀라운 장수와 용맹스러운 군사들이 이 화랑으로서 생긴 것이고 신라가 삼국을 통일하고 천년이나 나라를 지니고 그 찬란한 문화를 가졋던 것도 이 화랑으로 말미암은 것입니다.

그러다 고려高麗로 오면서부터는 이 화랑의 제도가 없어지고 겨우 노래나 부르는 광대들을 화랑이라고 이름할 뿐입니다.

어린이歷史(35)

어리석은 백제왕百濟王[7]

고구려 장수왕長壽王이 백제百濟를 치려고 하는바 먼저 저편에 가서 조화를 부릴 이를 구하엿습니다.

그때 도림道琳이라는 중이 있어 가로되

『신臣이 도道는 아지 못하오나 나라의 은헤를 갚고저 하오니 신의 못생김 생각지 마오시고 부리시면 왕의 명령을 욕되지 안케 하리다』

하엿습니다. 왕은 기뻐하고 도림을 썻습니다. 도림은 죄를 짓고 도망하는 양으로 백제에 들어갓습니다.

그때 백제왕 근개루近蓋婁는 바둑 두기를 조하하엿습니다. 도림이가 왕의 문門에 이르러 말하되

『신이 어려서부터 바둑 두기를 배워 묘리를 통하엿으니 이 일이 왕에게 여쭈어달라』

하엿습니다 왕은 이 말을 듣고 곧 불러들여 바둑을 두어보앗습니다. 과연 국수國手—나라의 제일 되는 바둑수입니다. 드디어 도림을 높이어 상객上客—으뜸가는 손을 삼고 퍽 가까히 하고 일즉부터 서로 만나지 못한 것을 한하엿습니다.

---

7 「어린이歷史(35) 어리석은 百濟王」, 『동아일보』, 1939. 9. 24

도림이가 하루는 왕을 모시고 앉엇다가 조용히 하는 말이

『신은 다른 나라의 사람인데 상上이 나를 서어히 하시지 안코 심히 사랑하시되 겨우 바둑이나 둘 뿐이오. 조금도 유익함이 없습니다. 이제 원컨대 한 말슴을 들이고저 하오나 상의 뜻이 어떠하신지를 모르겠나이다』

하엿습니다. 왕은

『말을 하라 만일 우리나라에 이익이 잇으면 이는 사師에게 바라는 바다』

하엿습니다. 도림은

『대왕의 나라는 사방이 다 산과 바다니 이는 하늘이 베푼 것이오. 사람이 맨든 게 아니오이다. 이러므로 이웃나라들이 감히 엿보지 못하고 다만 받들어 섬길 뿐 입니다. 왕은 이런 높은 세력과 만흔 재물을 가지시고도 사람의 눈과 귀를 꺼리어 성팍城郭도 잘 맨드지 안코 궁실宮室도 잘 치장치 안코 선왕先王의 해골이 땅에 드러나고 백성의 집들은 헐리고 무너지니 신이 대왕大王을 위하여 불가한 줄 생각하나이다』

하엿습니다. 왕은

『그 말이 올타. 내 장차 하리로다』

하고 이에 나랏 사람들을 시켜 성을 싸고 집을 짓고 하여 굉장하게 화려하고 또 큰돌을 떠다 장사를 고쳐 지내고 강의 방축들을 맨들엇습니다. 이러므로 곡간에는 곡식이 다 비고 백성이 퍽 곤궁하여 나라가 퍽 위태롭게 되엇습니다.

도림이가 이걸 보고는 돌아가 장수왕에게 고하엿습니다. 장수왕은 삼만 명 군를 거느리고 가 백제의 서울인 한성漢城을 에워 쳣습니다. 백제서는 성문城門을 닫고 지켯으나 바람에 불을 나리어 성문을 살러버렷습니다. 백성들은 두려워하며 항복코저 하매 왕은 몇 명 군사를 다리고 서문西門을 열고 다라나다가 고구려 사람에게 잡혀 죽엇습니다.

어린이歷史(67)

범허정泛虛亭[8]

범허정泛虛亭은 명종明宗 때 정승이든 상진尙震이란 이의 호號올시다.

그의 조상ㅅ적은 백제 사람이던바 고려 태조가 등극登極하며 백제의 유민遺民들이 자주 난리를 일으키엇으므로 고려 태조가 그들을 미워하고 그들의 성姓을 김승 이름으로 짓게 하여 코키리라는 상象ㅅ자를 주엇다가 그 뒤에 다시 상尙자로 고친 것입니다.

범허정은 다섯 살에 어머니를 여히고 또 얼마 아니하여 아버지까지 여히고 그 매부妹夫 집에 가서 자랏습니다. 열대여섯이 되도록 글은 배우지 안코 말이나 타고 활이나 쏘고 놀다가 하루는 그 동무들에게 무식하다는 말을 듣고 분하여 글을 배우기 시작하엿읍니다. 배운지 다섯 달 만에 문리가 나고 열 달 만에는 막힐 것이 없엇읍니다. 그 매부가 벼슬을 하라고 권하매

『대장부가 마땅히 글을 읽고 사업을 이루리라』

하엿습니다. 그는 마음 후하고 도량이 넓엇읍니다. 남으로 더부러 다투지 안코 누가비록 잘못하는 일이 있더라도 다 용서하고 말이나 화동을 가벼히 하지 안헛읍니다.

---

8 「어린이歷史(67) 泛虛亭」, 『동아일보』, 1940. 7. 7.

그는 평생에 남의 허물을 말하지 안헛읍니다. 한번은 그 집에 다리 하나가 짧은 이가 왓엇습니다. 한 손님이 말하기를

『저이는 다리 하나가 짧으이다』

한즉 범허정은 그 손님더러

『웨 그의 짧은 것을 말하느뇨. 한 다리가 더 길고 하면 조치 안흔가』

하엿습니다. 그는 이러케 남의 단처短處보다도 장처長處를 말하기 조하 하엿습니다.

그리고 도적이 들어와 물건을 훔치다 들키든지 하면 도리어 그 도적을 불상히 여기고

『헐벗고 주림을 못 견디어 그런 것이라』

하고 물건을 도로 다 주고

『만일 벗고 굶게 되거든 와서 내게 말하고 다시는 도적질을 말라』

하엿습니다. 그는 늙어서 거믄고를 조아하여 매양 감군은感君恩이라는 곡조를 타고 질거워 하엿습니다.

사해四海바다깊이는
닷줄로 자히리어니와
님의 덕택德澤 깊이는
어느줄에 자히링있고
향복무강享福無疆하사
만세萬歲를 누리소서
향복무강하사
만세를 누리소서
일간명월一竿明月이 역군은亦君恩이샷다

—감군은感君恩 일절一節—

서화담徐花潭의 궁리窮理[9]

서화담徐花潭의 이름은 경덕敬德인데 중종中宗 때 사람으로 송도松都(=개성開城) 화담花潭에서 살어 화담이라 호號를 한 것입니다.

천품이 총명하고 정직하여 배우기를 매우 조아하엿으나 집이 가난하여 일즉 스승에게 나아가 배우지 못하고 집에서 부모의 하시는 일을 도아주며 무슨 일이나 물건을 당하면 함부로 보지 안코 그 이치를 따지고 궁구하엿습니다.

때는 늦은 봄이엇습니다. 산과 들에는 새로운 나물들이 자라나며 상긋한 냄새를 피우고 있읍니다.

아직 나히 어렷던 화담은 바구니를 들고 나물을 캐러 나가면 해찰도 하지 안코 부지런 부지런히 나물을 한 바구니씩 뜯어가지고 일즉 돌아오던 것이엇읍니다.

그러더니 여러 날을 두고 날마다 늦게 도라오고 나물도 바구니를 차지를 안헛습니다. 그 부모가 이상하여 그 까닭을 물은즉 화담은 대답하되

『나물을 캐러 가면 무슨 새가 나르는데 오날은 땅 우에 한 치쯤 뜨더니 그 이튿날에는 두 치를 뜨고 또 그 이튿날에는 세 치를 떠서 점점 우으로

9 「어린이歷史(70) 徐花潭의 窮理」, 『동아일보』, 1940. 7. 28.

향하여 나르니 이 새를 보고 그 이치를 생각하노라고 그러케 날마다 늦게 되고 나물도 바구니에 차지 못하엿습니다』

하엿습니다. 이 새는 종달새인바 봄 새 날이 따뜻하여지면 차차 날기를 익히어 높이 공중에 떠서 우는 것입니다. 이 새가 이러케 나는 것을 여러 사람들은 심상히 보앗으되 화담의 눈에는 이상하게 보여 그러케 궁리窮理를 하엿던 것입니다.

그 뒤 글을 읽으매 하늘 천天자를 당하면 그 자를 벽우에 써 붙치고 여러 날 궁리하여 다 알고야 또 다른 글자로 옮기어 그와 같이 궁리하여 알엇습니다.

이리하여 화담은 커서 큰 학자學者를 이루엇읍니다. 조선의 이학자理學者로는 으뜸이엇읍니다.

능창대군綾昌大君[10]

선조대왕宣祖大王은 아드님이 열세 분이던바 인조대왕仁祖大王의 아버지 되시는 정원군定遠君(=원종대왕元宗大王)은 선조의 다섯재 아드님이엇고 원종의 셋재 아드님은 릉창대군綾昌大君이엇습니다.

릉창대군의 이름은 전佺이며 선조대왕의 넷재 아드님인 신성군信城君의 양자養子가 되엇습니다.

천성이 효성스럽고 우애로윗으며 큰 도량이 잇엇으며 활 쏘고 말타기 같은 것을 배우지도 안코 잘하엿으며 항상 침묵하여 기쁜 빛이나 성내는 빛을 얼골에 나타내지 안핫으며 키가 크고 얼굴이 넓고 신채神采가 사람을 움직이게 하엿습니다

릉창대군의 나히 열다섯이 되엇습니다.

그때는 광해군光海君 때이엇습니다. 죄수罪囚이던 소명국蘇鳴國이라는 이가 옥 속에서

『신성군信城君 부인 신씨申氏의 사촌 형 경희景禧가 난亂을 꾸며 릉창대군으로 임금을 삼는다』

고 하엿습니다.

10 「어린이歷史(71) 綾昌大君」, 『동아일보』, 1940. 8. 4.

광해군은 본대 릉창대군을 끄리던 터이며 또 정원군定遠君집에 왕긔旺氣가 뜨인다는 말을 들은 지라 급히 릉창대군을 잡어다 다스렷으나 징거가 없엇습니다. 광해군은 특히 명하여 그를 교동喬桐이라는 섬島에다 가두고 담을 높이 싸하 사람을 시켜 지키고 다른 사람들과 통하지 못하게 하고 그 지키는 자를 시켜 핍박하여 그를 죽이라 하엿습니다. 릉창대군은 죽음을 못 면할 줄 알고 편지를 써 부모에게 보내고 드디어 죽엇습니다.

그때 나랏사람들은 그를 불상히 여겨 이런 노래를 지엇습니다.

> 벽해碧海 갈류후竭流後에 모래 모여 섬이 되어
> 무정無情 방초芳草는 해마다 푸르로되
> 어찌타 우리 왕손王孫은 가고 오지 안느니

사상史上의 여걸찬女傑撰 (一)

선견先見의 총재聰才! 평강공주平岡公主

바보 남편男便을 호국용사護國勇士로 출세出世시켜[11]

고구려 평강왕 때에 온달溫達이라는 사람이 잇엇습니다. 얼굴은 추하고 우습게 생겻으나 마음은 고왓다. 집이 몹시 가난하야 항상 밥을 빌어다 어머니를 봉양하엿으며 떠러진 옷을 입고 해진 신을 신고 거리로 오고 가고 하매 그때 사람들이 이 사람을 바보 온달이라고 불럿다.

평강왕은 공주公主 삼 형제를 두엇는바 그 끝의 공주는 어려서 울기를 잘 하엿다. 그래도 왕은 귀여워하며

『너 항상 울어 내 귀가 솔게 하니 크면 반드시 훌륭한 집으로 시집을 보내지 안코 마땅히 바보 온달이게로 보내겠다』 하고 히롱으로 매양 말을 하엿다. 그리고 어느 날은 세 공주를 앞에 노코 이런 말 저런 말을 하다가

『너는 뉘 복으로 사느냐』

하고 물으매 첫째 공주와 둘째 공주는 다 아버님 복으로 산다 하고 끝의 공주는

『제 복으로 살읍니다』

---

11 「史上의 女傑撰 (一) 先見의 聰才! 平岡公主 바보 男便을 護國勇士로 出世시켜」, 『동아일보』, 1940. 1. 1.

史上의 女傑撰

先見의 聰才! 平岡公主

하엿다. 이때부터 왕은 이 공주를 덜 귀여워하엿다.

그러다 공주는 나히 열여섯이 되어 상부 고씨高氏에게로 시집을 보내려 하매 공주는

『대왕께서 항상 말슴하시기를 너는 바보 온달이게로 보내겠다 하시더니 어찌하여 그 말슴과 같이 안흡니까. 천한 사람으로도 거짓말을 안흘 터인데 하물며 지존하신 대왕께서 어찌 다른 말슴을 하십니까 감히 받들지 못하겠습니다』

하엿다. 왕은 노하야

『네, 내 말을 듣지 안흐니 내 딸이 아니다. 가치 있을 수 없으니 너는 갈대로 가거라』

하엿다.

공주는 금비녀 수십 개를 팔둑에 매고 대궐문을 벗어나 홀로 가다가 길에서 한 사람을 만나, 온달의 집을 물어 그 집에 이르고 본즉 눈먼 늙은 어머니가 있다. 그 앞에 가까이 가서 공손히 절을 하고 그 아들이 어대 있는가를 물으매

『내 아들은 가난하고 추하야 귀인貴人이 가까히 할 바가 아니오이다. 당신의 냄새를 맡으매 향기가 이상하고 당신의 손을 만지매 솜결같이 보드라우니 가장 귀인인 듯하오이다. 뉘한테 속아 여기 오시엇읍니

까. 우리 아이는 차마 굶을 수 없어 산속으로 느릅나무 껍질을 벗기러 갓으니 미구에 돌아오리다』
하엿다. 공주는 이 말을 듣고 산 밑에 이르니 마츰 온달이가 느릅나무 껍질을 짊어지고 온다. 공주가 만나보고 찾어온 까닭을 다 말하엿다. 온달은 깜짝 놀래며
『예는 어린 녀자가 다닐 곳이 아니다. 필연 사람은 아니오. 여호나 귀신이다. 나를 해하지 말라』
하고 돌아도 안 보고 가버렷다.
공주는 홀로 돌아와 그 집 싸립문 앞에서 자고 그 이튼날 다시 들어가 그 모자母子에게 간곡하고 자상하게 말을 하엿다.
온달은 그래도 의심을 하여 결정을 못하고 그 어머니는
『우리 아이는 심히 추하야 귀인의 배필이 될 수 없으며 우리 집은 몹시 더러워귀인이 살 수 없소이다』
하엿다. 공주는
『옛날 사람의 말에 한 말 조도 찌흘 수 잇고 한 자 베도 호을 수 잇다 하엿은즉 진실로 뜻만 합하면 될 것이오. 부귀로 말할 건 아니오이다』
하고 드디어 함께 살며 그 금비녀를 팔어 집도 사고 논밭도 사고 종들도 두고 말과 소도 기르고 그릇도 만히 장만하엿다.
처음에 말을 살 때 공주가 온달이 더러 장사하는 사람의 말을 부디 사지 말고 국마國馬의 병들어 버리는 놈을 사라 하야 온달은 그 말대로 하엿다. 공주가 부지런히 잘 거두고 먹이매 말은 더럭더럭 살이 찌고 씩씩하여젓다.
고구려는 매양 봄을 당하여 삼월 삼일이고 보면 낙랑樂浪 땅으로 사냥을 가 얻은 뫼도야지나 사슴으로서 하늘과 산천 신에게 제사를 지내던바

그날을 당하야 사냥을 나갓다. 여러 신하며 오부五部의 군사가 다 따럿다. 온달이도 그 기르던 말을 타고 따럿는 바 항상 다른 말들보다 앞서가고 짐승도 가장 만히 잡엇다. 왕이 불러 그 성명을 물어보고는 퍽 놀래고 이상히 여기엇다.

그 뒤 후주後周의 무제武帝라는 이가 군사를 보내어 요동遼東을 칠 때 왕이 군사를 거느리고 이산疑山들에서 싸우는데 온달이가 선봉이 되어 수십 명 목을 베엇다. 여러 군사가 그 틈을 타 마구쳐 크게 이겻다. 마츰내 그 싸우던 공을 의논하매 온달을 제일로 치지 안는 이가 없엇다. 왕은 갸륵히 여기고

『이 사람이 내 사외라』

하고 례를 가추어 맞엇으며 대형大兄이라는 벼슬을 주엇으며 그 후로부터 온달의 내외는 총애를 받고 위엄이 더욱 성하엿다.

그러자 평강왕은 돌아가고 양강왕陽岡王이 즉위하매 공주는 온달이 권하야

『신라新羅가 우리 한북漢北의 땅을 끈허 골들을 맨들엇으므로 백성들이 원통히 여기고 부모의 나라를 잊지 안흡니다. 원컨대 이 불초한 놈에게 군사를 맡기시면 대번 가서 우리 땅을 찾어오리다』

하고 왕에게 알외엇다. 왕은 허락을 하엿다. 온달은 떠날 때 공주와 작별하며 게립현鷄立峴 죽령竹嶺의 서쪽 땅들을 찾지 못하면 돌아오지 안켓다 맹서하고 가서 신라 군사와 더부러 아단성阿旦城 밑에서 싸우다가 화살을 맞고 죽엇다. 그리고 그 시체를 관에 너허 장사를 지내려 할 때 관은 땅에 떨어지지를 안타가 공주가 와서 관을 어루만지며

『사생이 결단되엇으니 오호 돌어갈지어다』

하매 그제야 떠러져 갓다.

사상史上의 여걸찬女傑撰 (二)

김유신金庾信을 만든 '만명萬明'

뼈에 사모치는 교육을 햇다[12]

누구나 다 아는 바와 같이 김유신金庾信은 세계적 위인이오. 역사적 은인이엇다. 동해 한 모롱이에 있던 조고마한 나라로서 백제, 고구려의 침략만 받어오든 미약한 나라 신라가 그 중엽에 이르러 김유신이 나서 그 지극한 정성과 지모와 용맹으로서 백제, 고구려를 처 삼국을 통일하고 신라의 천년 대게를 공고히 세웟다.

만명은 갈문왕 입종의 손녀요, 숙흘종의 따님으로서 재분도 놀라웟고 얼굴도 어여쁘고 자태도 아릿따웟다. 그때 김서현金舒玄이라는 이가 만명萬明을 보고 반하야 따르다가 중매도 없이 자기들끼리 혼인을 하엿다. 그리고 김서현이가 만노군萬弩郡 지금 鎭川 태수太守가 되어 함께 가려하던 차 숙흘종이 자기 딸이 서현과 야합野合한 줄을 알고 미워하야 별제別第에 가두고 사람을 시켜 지켯다.

하로는 별안간 천동을 치며 벽문이 열린다. 문을 지키는 자들은 놀래어 정신을 못 차린다. 만명은 그 틈을 타서 나왓다

드디어 서현과 함께 만노군으로 부임을 하엿다. 그 뒤로는 둘이 더욱

12 「史上의 女傑撰 (二) 金庾信을 만든 '萬明' 뼈에 사모치는 교육을 햇다」, 『동아일보』, 1940. 1. 3.

마음대로 달큼한 생활을 하다가 서현은 경신庚辰ㅅ날 밤에 형혹진熒惑鎭 두 별이 나리어 품안에 안키는 꿈을 뀌고 만명은 신축辛丑ㅅ날에 한 동자가 금갑을 입고 구름을 타고 방으로 들어오는 꿈을 꾸고는 잉태하여 이십삭만에 나핫다. 그때는 진평왕 건복建福 십이 년이엇다. 서현이가 그 아히의 이름을 지을 때 부인더러 이르되

『내가 경진ㅅ날 밤에 길몽으로써 이 아히를 얻엇으나 예문에 일월日月ㅅ자로이름을 짓는 법이 아닌데 이 제경庚ㅅ자는 유庾ㅅ자와 모양이 같고 신辰ㅅ자는 신信ㅅ자와 음이 같고 더구나 옛날 현인의 이름에도 유신庾信이 잇으니 조치 안흐냐』
하고 유신이라 이름을 하엿다.

그런데 김유신은 열다섯 살에 화랑花郞이 되어 복종하는 사람들이 퍽 만하여 호를 용화향도龍華香徒라 하든바 우연히 부랑한 젊은이들에게 끌리어 천관天官이라는 기생집을 가 놀앗다. 그리고 친하여 가끔 놀러 다니다가 어느 날 밤에는 그 집에서 자고 왓다.

만명은 유신이가 이런 줄을 알고 불러 앞에 세고 엄숙하고도 자애로운 어조로

『내, 이미 늙엇는바 밤낮으로 네가 자라 공명을 세우고 님금과 어버이의 영화가 되기를 바랏더니 이제 네가 부랑한 무리들로 더부러 술집, 게집애집에 놀러다니니 서럽다』
하고 울엇다. 유신은 그다음부터는 다시 아니 가기로 깊이 맹세하엿다.

하로는 어디를 갓다 취하여 돌아오는데 타고 간 말이 구로舊路로 돌아오다가 그릇 천관의 집으로 들엇다. 천관이는 매우 반가워하기도 하고 원망하기도 하면서 나와 맞으니 그 유혹되는 마음이 다시 움즉이엇다. 유신은 그 순간에 어머님 앞에 깊이 맹세하든 생각을 하고 단연 결심하여

아양을 부리며 달려드는 그 어여쁜 여자를 뿌리치고 찻든 칼을 빼어 자기의 골육을 떼어내드시 자기의 타고 다니던 그 사랑하는 말을 베어 죽이고 안장과 함께 내버리고 돌아왓다. 그 후 그곳을 참마항斬馬港이라 하고

『삼한을 통일코 우뜸 신하가 됨은 참마항 때문이다』

하는 찬미를 한 시인詩人도 잇엇다.

만약 만명 같은 어머니가 아니엇던들 김유신 같은 아들을 두엇슬가. 야합野合을 하고도 공자 같은 성인도 나핫고 이와 같은 영웅도 나핫다. 과연 위대한 어머니가 위대한 아들을 두엇다.

고려태조高麗太祖의 즉위卽位는 신혜왕후神惠王后의 힘[13]

신혜왕후 유씨柳氏는 정주貞州 사람 궁천天弓의 따님이다. 천궁天弓은 큰 부자여서 고을 사람들이 장자長者라고 일컬엇다. 고려 태조高麗太祖가 일즉이 궁예弓裔를 섬기어 장군이 되어 군사를 거느리고 정주貞州를 지내다가 고목된 버드나무 밑에 말을 매고 쉬는데 마침 그 길옆에 냇물 가에 어여뿐 여자 하나히 서 있다. 태조가 보고

『네가 뉘 딸이냐』

물은즉

『이 고을 장잣집 딸입니다』

대답을 하엿다. 태조는 그 여자를 따러 그 집을 찾어가매 그 집에서는 음식을 만히 작만하여 군사들을 잘 먹이고 그 딸을 시켜 태조를 모시게 하엿다.

그리고 태조가 떠나간 후 소식을 들을 길이 없엇스나 천궁의 딸 유씨는 구지 정절을 지키고 머리를 깍고 승이 되어 산에 들어가 잇엇다.

태조가 유씨의 이런 소문을 듣고 유씨를 불러드려 부인夫人을 삼엇다.

13 「史上의 女傑撰 (三) 高麗太祖의 卽位는 神惠王后의 힘」, 『동아일보』, 1940. 1. 5.

유씨는 부덕도 만흐려니와 지혜도 만흐며 태조가 매양 군사를 거느리고 싸움을 싸우러 나갈 때에도 조흔 꾀를 내어 도아주기도 일수하엿다.

궁예弓裔가 철원鐵圓망을 웅거하여 태봉泰封이라는 나라를 세우고 님금 노릇을 하는데 스스로 미륵관심彌勒觀心 하는 법을 얻엇다 하고 사람들을 시기하여 잘 죽이엇다. 그러자 마침 송악松嶽의 왕씨가 님금이 되겠다는 도참설圖讖說이 떠돌으매 인심은 퍽 흉흉하엿다. 하로는 기장騎將 홍유洪儒, 배현경裵玄慶, 신숭겸申崇謙, 복지겸卜智謙 등이 비밀히 꾀를 하고 밤에 태조ㅅ집으로 찾어가 장차 그 말을 하려 하되 유씨에게는 알리지 안흐려 하여 유씨더러 밭에 가서 외를 좀 따오라 하엿다. 그러나 유씨는 미리 그 뜻을 짐작하고 외를 따러 뒷문으로 나가는 척하고 가만이 포장 속에 숨어서 엿을 들엇다. - 여러 장수는 궁예를 페하고 태조를 세우려는 뜻을 말하엿다. 태조는 색을 변하여 부당한 일이라 하고 굳게 듣지를 안핫다. 유씨는 별안간 포장 속에서 나오며 태조에게

『올흔 걸 들어 사나움을 대신함은 예로부터 그런데 이제 여러 장수의 말을 들으매 첩도 오히려 분한 마음이 나거든 더구나 대장부리오』

하고 유씨가 갑옷을 끄내어 입히고 여러 장수가 옹위하고 나아가 드디어 즉위하여 고려 태조가 되엇다.

사상史上의 여걸찬女傑撰 (四)

감식과 판정이 놀라운 유부인柳夫人의 훈육訓育[14]

유부인은 고흥高興 유당柳樘의 따님이오, 홍율정洪栗亭 천민天民의 후부인後夫人이오, 학곡鶴谷, 서봉瑞鳳의 어머니오, 어우於于 몽인夢寅의 누의다.

어렷을 때 그 동생 몽인夢寅이 글 배우는 걸 보고 그 곁에서 가만이 익혀 예전 글들을 다 외고 글을 잘 짓기도 하엿다.

골짜기로 들으매 봄빛을 뚤코
다리로 다니매 물소리를 밟노라

이런 조흔 글귀로서 사람을 놀래게 하면서도 시詩 짓기를 질기지는 안핫으며 그 남편이 죽은 뒤 매양 삭망이고 보면 전을 들이고 비창한 글을 지어 읽으되 읽고는 불을 살러 없애고 말엇다.

그 아들 학곡鶴谷을 친히 가르쳐 공부를 엄하게 시키고 조곰만 잘못하는 일이 있으면 종아리에 피가 흐르도록 때리고 비단보로 그 종아리채를 싸두며

『우리 집이 흥코 망함과 아이의 게으르고 부지런함은 여기 매엇으니

14 「史上의 女傑撰 (四) 감식과 판정이 놀라운 柳夫人의 訓育」, 『동아일보』, 1940. 1. 6.

어찌 중하지 안흐리오』
하엿으며 그 글 외는 걸 받을 때에는 반드시 포장을 치고 들으며
『혹 잘 욀 때에는 내가 기뻐하는 빛이 있을 터이니 아이가 그걸 보면 교만스러운 마음이 날까 하야 포장으로 가린다』
하엿다.

한번은 두뭇개를 지내다가 독서당讀書堂을 올라 구경을 하는데 수직守直하는 노파老婆가 옥으로 맨든 잔을 내보며
『이 잔은 선생이 아니면 마실 수 없노라』
하매 부인이 웃으며
『내 비록 부인이나 시아버니와 남편과 남편의 아우와 내 아들과 조카가 다 호당湖當 벼슬에 뽑엿으니 나만 홀로 이 잔으로 마실 수 없을가』
하엿다.

부인은 감식鑑識이 놀라워 아히들이 글을 짓는 것을 보고도 능히 그 장래 일을 짐작하엿다. — 이웃 아이가 글을 지엇는 바 한 아이는

수탁이 담에 올라 울더라

하엿고 또한 아이는

수탁이 울고 담에 오르더라

하엿다. 부인이 이글을 보고 『담에 올라 울더라』 한 아이는 반드시 벼슬이 병판兵判에 이를 것이고 『울고 담에 오르더라』 한 아이는 쉬히 죽을 것이라 하엿으며, 또 종손 아이가 한 글귀를 지은바

꽃이 떠러저 천지가 붉엇다

한 것을 보고는 이 아이는 반드시 귀히 될 것이로되 쉬히 죽을 것이다. 만일

꽃이 피어 천지가 붉엇다

하엿으면 복록이 무량할 터인데 떠러진단 말을 썻으니 아까운 일이라 하엿으며 궁벽스러운 문자나 난처한 큰일이라도 물으면 알고 잘 판단하엿다.

일즉이 홀어미가 되어 八十八 세나 살엇으나 그가 지은 문집과 같은 건 세상에 남기지 아니하고 이러한 이야기 도막으로나 그 행적을 전하엿다.

史上의 女傑撰七 財物을 애끼지 않고 던진 慈善家 金萬德
『동아일보』, 1940. 1. 12.

사상史上의 여걸찬女傑撰 (五)

신돈辛旽의 권세를 꺾고 공민왕恭愍王을 바로 잡은 명덕태후明德太后의 총명[15]

명덕태우 홍씨洪氏는 부원군 홍규洪奎의 따님으로 나면서부터 총명하고 슬기가 넓고 단정하고 정성스러웠다.

고려 충숙왕忠肅王이 즉위하며 이 홍씨를 뽑아 들여 덕비德妃를 삼엇는바 예법禮法을 잘 준행遵行하매 왕이 중히 여겻으며 첫 아드님을 나흔바 그가 충혜왕忠惠王이오 또 그 다음으로 공민왕恭愍王을 나핫다.

그 뒤에 충숙왕이 원元나라의 복국장공주濮國長公主 元나라서 온 여자를 얻으매 그 공주가 몹시 투기를 하므로 홍씨는 정안공定安公 집에 나와 잇엇고 왕은 자주 밤을 타 다니다가 그걸 또 밀고하는 자가 있어 홍씨를 그 이웃집에 옮기고 왕래하엿다. 그런데 한 무당이 있어 홍씨에게 드나들며 요망스러운 말을 하엿다. 홍씨가 처음에는 믿고 사랑하다가 미구에 그 요망을 알고 그 재산을 적물하고 좌우를 시켜 그 무당을 때려 죽엿다.

충혜왕忠惠王이 즉위하매 충숙왕이 정만길鄭萬吉, 김원상金元祥 등의 참소하는 말을 듣고 홍씨를 시골로 보내어 모재母子 서로 보들 못하게 하고 충혜왕이 원나라로 잡혀가매 재상이 음식을 가추어 진어하고 위로 하엿

15 「史上의 女傑撰 (五) 辛旽의 권세를 꺾고 恭愍王을 바로 잡은 明德太后의 총명」, 『동아일보』, 1940. 1. 9.

는데 홍씨가 정승 채하중蔡河中을 불러보고

『경이 수상首相이 되어 님금의 잘못함을 보고도 바루 구원치 못하여 그러케 되게 하고 아첨만 하여 그 뜻을 쫓코 한 번도 간諫하지 안흠은 그 록위祿位나 보존하자는 것이오. 이제 왕이 잡혀가도 한 사람을 보내어 문안도 않고 뻔뻔히있으니 비록 이와 같이 주식酒食을 주나 내 어찌 차마 목에 넘어가리오』

하고 눈물을 흘리고 물리처버렷다.

처음에는 홍씨의 부府를 세워 덕경德慶이라 한다. 공민왕恭愍王이 즉위하매 다시 고치어 문예文睿라 하고 높이어 대비大妃라 일컬엇다.

한번은 덕녕공주德寧公主가 홍씨를 위하야 문예부文睿府에서 잔치를 할 때 신둔辛旽이가 바야흐로 총행하여 그 권세가 극히 성하던바 왕을 따러 홍씨를 뵈러 들왓다. 홍씨는 앉으라는 말도 안흐매 신둔이는 머리를 숙이고 나아가버렷다. 왕은

『그런 중신重臣을 보시며 앉으라는 말슴을 어찌 안흐십니까』

한즉 홍씨는 정색을 하고

『내 미망인未亡人(=과부)인데 어찌 감히 밖앗 중을 더불어 함께 앉으리오』

하엿다.

그 뒤로 왕은 더욱 신둔의 참소하는 말을 듣고 정사를 그르치고 큰 흉년도 자주 들엇다. 왕이 홍씨를 뵈러 왓다가 말 말끝에 한재旱災 이야기가 낫엇다. 홍씨는

『왕은 하늘의 가믈게 하는 까닭을 아오. 지난해도 비가 안 와 백성들이 주려 죽고 올해에 또 가물어 백성이 살 수 없으니 왕은 누구를 더불어 님금 노릇을 할고. 어찌 신하에게 정사를 맡기어 유공하고 무죄한 사람을 만히 죽이고 토목土木 일을 크게 일으켜 화기和氣를 상하게 할고. 왕이

원자元子로 있을 때 백성들이 왕이 어서 님금 되기를 바라고 충혜忠惠의 무도함을 원망하기에 나도 그러케 여겻더니 충혜 때에는 풍년도 자주 들고 살인도 적게 하엿으니 이제 도리어 그때만도 못하지 안흐오. 또는 왕의 나히 어리지도 안흔데 어찌 나라 일을 남의 손에 맡기리오』
하고 인하야 우니 왕은 언잔히 여기며
『어머니는 어찌 자식의 허물만 들추어 내십니까? 살인을 만히 함은 난신亂臣을 금할 따름이오이다』
하고 왕이 홍씨를 원망하매 신둔이는 더욱 이간을 하여 그 후로는 오랫동안 그 어머니를 가 뵙지도 안타가 신둔이가 잡혀 죽은 뒤 홍씨가 병환이 나매 그제야 가 뵈왓다. 홍씨는 왕을 볼 때마다 나라일의 그르침을 들어 말하엿다. 어느 때는 왕이 조하 안코 물러가려 하는데 홍씨가 몇번 간곡히 말하엿다. 왕도 마츰내 감동이 되어 그 말슴을 쫓겟다 하엿고 또 왕은 어찌 비빈妃嬪을 두지 안흐냐 한즉 죽은 공주元나라 사람 大長公主만한 이는 없다 하고 눈물을 흘리매 홍씨는 허허 웃고
『한번 죽기는 이치의 떳떳한 일이라 왕도 필경 그걸 면할 수 없는 바인데 어찌그러케 슬퍼하오. 사람들이 웃을 터이니 다시는 그리 마오』
하고 번연히 왕이 조아하지 안는 줄을 알면서도 그 잘못함을 지성으로 말하여 깨단하도록 권하엿다.
공민왕 다음에는 왕우王禑를 세우고 또한 그 잘못함을 반드시 말하고 홍씨가 하로 저녁에는 왕우의 손을 잡고
『우리나라가 전한지 오백 년인바 대체 임군이란 신하의 말을 경솔히 듣지 마오. 원컨대 왕은 큰 의심을 풀고 큰일을 결단하려면 반드시 시중侍中 경복흥慶復興과 판삼사判三司 최영崔瑩과 여러 정승에게 물어 하고 부디 성급히 하지를 마오』

하고 팔십삼 세로 그 이튿날 이 세상을 떠나버렸다.

사상史上의 여걸찬女傑撰 (六)

일국을 구원해낸 지혜 있는 부랑夫娘[16]

부랑은 평안도 자성慈城 여자로 짐승이나 기르고 사냥이나 하는 것으로 일을 삼든 집에서 자라 어려서부터 말을 잘 타고 활을 잘 쏘앗으며 무사의 일을 말하기 조하 하엿으며 짐승을 먹이러 나가서도 아이들을 더불어 부대를 나누어 싸우고 진치는 모양을 하고 스스로 대장이 되어 말을 타고 나뭇가지를 꺾어 화살, 창, 칼 등을 맨들어 아이들에게 나누어 주고 호령을 하야 규률을 엄하게 세워 – 이러케 놀기를 항상 하엿다.

부모가 꾸짖어

『이는 사내의 일이오. 네가 할 일이 아닌데 이걸 배워 어대 쓰려느냐?』 하면

『나종에 난리가 나면 아버지 대신으로 나가 싸우겟나히다』

하엿고 가끔 서당에 다니는 아이들에게 글자도 물어 배워 낮에는 짐승을 먹이고 밤에는 글을 읽엇다.

인조대왕仁祖大王 때 평안 병사平安兵使 이괄李适이가 딴 뜻을 두고 되놈을 막는다 하고 각 고을에 전령을 하여 군사를 단속하고 또 건강한 포수들을 모집하매 부랑夫娘이 그 아버님에게 청하되

16 「史上의 女傑撰 (六) 일국을 구원해낸 지혜 있는 夫娘」, 『동아일보』, 1940. 1. 10.

『아버님은 큰아들이 없고 저의 나히 장성하엿으니 아버지 대신으로 싸우러 나가겠습니다』
하고 졸랏다. 처음에는 허락지 안타가 하두 졸르니 네 마음대로 하라 하엿다.

부랑은 사내 옷을 입고 리괄의 영에 이르럿는데 리괄이 가며 칠조련을 하여 보더니 그 재조를 보고 끔찍히 여겨 초장哨長을 삼엇다.

그리고 리괄이가 반기判旗를 들고 령을 나려 가기를 재촉하여 내일쯤 떠나려 할 때 부랑은 리괄의 역적질하는 줄을 비로소 알고 밤에 말 한 마리를 도적하여 타고 이백 리나 달려와 안주성安州城에 이르니 그때 안주 목사는 정충신鄭忠信이엇다.

부랑이 명함을 들이고 보기를 청하며 급한 일이 있다 하매 좌우의 사람들을 다 물리치고 보앗다. 부랑이 이괄의 반한 것을 말하매 충신이 깜짝 놀래어
『내 그 반할 줄은 알엇으나 창졸히 준비도 없으니 어떠케 그걸 당하리오』

한즉 부랑은
『오날 저녁쯤 하여 적병이 다다를 터인바 그저 죽어서 소용이 없으니 글을 써 속히 위로 보하고 평양으로 달려가 도원수都元帥와 도모를 하시오』
하엿다. 충신은 올타 하고 함께 달리어 평양을 갓다.

그때 도원수는 장만長晩인데 충신이 본래 리괄과 친한 사인 줄을 알고 리괄과 부동이 되지 안헛는가 하든 차 충신이 오매 상관의 명령도 없이 온 것을 말하는 이가 있기도 하엿으나 그런 위급한 판을 당하여 경황하다가 반가워 아니할 수 없엇다.

정충신은 장만張晩을 보고 상중하 삼 책을 말하고 리괄은 날래되 꾀가 없으니 반드시 그중 하책을 써 비인 서울을 지키고 있으리라 하엿다. 장만은 그 말이 올타 하고 충신을 선봉대장을 삼엇다. 충신은 부랑을 참모參謀를 삼고 천여 병을 거느리고 서울로 향하엿다.

인조대왕은 이미 공주公州로 파천하시고 리괄은 서울로 바루 올라와 흥안군興安君을 세워 왕을 삼고 잇다. 충신은 군사를 몰고 바루 경성으로 이르러 밤에 가만이 안현鞍峴 꼭대기로 올라 웅거하엿다. 그 이튼날 아침에야 리괄이가 알고 나와 싸웟다. 몹시 부든 동풍이 급작이 서북풍으로 변하며 시석矢石이 비오듯 하니 관군官軍은 기세가 더 성하고 리괄의 군사는 드디어 패하엿다. 달아나든 리괄은 그 다음날 그 부하에게 목이 잘려오고 인조 대왕은 황궁을 하시고 충신은 후히 상을 받고 금남군錦南君이 되엇다. 충신은 부랑에게 사례하고

『오늘날 성공은 모다 그대의 힘이라』

하고 상 받은 것을 나누어주고 막하에 두고 갇이 지내기를 말한즉 부랑은 추연하여

『공의 알어주는 은혜로는 마땅히 생사를 함께 하겟으되 늙은 부모가 잇는바 다른 자식이 없으니 돌아가 공양하겟노라』

하고 가려하는 것을 충신이 글랑 걱정 말라하고 몹시 만류하엿다.

충신에게

『첩은 실상 남자가 아니오이다. 늙은 아비를 대신하여 종군을 하엿다 다행히 공을 만나 쓰이게 되엇사오니 만일 버리지 안흐시면 막하幕下에 몸을 바치겟소이다』

하엿다. 충신은 경탄하엿다. 그 이튼날 충신은 여러 장수를 모여 큰 잔치를 열고 잔을 들어 부랑에게 권하고 부랑의 일을 말하고 오날은 길일이라

하고 부랑은 신부가 되어 그날 화촉의 밤을 맞엇다.

그 뒤 금병金兵이 침노할 때에도 충신은 부랑의 꾀를 빌은 바가 만히 잇엇고 충신이 죄를 입어 귀양을 갓섯을 때에도 가치 따러가 잇엇고 충신이 죽은 뒤에는 삼 년을 마치고 머리를 깎고 승이 되어 묘향산으로 들어가 자최를 아주 감추어버렷다.

사상史上의 여걸찬女傑撰 (七)

재물財物을 애끼지 않고 던진 자선가慈善家 김만덕金萬德[17]

김만덕은 제주濟州 여자다. 어려서 어머니를 여이고 의탁할 곳이 없어 기생집에 가 자라더니 관가官家에서는 만덕의 이름을 기안妓案에 두엇다. 만덕은 비록 기생노릇을 하기는 하나 기생으로서 평생을 보내려고 하지는 안핫다.

나히 스물이 넘어 그 뜻을 관가에 말하고 울며 하소연하매 관가에서도 불상히 여기고 기안妓案에서 그 이름을 없애고 다시 양인良人을 맨들엇다.

만덕은 미천한 집에 태어나핫으되 훌륭한 사람이 아니면 남편을 삼지 않고 돈 모는 재주가 놀라워 시세가 오르고 나릴 줄을 알고 물건을 삿다 팔엇다 하야 수십 년 동안에 이름난 부자가 되엇다.

정조正祖 十九년에 제주濟州가 크게 가물어 백성들이 주려 죽게 되엇다. 나라에서는 곡식을 보내어 구원하엿으나 머나먼 바닷길에 미처 이르지를 못하엿다. 그때 만덕이는 천금千金을 내어 육지陸地의 여러 골 쌀을 급히 무역하여 들이어 그 십분의 일을 취하여 친족들을 주고 그 나머지는

---

17 「史上의 女傑撰 (七) 財物을 애끼지 않고 던진 慈善家 金萬德」, 『동아일보』, 1940. 1. 12.

史上의 女傑撰 (七)

財物을애끼지안코퇴진 慈善家金萬德

李秉岐

김만덕은 제주(濟州)여자다。어려서 어머니를 여이고 의탁할곳이없어 기생집에 가 자라더니 관가(官家)에서는 만덕의이름을 기안(妓案)에 두엇다。만덕은 비록 기생노릇을 하기는하나 기생으로서 평생을 보내려고 하지는안핫다。

나히 스물이넘어 그뜻을 관가에박하고 울며 하소연하매 관가에서도 불상히여기고 기안(妓案)에서 그이름을 빼고 다시 양인(良人)을 맨들엇다。

만덕은 미천한집에 태어나핫으되 총명한 사람이 아니면 남편을 삼지안코 돈모는 재주가 놀라워 시세가 오르고 나림을 알고 물건을 사다팔엇다하야 수십년동안에 이름난 부자가되엇다。

정조(正祖)十九년에 제주(濟州)가 크게 가물어 백성들이 주려죽게되엇다。나라에서는 곡식을보내어 구원하랫으나 머나먼 바닷길에 비쳐 이르지를못하엿다。그때만덕이는 천금(千金)을 내어 육지(陸地)의 여러골 쌀을사 무역하여들이어 그십분의일을 취하여 친족들을주고 그남어지는모두관가에 바치매 백성들이 이소문을듣고 떼를지어 관가앞으로모이어 그쌀을 얼마씩 타가며그은혜를 칭송하야 우리를 살린이는 만덕이라하엿다。

정조께서 이말을 들으시고제주목사에게 명하야만덕이소원이잇거든 무엇이든지 시켜주란」하셧다。목사가 만덕을불러보고 이런뜻을 알외니 만덕은「다른소원은 없사오나한번 서울을가서 나라님계신 곳을우러러보고 인하야 금강산(金剛山)예들어가 일만이천봉을 보앗으면죽어도 한이없겟소이다」하엿다그때 나라법에는 제주여자를 바다를건너 육지로오게 금하엿으나 목사가 그소원대로 나라님께 알외어 그대로 허락하여주고 역마(驛馬)를 태우고 이르는곳마다 공궤(供饋)를 하게하엿다。

만덕은 그이듬해가을에 서울을와서 그때 정승이던 채제공(蔡濟恭)을 찾어보앗다。채제공은 그사실을 나라님께 알외엇다。나라님께서는 선혜청(宣惠廳)을 명하야 양식을 주고 수삼삭에 내의원녀(內醫院女)를삼어여러의녀(醫女)의반수(班首)가 되게하엿다。만덕은 조례에 의하여 궐내에 들어가 문안을 하엿다。각전궁(各殿宮)이 각각 시녀(侍女)로하여 「너는 한여자로서 의기를내어 주린백성을 천여명구원하엿으니 기이하다」하시고후히상을주셧다。

만덕은 서울서 한반년을 잇다가 그이듬해 봄(春)에 금강산으로 들어가 만폭(萬瀑) 중향(衆香)을 다보고 안문재를넘어 개잔령으로 나려 삼일포(三日浦)에 배를 띄우고 총석정(叢石亭)도 올라보고 다시 서울로 와 내원(內院)에 이르러 고향으로 돌아가기를 고하매 각전궁이 전과같이 상을 주엇으며 여러 공경(公卿)들이 만덕을 한번 보고저 안는이가 없엇으며 특히 채정승(蔡相)과는 눈물을 흘리고 작별하엿다。그때 만덕은 나히 五十八이엇다。

모두 관가에 바치매 백성들이 이 소문을 듣고 떼를 지어 관가 앞으로 모이어 그 쌀을 얼마씩 타가며 그 은헤를 칭송하야 우리를 살린 이는 만덕이라 하엿다.

정조께서 이 말을 들으시고 제주 목사에게 명하야

『만덕이 소원이 잇거든 무엇이든지 시켜주라』

하셧다. 목사가 만덕을 불러 보고 이런 뜻을 알린즉 만덕은

『다른 소원은 없사오나 한번 서울을 가서 나라님 게신 곳을 우러러보고 인하야 금강산金剛山에 들어가 일만 이천 봉을 보앗으면 죽어도 한이 없겟소이다』

하엿다. 그때 나랏법에는 제주 여자를 바다를 건너 육지를 못 오게 금하엿으나 목사가 그 소원대로 나라님께 알외어 그대로 허락하여 주고 역마驛馬를 태우고 이르는 곳마다 공궤供饋를 하게 하엿다.

만덕은 그 이듬해 가을에 서울을 와서 그때 정승이던 채제공蔡濟恭을 찾어보앗다. 채제공은 그 사실을 나라님께 알외엇다. 나라님께서는 선혜청宣惠廳을 명하야 양식을 주고 수일 만에 내의원녀內醫院醫女를 삼어 여러 의녀醫女의 반수班首가 되게 하엿다. 만덕은 준례에 의하여 궐내에 들어가 문안을 하엿다. 각 전궁殿宮이 각각 시녀侍女로 하여

『너는 한 여자로서 의기를 내어 주리든 백성을 천여 명 구원하엿으니 기이하다』

하시고 후히 상을 주셧다.

만덕은 서울서 한 반년을 잇다가 그 이듬해 늦은 봄철에 금강산으로 들어가 만폭滿瀑 중향衆香을 다 보고, 안무재를 넘어 개잔령으로 나려 삼일포三日浦에 배를 띠우고 총석정叢石亭도 올라보고, 다시 서울로 와 내원內院에 이르러 고향으로 돌아가기를 고하매, 각 전궁이 전과 같이 상을

주엇으며 여러 공경公卿들이 만덕을 한번 보고저 안는 이가 없엇으며, 특히 채정승濟恭과는 눈물을 흘리고 작별하엿다. 그때 만덕은 나히 오십팔이엇다.

사상史上의 여걸찬女傑撰 (八)

반정反正의 훈업勳業을 돕던 지모智謀 겸비한 정씨鄭氏[18]

이기축李起築은 효녕대군孝寧大君의 八세손이오, 이서李曙와 사촌 간이고 젊어서 방탕하고 궁마弓馬를 일삼고 무과武科를 하엿고 퍽 총명하고 감식이 탁월하엿다 하나 이와 달리 전하기도 한다.

이기축은 기축년己丑年에 나핫다 하여 처음에는 이기축李起築이라 이름하던 것을 나종에 그 음音과 같은 글자로 하여 이러케 이기축李起築이라고 고쳣다. 그리고 이기축은 위인이 퍽 미욱하고 힘은 무척 세고 밥은 만히 먹엇으며 일즉이 정씨鄭氏 집에서 머슴을 살엇다.

정씨 집에는 딸 하나이 있는바 총명하고 민첩하며 글도 만히 알엇다. 그 부모가 끔찍히 사랑하며 그 시집갈 나히 되매 훌륭한 사위를 골르려 하엿다. 그 딸은 그걸 원치 안코

『내 사내는 내가 골르겠으니 이기축이가 내 남편이올시다』

하엿다. 그 부모는 깜짝 놀래어

『네 무슨 까닭으로 머슴 놈에게 시집을 가려하느냐』

하고 꾸짖고 다시는 그런 말을 입 밖에 내지 말라 하엿다. 그러나 그 딸은

18 「史上의女傑撰 (八) 反正의 動業을 돕던 智謀 겸비한 鄭氏」, 『동아일보』, 1940. 1. 13.

죽기로 작정하고 다른 데로는 시집을 가지 안흐려 하엿다. 부모는 아무리 꾸짖고 달래도 듣지 안 하엿다. 필경 하는 수 없어 이기축을 사외를 삼엇다.

그런 뒤 그 딸은 부모에게 또

『이기축과 함께 서울을 가 살겠노이다』

하고 청하엿다. 그 부모도 한집에 있는 건 남에게 수치만 될 뿐이라 따로 멀리 떠러저 사는 것이 조타하고 살림을 나누어주엇다.

그 딸 정씨는 이기축을 더불고 서울로 와 장동壯洞 궁벽한 곳에 집 한 채를 사고 술장수를 하엿다. 술맛이 심히 조핫다. 아는 이는 알고 이 술집을 찾어 다니엇다.

정씨는 이기축에게 틈있는 대로 글자도 가르쳐주다가 하로는 사략史略 초권의 『이윤폐태갑방동궁伊尹廢太甲放桐宮(=옛날중국의 이윤이라는 이가 그 님금 태갑을 폐하여 동궁이라는 데로 내첫다)』이라는 대문을 표해주며

『이 책을 가지고 신무문神武門 뒤 솔밭 속으로 가면 여러 사람들이 모혀 앉엇으리니 이 책을 그 앞에 노코 가르처 달라고 청하시오』

하엿다. 이기축은 바루 그 책을 끼고 그곳을 찾어갓다. 과연 七, 八인이 둘러앉엇다. 이기축의 말을 듣고는 서로 돌아보며 크게 놀래고

『누가 이러케 시키더냐』

고 물은즉

『소인小人의 처가 시켯소이다』

하고 대답을 하엿다. 그 여러 사람이 그 집을 묻고 이기축과 함께 왓다. 정씨는 그들을 맞어 자리에 앉히고 안주를 작만하야 술을 대접하고

『여러분의 하시는 일은 저도 이미 알엇는 바 제 남편이 미욱은 하나 힘은 세니일후에 저기 쓸 곳이 있을 것이오. 제집에는 자실 만한 술도 있으니 의논하실 일이 있을 때에는 제 집으로 오시면 무방하오이다. 제집

은 궁벽하여 퍽 조용합니다』

하매 그 여러 사람이 다 이상하게 여기고 그 뒤로는 자주 찾어다니엇다.

그 여러 사람은 인조반정을 도모하던 이엇던 바 광해주光海主 십오 년 게해 삼월 십이일癸亥三月十二日 밤에 인조仁祖를 모시고 거의擧義를 하야 창의문彰義門을 부시고 들어올 때 이기축이가 선장이 되어 장군목將軍木을 부러트린 것이다. 인조께서 즉위하시고 공훈을 논정할 때 이기축은 자기는 삼등三等을 받겠다 하엿으나 인조께서 이등공신二等功臣을 삼으시엇다.

사상史上의 여걸찬女傑撰 (九)

투한妬悍과 풍도風度가 잇던 무서운 심씨沈氏[19]

심씨는 조태억趙泰億 부인이다. 성품이 사납고 투기가 심하엿다. 조태억은 부인을 호랑이처럼 무서워 하야 방 외에는 뜻을 두지 못하엿다.

그러다 그 종형從兄 조태구趙泰耉가 평안감사平安監司로 가 잇을 때, 조태억은 승지承旨로서 봉명奉命하야 평양을 가서 며칠 동안 머물며 기생 하나를 가까이 하엿다. 심씨는 이 말을 듣고 즉시 행차를 차려 그 생실 하나를 더불고 평양을 향하여 갓다. 조태억은 그 소문을 듣고 넉슬 일코 그 종형과

『이 일을 어찌하면 조흘고』

상의하고 그 기생더러는 멀리 피하라 하엿다. 그 기생은 오히려 태연하야

『저는 피신할 것이 없고 스스로 할 도리가 있소이다』

하엿다.

심씨의 행차가 황주黃州에 이르자 평양 비장이 와 등대하고 지공支供범절이 융성하거늘 심씨는 웃으며

『내가 별성행차別星行次가 아닌데 어찌 문안비장問安裨將이 있으며 내로수路需가 있는데 어찌 지공을 받으리오』

19 「史上의女傑撰 (九) 妬悍과 風度가 있던 무서운 沈氏」, 『동아일보』, 1940. 1. 16.

하고 다 물리처버렷다. 중화中和에 이르러서도 또 이와 같이 하엿다. 그리고 재송원栽松園을 지나 장림長林으로 들어갈 제 마츰 늦은 봄철이라 연록은 상긋하고 파란 강 하얀 모래 오고 가는 듯 폭 휘임한 성첩 우뚝우뚝한 루각들이 금벽이 조효하다. 심씨는 가마 휘장을 걷고 그 광경을 황연히 바다보다

『과시 제일강산이로고 이름이 헛되지 안코나』

하고 탄식을 하고 자연 호탕한 마음도 아니 움즉일 수 없엇다. 그러자면 모랫벌 우로 한낱 꽃같은 미인이 표표히 오더니 가까이 이르러 말을 나려 머리를 숙이고 천연스러이

『저는 기생의 아무개올시다』

하엿다. 심씨는 그 이름을 듣고 그 기생인 줄을 알고 격화가 치달어 큰 소리로

『네가 어찌 와 나를 본단 말이냐』

하엿다. 기생은 그 아릿다운 태도로 아무 말도 없이 서 있을 뿐이다. 그 태도를 보고 유혹을 받는 심씨의 마음에도 어느듯 격화는 슬어지고 연연한 애정의 실마리가 풀리기 시작하엿다. 심씨는 이윽히 그 기생을 보다가 소리를 낮히어 이런 문답을 하엿다.

『너는 몇 살이니』

『十八세올시다』

『너는 과연 명물이다. 내 처음에는 너를 때려죽이려 하엿더니 와보니 차마 할 수 없다. 영감은 허약한 몸이시니 삼가히 모셔라』

그리고는 바루 돌아섯다. 감사 조태구는 급히 사람을 보내어

『수씨께서 이 평양 성가에까지 오섯다가 바루 돌아가심은 웬일입니까? 몇일 동안 이 영중에 유하시다 가시면 조켓습니다』

한즉 심씨는 웃으며

『내가 로수를 청하러 온 이가 아닌 바에 무엇허러 성안에 들어가리까』 하고 돌아도 보지 않고 구중을 재촉하여 서울로 돌아왔다.

감사는 그 기생을 불러보고

『너는 미약한 여자로 얼마나 대담하야 그런 일을 하엿느냐?』 하매 기생은

『부인의 성품이 비록 사나오나 천릿길을 온 것을 보면 구구한 여자히 아니올시다. 그리고 그런 기한이 있으면 그런 풍도도 있을 것이외다. 또한 사람이 죽기는 매일반이오라 피신을 한들 면하겠습니까? 그러므로 실컷 단장을 하고 중로에 나아가 뵈온 것이외다』

하엿다. 감사와 조태억은 그 기생을 칭찬하고 비로소 안심을 하엿다.

사상史上의 여걸찬女傑撰 (十)

잠언箴言을 만히 들이던 신덕왕후神德王后 강씨康氏[20]

황해도黃海道 곡산谷山골 동편 오리에 용봉龍峯과 용연瑢淵이 있고 봉을 등지고 소를 앞두고 살음즉한 한 터가 또렷이 있으니 이는 이태조李太祖의 국구國舅인 상산부원군象山府院君 강윤성康允成의 구기舊基이엇다.

강윤성은 예서 살며 따님 한 분을 두엇든바 천생 성자로 재질과 범절이 탁월하엿다.

그 여자가 나히 여닐곱 되엇을 때 하로는 용연으로 빨래를 나갓는데 한 장군이 말을 달리다 갈증이 나서 와, 물을 떠 달라 하엿다. 그 여자는 박아지로 물을 뜨고 한 손으로는 한 옆에 드리운 버드나무닢을 훌터 그 박아지 물에 둥둥 띠워주엇다. 장군은 그 박아지를 받아 죽 들여키고 나서는 그 여자에게 물어보앗다.

『물에다 버들 닢을 띠워줌은 무슨 까닭이뇨』

『장군님이 몹시 갈증이 나섯으니 만일 급히 물을 마시면 병이 될가 하야 버들 닢을 띠워 천천히 마시도록 함이올시다』

하고 그 여자는 대답하엿다. 장군은 이 말을 듣고 그 인물을 살펴보고

20 「史上의女傑撰 (十) 箴言을 만히 들이던 神德王后 康氏」, 『동아일보』, 1940. 1. 18.

퍽 그 여자를 탄탁하야 드디어 혼인을 하엿다. 장군은 그때 그 골 북편에 있든 가람산嵜嵐山으로 사냥을 하러 다니시든 이태조李太祖이엇고 그 여자는 태조의 비妃로서 화가위국化家爲國할 때 내조內助가 만흐신 신덕왕후 강씨神德王后康氏이엇다.

그 뒤 강씨의 사적은 민멸이 되어 자상히 전하지 안흐나 여러 사책에 도막도막으로 나오는 것을 보면 강씨의 업적을 우러러 흠탄치 안흘 수 없다.

태조가 해주海州로 사냥을 갓다가 낙마落馬를 하여 몹시 상하고 돌아왓다. 그때 정포은鄭圃隱이 문병을 하러 태조의 집으로 왓다 가는 것은 태조의 다섯째 아드님인 태종이 조영규趙英珪 등을 시켜 선죽교善竹橋에서 때려죽이엇다. 태조게서 이걸 알고 극히 진노震怒하시엇을 때 태종은 말을 아뢰다 못하여 그 옆에 게신 신덕왕후께

『어머님이 말슴을 좀 하시오』

하고 간청하매 신덕왕후가 태조께

『공은 항상 대장군으로 자처하시며 어찌 이같이 놀래고 두려워하시오』

하여 진노가 차첨 풀어젓다. 또 태종이 남은南誾, 조준趙浚, 정도전鄭道傳 등 오십이 인과 의논하여 태조를 추대推戴하야 장차 나라님을 세우려 할 때에도 태조께서 진노하여 감히 그 일을 여쭐 이가 없엇는데 태종은 신덕왕후께 아뢰어 태조께 여쭈게 하엿다.

이와 같이 막중, 막급한 일이고 보면 대개 신덕왕후의 힘을 빌엇던 것이다. 더구나 태조의 진노에는 신덕왕후가 아니면 감히 말할 이도 없엇던 것이다.

그때 제도制度에는 향처鄕妻와 경처京妻가 있던바 태조의 향처로는 신의왕후 한씨神懿王后韓氏이엇고, 경처로는 신덕왕후 강씨神德王后康氏이엇으

며, 한씨는 여섯 아드님과 두 따님을 두고 태조 등극하기 전에 돌아가고 강씨는 두 아드님과 한 따님을 두고 태조 등극하자 왕비가 되엇으며 태조와 중신重臣들이 강씨의 뜻을 중히 여겨 강씨의 소생인 둘째 아드님 방석芳碩을 세워 왕세자王世子를 삼엇다.

그리고 강씨가 태조 5년에 승하하시매 한성 황화 방북원漢城皇華坊北原에 장사를 하여 정릉貞陵이라 하고지금 정동이라는 것은 그걸 이름이다. 고려의 제도를 그대로 써 아침저녁으로 재를 지내며 태조께서 추도하시는 마음이 퍽 간절하여 매양 정릉의 경쇠 소리를 들으신 후에야 수라진지를 진어하시엇으며, 또 조석으로 향화香花를 진공進供하기 위하여 흥천사興天寺라는 절을 그 옆에 세웟으며 태조께서 가끔 그리 거동을 하시기도 하엿다.

그리고 강씨의 삼년상三年喪을 마치자마자 태종이 정도전鄭道傳 등과 강씨의 소생 방번芳蕃, 방석芳碩을 죽이고 태조는 그 둘째 아드님 정종定宗에게 선위禪位를 하고 그 三년만에 태종이 즉위하여 태종 九년에는 정릉貞陵을 양주 남사하리楊州 南沙河里(=지금의 정릉貞陵)로 옮겻다. 그리고 근 이백 년을 사뭇 묵혀오다가 선조宣祖 때에 이르러서야 강윤성康允成의 후손 강순일康純一이라는 이가 정소呈訴를 하여 문제가 되어 례관禮官을 시겨 간신히 그 릉을 찾엇으나 다른 릉처럼 대우를 하지 아니하엿고, 그 후 현종顯宗 때에 이르러 또 여러 신하들이 여러 번 상소上疏를 하여 비로소 복위復位가 되어 그 신위神位를 다시 태묘太廟에 모시고 릉陵을 봉하고 제사를 지냇으며 제사를 지낼 때 별안간 소낙비가 쏟아지매 그 부근 백성들은 그 비가 그 원통함을 씻는 비라고 하엿다.

역사 평론

목차

일러두기

1. 이 책은 가람 이병기의 역사 평론을 연도순으로 수록하였다.
2. 역사 평론의 한자어는 가독성을 위하여 '한글漢字' 식으로 표기하였다.
3. 원문의 표기법을 존중하여 수록하되, 띄어쓰기는 가독성을 고려하여 현재의 한글맞춤법과 표준어규정에 따르는 것을 원칙으로 하였다.
4. 출전은 각주로 표시하였으며, 발표 일자는 신문은 연월일까지, 잡지는 연월까지 밝혔다.

독립문獨立門과 감옥監獄, 수감수상隨感隨想, 요새 이때에 생각되는 일*

전문 삭제

* 「獨立門과 監獄, 隨感隨想, 요새 이때에 생각되는 일」, 『별건곤』 2권 8호, 1927. 12. 출판 시부터 제목만 있고 전문 삭제됨.

조선사상朝鮮史上의 무협열전武俠列傳 기이其二

삼국시대三國時代의 무협전武俠傳

朝鮮史上의武俠列傳(其二)

三國時代의武俠傳

一、新羅

『신동아』 3권 10호, 1933. 10. 1.

조선사상朝鮮史上의 무협열전武俠列傳 기이其二

삼국시대三國時代의 무협전武俠傳[1]

인재人才는 매양 난시亂時에 많고 평시平時에 적다. 인재人才 중中에도 무용武勇한 호협豪俠한 그 인재人才야말로 그러타.

인재人才도 곡식의 풍년豊年이 드는 것처럼 많이 나는 그때가 잇다고 하는 이도 잇스나 나는 반드시 그러타고만 생각지 않는다,

인재가 난시亂時에 많고 평시平時에 적음은 그 이유가 잇으리라.

평시平時에는 그 어떠한 정치政治 법률法律 도덕道德에 제재制裁되어 그 개성個性을 개성個性대로 다 발휘發揮할 수 없으되 전시戰時에는 제각금 뛰고 날칠 수가 잇다. 그럼으로 평시平時에는 아무 성명姓名도 없을 이가 전시戰時에는 큰 영웅英雄 큰 호걸豪傑도 되고 평시平時에는 다만 형륙刑戮을 면치 못할 일도 전시戰時에는 큰 공훈功勳 큰 사업事業을 이루는 일이 많다.

우리는 누구나 생각하리라. 삼국-신라 고구려 백제 시대에는 무용武勇한 이와 호협豪俠한 이가 많으리라고 그 시대에는 인재가 많이 날 때임으로.

삼국시대三國時代처럼 전쟁이 많은 때가 없다.

「장창대검長槍大劍으로 대발병大發兵 삼십三十 명名이오 난일亂日이 상다常多 하고 치일治日이 상소常小라.」 하든 삼한시대三韓時代는 하두 묘묘杳杳

1 「三國時代의 武俠傳」, 『신동아』 3권 10호, 1933. 10. 1.

하고 증거할만한 문헌文獻도 부족하니 말할 것도 없거니와 고려로 말하면 약간 거란契丹, 요遼, 금金, 원元의 난과 몇 번 내란이 잇을 뿐이고 이조李朝로 말하드라도 임진壬辰 병자丙子의 난亂과 당쟁黨爭이 잇을 뿐이나 삼국三國은 서로 대립對立하여 서로 정벌征伐을 일삼으며 그리고 또 수당隋唐 말갈靺鞨과 같은 강적强敵을 방어하자니 그 어떠하엿으랴.

그중中에도 신라新羅 고구려高句麗는 그 난亂을 더 받든 이만큼 거긔에 적응할 인재人才도 더 많이 잇엇을 것이다.

과연 그런가 않은가. 삼국三國의 역사歷史를 뒤적어려 그러한 인재人才들의 열전列傳을 찾어보자.

一. 신라新羅

김천金闡

한 마을에 두 벼슬아치의 집이 사는데 한날한시에 한 집에서는 아들을 낳고 한집에서는 딸을 낳아 그 이름을 짓되 아들은 백운白雲이라, 딸은 제후際厚라 하고 서로 면약面約을 하여두엇다.

한데 백운白雲이가 열넷에 국선國仙이 되고 열다섯에 위연히 눈이 멀엇다.

제후際厚의 부모父母는 백운白雲의 눈이 멀엇다는 탓으로 하여 다시 무진태수茂榛太守 이교평李佼平에게 정혼定婚을 하고 제후際厚가 장차 무진茂榛을 향向하여 가려할 제 가만이 백운白雲을 찾어보고 말하되

「내가 당신과 한시에 생겨나 부부夫婦가 되자고 언약言約한지 오래더

니 이제 우리 부모父母가 달리하고저 하시니 만일 그 영을 거역하면 불효不孝가 됨으로 무진茂榛으로 가기는 가나 죽고 살기는 내 마음에 매엿스니 당신께서 신의信義가 잇거든 무진茂榛으로 나를 부듸 찾어오시오」

하고 서로 또 단단히 맹세하고 작별하엿다. 그리고 제후際厚가 교평佼平에게 가서는

「혼인婚姻은 인도人道의 비롯함이라 길吉한 날을 받어야 하리다」

한즉 교평佼平은 그 말을 들엇다.

백운白雲은 마츰내 무진茂榛을 찾어가 제후際厚를 맞나 함께 산골짜기로 도망해오는데 갑작이 협객俠客이 나서 제후際厚를 빼앗어 가지고 달어낫다.

백운白雲은 어찌할 바를 모르고 잇더니 백운白雲의 도당徒黨에 김천金闡이가 잇어 힘이 장사壯士요. 말 잘 타고 활 잘 쏘는지라 그 일을 알고 곳 좇아가 협객俠客을 죽이고 제후際厚를 찾어왓다

이 사실이 그때 진흥왕에게까지 알리게 되어 이 세 사람이 신의信義가 잇다고 삼급三級의 벼슬도 받엇다.

온군해溫君解

태종무열왕太宗武烈王이 아즉 잠저潛邸에 잇을 때 백제百濟와 고구려高句麗를 치려고 당唐나라로 청병請兵을 하러 갓다가 돌아오는 길에 바다 위에서 고구려高句麗의 순병巡兵을 맞낫다.

온군해溫君解는 그때 태종太宗의 종자從者이엇다.

「제가 대신 죽겠사오니 어서 피避하시오.」
하고 온군해溫君解가 고관대의高冠大衣로 태종太宗의 모양을 하여 엄연히 배위에 앉엇으매 순병巡兵은 그를 태종太宗으로 알고 죽엿으며 태종太宗은 조고마한 배를 잡어타고 다행이 살어온 것이다.

장보고張保皐와 정년鄭年

장보고張保皐의 이름은 또 궁복弓福이라기도 한다.

일즉 당唐나라에 가서 서주군소장徐州軍小將을 단이고 그 뒤에 돌아와 대왕大王께 뵈고

「그동안 중국中國을 돌아단이며 보오니 우리나라 사람을 잡어다 노비奴婢를 삼은 것이 많더이다. 원컨대 청해淸海에 진鎭을 두어 천賤으로 하여곰 사람을 잡어가지 못하게 하옵소서.」
하고 마츰내 청해진대사淸海鎭大使가 되엇다.

청해淸海는 지금의 완도莞島인데 신라해로新羅海路의 중요한 곧이다.

장보고張保皐가 청해진대사淸海鎭大使된 뒤로부터는 과연 그따위 일도 없게 되엇다.

한데 그때 마츰 흥덕왕興德王이 돌아가매 우징祐徵은 김양金陽 등을 더불고 그 아버지 되는 균정均貞을, 그리고 또 김명金明 이홍利弘 등은 왕王의 당제堂弟의 아들 되는 제융悌隆을 님금 삼고저 하여 한때 서로 싸우다가 김양金陽은 화살을 맞어 우징祐徵과 함께 도망하고 균정均貞은 해를 당하고 제융悌隆은 님금이 되엇다. 그리고 우징祐徵은 그 아버지 균정均貞의 해 당한 것을 칭원稱怨하다가 화禍를 당할가 두려워하여 그 뒤에 처자妻子를 더불고 도망하여 청해대사淸海大使 궁복弓福에게 의탁을 하엿다.

그런데 제융悌隆은 님금 된 지 겨우 삼 년三年만에 김명金明 이홍利弘 등이 또 군사軍士를 일으켜 그 좌우左右의 신하들을 죽이매 님금은 스스로 궁중宮中에서 목 매달어 죽고 김명金明은 스스로 님금이 되엇다.

그때 김양金陽은 군사軍士를 모집하여 청해진淸海鎭에 들어가 우징祐徵을 보고 그러한 일을 다 말한즉 우징祐徵은 이 말을 듯고 궁복弓福에게 말하되

「김명金明은 님금을 죽이고 스스로 서고 이균利均은 님금과 아버지를 죽엿으니 불공세천不共歲天의 원수이라 원컨대 장군將軍의 군사軍士를 빌어 군부君父의 원수를 갚어지이다.」

한즉 궁복弓福이 가로되

「옛말에 의義를 보고 못함은 용기勇氣가 없다 하엿으니 내 비록 용렬하나 시키는 대로 하오리다.」

하고 그 친구 정년鄭年과 함께 군사를 거느리고 처들어가 왕군王軍을 많이 죽이고 승첩勝捷을 한 뒤에 우징祐徵을 맞어 님금을 삼으니 그는 곳 신무왕神武王이다.

신무왕神武王은 궁복弓福을 다시 감의군感義軍을 삼고 이천호二天戶를 봉封해 주엇다.

무론 궁복弓福의 공훈功勳은 이만큼 받을만하고도 남는다. 당唐의 두목杜牧이나 송기宋祈도 그를 곽분양郭汾陽에 비比하여 칭송하든 것이다.

그러나 흉악한 일은 신무왕神武王이 처음 청해진淸海鎭에 의탁하엿을 때 궁복弓福의 딸을 며누리로 삼겟다고 언약한 것을 그 뒤엔 시행하지 않고 신무왕神武王의 아들 문성왕文聖王은 그걸 원망한다 하고 무주인武州人 각장閣長을 보내어 간계奸計를 써 가지고 찔러죽이게 하엿다.

정년鄭年도 퍽 용장勇壯한 사람이엇다. 그는 바다ㅅ속으로 오십 리五十里

나 가도 목이 메이지 않앗다 한다. 실상 그 용장勇壯함은 장보고張保皐도 당하지 못하엿다. 다만 장보고張保皐는 나이 좀 많앗음으로 나 대접을 하여 형님이라고 불러줄 뿐이엇다.

정년鄭年도 당나라에 가서 무녕군소장武寧軍小將이 되어 말 잘 타고 창 잘 쓰기로는 감히 대적할 이가 없엇다.

그러다가 장보고張保皐가 돌아와 청해진대사淸海鎭大使가 되엇을 때에는 실직失職이 되어 헐벗고 굶주림을 견대지 못하여 하로는 융장戎場 마원규馮元規와 이러한 말을 하엿다.

「내가 본국本國에 돌아가 장보고張保皐에게 얻어먹겟노라.」

「보고保皐와 서로 좋아하지 못하면서 웨 가서 죽으려 하는고.」

「헐벗고 굶어서 죽는 것보다는 칼날에 죽는 것이 낫을 뿐더러 더구나 고향故鄕에 가서 죽음이랴.」

그리고 드듸어 돌아와 보고保皐를 보매 대단 반가워하고 더불어 술을 마시다가 마츰 김명金明의 난을 듯고 보고保皐가 군사 오천 명을 난워주고 손목을 잡고 울며 이런 말을 하엿다.

「그대가 아니면 이 화난禍難을 토평討平할 수 없노라.」

해론奚論

해론奚論은 모양牟梁 사람으로서 그 아버지 찬덕讚德은 용지勇志와 영절英節이 잇어 한때 이름이 높앗고 진평왕眞平王 때 뽑혀 단잠성현령椵岑城縣令이 되엇다.

한번은 백제의 대병大兵이 와서 이 성城을 치는데 백여 일이나 되엿다.

진평왕眞平王은 그때 상주上州 하주下州 신주新州의 군사軍士를 시켜 구원하라 하엿으나 겨우 와서 백제인百濟人과 싸우다는 이기지 못하고 돌아갓다.

찬덕讚德은 이걸 보고 분하여 사졸士卒더러 이르되

「삼주三州의 군사軍士가 적군敵軍이 강强함을 보고 나아오지 못하고 이 성城의 위급危急함을 구원하지 않으니 이는 의義 없는 것이다 의義 없이 삶은 의義 잇이 죽음만 못하다.」

하고 싸우고 지키고 하여 마츰내 양식糧食이 다 떨어지고 식수가 다 말르매 시체를 뜯어먹고 오좀을 마시고 하엿다. 그러나 이 모양으로 어느 때까지든지 지켜갈 수는 없다. 겨울을 지내고 봄이 돌아오자 사람들은 극도極度로 피로疲勞하여 다시 회복回復할 가망이 없든가 찬덕讚德은 한울을 바라보고 크게 부르지지되

「우리 님금께서 내게 이 한 성城을 맡기시엇는데 지키지 못하고 적군敵軍에게 패敗하게 되니 원컨대 죽어서 여귀厲鬼나 되어 백제百濟 사람을 다 잡어먹고 이 성城을 회복回復하게 하여지이다」

하고 드듸어 눈을 부릅뜨고 팔을 휘젓고 달아가 회화나무에 부드처 죽엇다.

무론 이때 성城은 몰락沒落이 되고 군사는 다 항복降服하엿다.

그 뒤 해론奚論은 이십여二十餘 세歲에 그 아버지의 공덕功德으로 대내마大奈麻가 되엇다가 또 금산당주金山幢主가 되어 한산주도독漢山州都督을 더불고 군사軍士를 일어켜 단잠성椴岑城을 찾으려 하매 백제의 군사軍士가 또 왓다. 그리하여 두 군사가 서로 맞나 싸우는데 해론奚論은 여러 장수더러

「옛날 우리 아버지께서 예서 돌아가시엇는데 지금 내가 또 백제百濟 사람과 예서 싸우게 되니 나는 죽는 날이오」

말하고 칼을 빼어들고 적군에게 달려들어 두어 사람을 죽이고 죽어버

렷다.

그때 이 소문을 듯고 아니 슬퍼하는 이가 없으며 어떤 이는 이를 위하여 긴 노래까지 지어 조상吊喪을 하엿다.

심나沈那의 부자父子

심나沈那는 백성군白城郡 사산蛇山 사람으로 힘이 무척 세고 몸이 또 가볍고 날래엇다.

사산蛇山은 백제百濟와 접경接境한 곧이라. 서로 치고 싸우노라고 거의 편안한 때가 없엇으며 심나沈那가 매양 싸우러 가면 가는 곧마다 온전한 진陣이 없엇다. 한번은 백성군白城郡에서 출병出兵하여 백제百濟의 변읍邊邑을 치는데 백제의 정병精兵이 급하게 치는지라 사졸士卒이 다 물러섯다. 그러나 심나沈那만은 홀로 서서 칼을 빼어들고 눈을 부릅뜨고 크게 꾸짖고 수십여 인을 베어 죽이니 다 두려워하여 다시는 대들지 못하고 달어나 버렷다.

그 뒤로는 백제 사람이 심나沈那를 신라의 비장飛將이라 일컷고 심나沈那가 아즉 살어잇으니 감히 백성을 갓가히 갈 수 없다고 하엿다.

그 아들 소나素那도 그 아버지 내림으로 퍽 웅호雄豪하엿다.

백제를 멸滅한 뒤에 한주도독漢州都督이 님금께 청請하여 소나素那를 아달성阿達城으로 옴겨 북비北鄙를 방어하게 하엿는데 어느 해 봄에 아달성阿達城 태수太守가 그 백성들에게 어느 날 모조리 나서 삼을 심어라고 하엿더니 말갈靺鞨의 첩자諜者가 그걸 알고 돌아가 그 수장首長에게 말하여 과연 그날에 이르러 백성이 모다 성城을 나서 밭에 잇는 틈을 타서 말갈靺鞨의 군사가 성城에 들어와 노략을 하매 늙은이와 어린이들이 방황하며 어찌할 줄을 모른다.

그때 소나素那가 용기를 내고 적을 향하여 호령하되

「너히들이 신라의 심나沈那의 아들 소나素那가 잇는 줄을 모르느냐 죽기를무서워하지 않고 싸우고저 하는 자가 잇으면 나오너라.」

하고 나아간즉 적이 감히 대들지는 못하고 다만 활로 쏠 뿐이다. 소나素那도 또한 활을 쏘아 화살이 벌같이 날어간다. 이같이 서로 한 나잘 동안이나 싸우다가 필경 소나素那의 몸은 화살 투성이를 하여 꺼꾸러젓다.

소나素那의 처妻는 가림군加林郡 양가여자良家女子인데 소나素那가 처음 아달성阿達城 옆의 적국敵國으로 여행을 나갈 때 그 안해만 집에다 두엇엇는데 고을 사람들이 이에 소나素那가 죽엇다는 말을 듯고 찾어가 조상을 한즉 그는 울며 이 같은 말을 하엿다

「우리 남편이 항상 하는 말이 장부丈夫는 맞당히 칼날에 죽을망정 어찌 자리에 누어 집안사람의 손에 죽으리오 하엿으니 이제 돌아가심은 그 뜻과 같으오.」

취도驟徒의 삼형제三兄弟

그 성姓은 모르나 형제兄弟 세 사람이 잇으니 맞은 부과夫果 가운데는 취도驟徒 끝은 핍실逼實이다.

취도驟徒는 일즉 출가出家하여 도옥道玉이라 이름하고 실제사實際寺에 거주居住하엿다.

대종대왕大宗大王 때다 백제가 조천성助川城을 와 치거늘 대왕大王이 군사軍士를 끌고 출전出戰하되 이기든 못하엿다.

이때 도옥道玉이 그 도제徒弟에게 말하되

「내가 들으니 중이 되매 첫재는 술업術業을 정精히 하여 본성本性을 회복하고 그다음은 도용道用을 일어켜 남을 돕는다 하는데 내 형용形容은 중과같으나 하 나도 잘한 일이 없으니 차라리 군사軍士가 되어 이 몸을 죽여 나라를 위함만 못 하다.」
하고 법의法衣를 벗고 융복戎服을 입고 이름을 곧혀 취도驟徒라 하고 병부兵部를 찾어가 삼천당三千幢의 소속이 되어 사졸士卒를 따러 적장敵場에 나가서 싸움이 시작되매 창검槍劍을 들고 적진에 대들어 두어 사람을 죽이고 죽엇다.

그 뒤 문무대왕文武大王때 군사軍士를 보내어 백제의 변지邊地에서 백제사람과 싸우는데 부과夫果는 당주幢主로서 전사戰死하여 제일등공第一等功을 받엇다.

그 뒤 신문대왕神文大王 때에 고구려의 잔적殘賊이 보덕성報德城에서 반叛하매 핍실逼實은 관당제감貫幢弟監이 되어 그걸 치러 가는데 그 안해더러 말하되

「우리 두형님이 이미 나랏일에 죽어 이름을 나타냇는데 나도 비록 불초不肖는하나 어찌 죽기를 무서하리오 오날 이 작별이 아주 영결永訣이니 부듸~ 잘 잇소.」
하고 마츰내 적진敵陣을 대하여 수십 인을 죽이고 죽엇다.

관창官昌

이는 신라新羅 장군將軍 품일品日의 아들이다 의표儀表가 아담하여 일즉 화랑花郞이 되고 사람과 잘 교제를 하고 열여섯에 능히 말을 타고 활을 쏘앗다.

신라와 당唐이 연합聯合하여 백제를 칠 때 관창官昌은 부장副將이 되어 따러갓다. 황산黃山에 이르러 백제군과 대햇을 때 그 아버지 품일品日이 관창官昌더러 이르되

「네 비록 나이 어리나 지기志氣가 잇으니 공명功名과 당귀當貴를 취하자는이 마당에 어찌 용기勇氣가 없겟느냐.」

한즉 관창官昌은 곳 말에 올라 창槍을 빗겨들고 적진에 달려가 두어 사람을 죽이고 사로잡혀 백제원수百濟元帥 계백階伯 앞에 뵈니 계백이 사람을 시켜 그 갑위甲胄를 벗기고 그 나이 적고 용감함을 귀히 녀겨 참아 어쩨지 못하고 탄식歎息만하되

「신라엔 기사奇士가 많다 소년少年도 이러커든 하믈며 장사壯士이랴.」

하고 살려 돌아보냇다.

관창官昌은 돌아와 말하되

「내 적중賊中에 들어가 장수將帥의 목을 못 베고 기旗를 부지러버리지 못하엿으니 퍽 원통하다. 두 번채 들어가서는 꼭 성공成功하겠다.」

하고 손으로 우물물을 떠 마시고 다시 적진에 들어가 싸우다가 또 사로잡히게 되니 그제는 계백이 머리를 베어 말 안장鞍裝에 달어 보냇다. 품일品日은 그 머리를 들고 그 피를 소매로 씻으며 이같이 말하엿다.

「내 아들의 면목面目이 산 것 같으며 나라ㅅ일에 잘 죽엇으니 뉘우칠 것이 없다.」

그때 삼군三軍은 이걸 보고 더욱 분함과 용기勇氣를 내어 고함을 치고 처들어가 적군敵軍을 크게 파波하엿다.

김흠순金欽純

이는 신라 내밀왕奈密王의 팔세손八世孫으로서 일즉이 화랑 문노文努의 문門에 놀을 때부터 그 낭도郎徒들의 입에서는 이러한 말이 돌앗다.

「이 사람이 만일 전쟁戰爭에 나가면 반드시 돌아오지 못하리라.」

그러나 대종대왕大宗大王이 백제를 칠 때 흠순歆純으로서 낭당대감郎幢大監을 삼으니 그 뒤로부터는 집에서 자지 않고 사졸士卒과 함께 감고甘苦를 겪다가 백제 땅에 이르러 양산陽山 밑에 영營을 치고 조천성助川城을 나아가 치고저 하든 차에 백제 사람이 밤을 타서 갑자기 달려들어 신라군을 놀래고 소란케 하고 막 들여치니 화살은 비 오듯 하엿다.

이때 흠순歆純은 말을 타고 창을 들고 대적하려 하매 대사大舍 전지詮知가 말리며

「이제 적賊이 컴컴한 지척도 분간할 수 없는 속에서 일어나니 공公이 비록돌아가시드라도 알 사람이 없을 것이외다 하물며 공公은 신라의 귀골貴骨이오 대왕大王의 반자半子로서 남의 손에 돌아가시면 백제에선 자랑거리요 우리에게는 큰 수치이외다.」

한즉 흠순歆純은

「대장부大丈夫가 이미 몸을 나라에 바첫으니 사람이 알든 말든 마찬가지다 어찌감히 이름을 구하료.」
하고 조곰도 움즉이지 않앗다. 종자從者가 곳비를 잡고 믈러가기를 권하매 흠순歆純은 칼을 빼어 휘두르고 적군과 싸우다 두어 사람을 죽이고 죽엇다.

그 뒤에 보기당주步騎幢主 보용나寶用那는 흠순歆純이 죽엇다 함을 듣고

「그는 귀골貴骨이오. 권세가 높은 사람이다. 애석하되 오히려 절개를

지켜 죽엇는데 더구나 보용나寶用那쯤이야 살어도 더할 것 없고 죽어도 덜릴 것 없는데야.」

하고 적군에게 달려들어 세네 사람을 죽이고 죽엇다.

이때 어떤 시인詩人은 이일을 듯고 양산류陽山類라는 노래를 지어 애처로워 하엿다.

二. 고구려

괴유怪由

괴유怪由는 이름부터도 그러하거니와 퍽 이상한 사람이엇다. 신장身長이 구척九尺이오 얼굴은 희고 눈에는 광채가 잇엇다.

신무왕神武王이 부여扶餘를 치러가는 길에 이이가 갑자기 나서 왕王께 절을 하고

「청請컨대 신臣이 따러가 부여왕扶餘王의 머리를 베어오리다.」

한즉 왕王이 허락許諾하엿다. 과연 괴유怪由가 따러가서 칼을 빼어들고 호령하매 적군敵軍이 다 쓸어지는데 나아가 그 왕王의 머리를 베엇다.

그러하여 그 뒤에 병病만 나도 왕이 친히 가서 보고 죽은 뒤에는 유사有司를 시겨 장사를 지내주고 때때로 제사祭祀까지 지내주엇다.

밀우密友와 유유紐由

때는 동천왕東川王 이십二十 년年인가 된다. 위유주자사魏幽州刺史 모병검母兵儉이 군사軍士를 거느리고 와 침노하여 환도성丸都城을 함락陷落하매

왕은 달어낫다. 적군은 그 뒤에 쫓아갓다.

왕王은 남옥저南沃沮로나 달어나려고 죽령竹嶺에 이르니 군사는 거의 다 달어낫다. 그때 다만 남어 잇는 이는 동부인東部人 밀우密友다. 밀우密友는 왕께 알외되

「쫓아오는 적군敵軍이 하두 급박急迫하오니 벗어날 길 없나이다. 청請컨대 신臣은 죽음을 무릅쓰고 막겠사오니 왕王께서는 달어나옵소서」

하고 결사決死할 이를 모집하여 적군과 몹시 싸우는데 왕은 겨우 벗어나서 산골짜기에 의지하여 다시 사졸士卒을 모아 스스로 호위護衛하고 이르되

「만일 밀우密友을 구원해 오는 이가 잇으면 상賞을 많이 주리라.」

한즉 하부下部 유옥구劉屋句가 썩 나서며 알외되

「신臣이 가보리다.」

하고 전지戰地에 가서 밀우密友가 따에 업드러진 것을 보고 업어가지고 왓다. 왕은 그를 받어가지고 다리로 베개를 하여 뉘어 두엇더니 오랜만에 깨나앗다.

왕은 샛길로 이리저리 전진轉進하여 남옥저南沃沮에 이르되 적군은 멈추지 않고 쫓아온다. 왕은 어찌 할가를 모르는데 이번에는 동부인東部人 유유紐由가 나와 알외되

「형세形勢가 퍽 위박危迫 하온데 그저 죽기만 할 것이 아니외다. 신臣이 꾀가 잇으니 청請컨대 음식飮食을 가지고 가서 호군犒軍을 하다가 틈을 돌보아 그 장수將帥를 찔러 죽이리니 만일 그러케 되면 왕王께서 급히 처서 이길 것이외다.」

한즉 왕은 허락하엿다.

유유紐由는 적군에게 들어가 거짓 항복하고 말하되

「소신小臣의 님금이 대국大國에 죄罪를 짓고 바닷가에 도망해가 몸을

둘곧이 없나이다. 장차 진陣 앞에 항복降服을 하고저 하며 먼저 소신小臣을 보내어 변변찬은 음식飮食으로서 종자從者들을 먹이게 하나이다.」

한즉 그 장수將帥가 듯고 그걸 받으려 하는데 유유紐由가 식기食器에다 칼을 감춰 가지고 그 앞으로 나아가서는 칼을 빼어 적장의 가슴을 찔르고 함께 죽엇다. 그런즉 적군敵軍은 어즈러젓다. 왕은 군사를 난워 삼면三面으로 처들어가니 적군은 다시 수습 못하고 낙랑樂浪으로 하여 물러갓다.

왕은 나라를 회복하고 그 공工을 의논하매 밀우密友와 유유紐由가 제일이 되엇다.

양만춘楊萬春

김부식金富軾 삼국사기三國史記에는 안시성주安市城主는 그 성명姓名을 잃엇다고 하엿으니 그 뒤 문헌文獻에 종종 나오는 것을 보면 안시성주安市城主는 양만춘楊萬春이라 하는 이다.

양만춘楊萬春은 보장왕寶藏王 때 사람으로 비상한 재간才幹과 용략勇略이 잇는 이엇다.

일즉 연개소문淵蓋蘇文의 난에도 성을 굳게 지키고 항복을 하지 않앗다. 보장왕寶藏王 사년四年에 당태종唐太宗이 친히 대군大軍을 거느리고 고구려를 치러 올 제 먼저 요동성遼東城과 백암성白岩城을 함락陷落하고 마저 안시성安市城을 치려고 하다 여섯 달만에 양식糧食만 다 없이고 하는 수 없이 물러가는데 이 싸움에 당태종唐太宗은 양만춘楊萬春의 화살을 맞어 눈 하나이 멀엇다 한다. 과연 이목은李牧隱의 정관음貞觀吟에도

爲是囊中一物爾

那知玄花落白羽

라 함과 김삼연金三淵이 그 아우를 북경北京에 보낼 때 시詩에도

千秋大膽楊萬春
箭射虬髥落眸子

라 함이 다 그때의 광경光景을 말한 것이다. 여북하엿으면 그 물러가는 길에 요수遼水 요택遼澤 니요泥潦를 맞나 나무섬과 풀을 베어다 메는데 당태종唐太宗이 친히 섬을 말끈에 매어다 조역助役을 하고 돌아가서는

「위징魏徵이가 만일 잇엇으면 내 이런 길을 가지 않앗으리라.」

하는 탄식까지 하엿으랴.

三. 백제百濟

계백階伯

의자왕義慈王은 음황淫荒 취락聚落 음주飮酒나 일삼고 성충成忠, 흥수興首 같은 이의 말도 듯지 아니하여 국정國政은 피폐하고 백성百姓은 살 수 없게 되엇다.

그러자 의자왕義慈王 이십 년二十年에 신라와 당의 연합군聯合軍이 백제를 치러오매 계백階伯은 장군將軍이 되어 결사決死할 이 오천 인五千人을 뽑아가지고 막으러 가는데

「한 나라 사람으로 나당羅唐의 대병大兵을 당하자니 망하고 안 망하는

건 아즉 알 수 없으나 내 처자妻子가 남의 노비奴婢가 되어 살어 욕이 되는 것은죽어 쾌함만 못하다.」

하고 미리 처자妻子를 다 죽이고 황산인黃山人 들에 이르러 삼영三營을 베풀고 신라인 군사와 대진對陣을 하여놓고 여러 사람에게 맹서하되

「옛날 구천句踐이는 오천 인五千人으로도 오吳의 칠십만중七十萬衆을 파破하엿으니 오날 맞당히 제각금 분려奮勵하여 싸움을 이기고 국은國恩을 갚어라.」

하고 대들어 싸우는데 누구나 한 사람이 천 사람을 당할만하여 신라인 군사가 처음에는 물러서더니 또 대들고 하여 무섭게 사합四合을 싸우다가 필경 힘이 다하여 쓸어지고 말엇다.

사기斯紀

이가 어느 때에 국마國馬의 발굽을 상해놓고 죄를 입을가 두려워하여 고구려로 도망해 갓다가 그 뒤에 돌아와 고告하되

「저 나라가 군사軍士는 비록 많으나 만일 먼저 그 주기朱旗를 파破하면 그남어지는 저절로 문어질 것이라.」

하고 마츰내 태자와 함께 고구려를 나아가 처 크게 파破하고 돌을 쌓아 표적을 하여 두고 돌아왓다.

흑치상지黑齒常之

상지常之는 키가 칠 척七尺이나 되고 퍽 효용驍勇하고 모략謀略도 잇엇다. 상지常之는 달솔達率이 되어 풍달군風達郡을 겸兼하고 잇더니 신라와

당의 연합군이 백제를 멸滅하매 달어나 백제 사람들을 다시 모여가지고 임존성任存城에 의지하여 스스로 굳게 지키니 열흘이 못다 되어 모여드는 이가 삼만三萬이나 되엇다. 당장 소정방唐將 蘇定方이 군사軍士를 거느려 치되 이기지 못하엿고 당지當之는 드듸어 이백여 성城을 회복하엿다. 그러나 얼마 아녀서 당고종唐高宗의 초겸招謙을 받고 유인궤劉仁軌에게 항복하고 당나라에 가서 벼슬도 단이다가 어떤 사람의 무고誣告로 말미암아 마츰내 옥에 들어가 목숨을 덜엇다.

상지常之는 알에ㅅ사람에게 시은施恩이 많앗다. 한번은 상지常之가 타고 단이는 말을 어느 사졸士卒이 매로 때렷다고 어떤 이가 그 죄를 말한즉

「어찌 내 말을 때렷다고 관병官兵을 때리겠느냐.」

하고 웃어버린 일도 잇으며 님금에게 상사賞賜를 받으면 모다 부하에게 난워주고 하나도 남긴 일이 없다 한다.

그럼으로 그가 마주막 애매하게 죽음을 사람들이 다 애석하게 녀기든 것이다.

삼국의 무협전武俠傳은 이것으로 그만두려고 한다.

이보다도 더 많이 들자면 들 수가 잇지마는 위선 이같이 그들의 전기傳記를 대강 말해두고 이 뒤에 이보다 좀더 자세仔細히 해보려 한다.

경복궁景福宮 중건重建과 민원民怨

景福宮重建과民怨

詩人 李秉岐

『신동아』, 1934. 10.

경복궁景福宮 중건重建과 민원民怨[1]

1

누구나 다 아시는 바와 같이 지금의 경복궁景福宮은 그 전면前面의 한 부분部分은 이미 훼철毁撤되고 그 자리에 총독부總督府 집이 우뚝하게 들어서 있고 또 그 후면後面에 있던 강녕전康寧殿·교태전交泰殿도 그 일부분一部分을 창덕궁昌德宮으로 옮겨가고는 그 남아지 정전正殿과 기타其他 당자堂字들은 박물관博物館의 소관所管이 되어 있다.

다시 이전의 경복궁景福宮을 생각하여 보면 이조李朝 오백 년五百年 가장 소중所重한 궁궐宮闕로서 뒤에는 금부용金芙蓉 같은 백악白岳을 등지고 앞에는 굉장한 가로街路를 두고 광화문光化門이 높이 솟고 문門 앞에는 석조石彫의 두 사자獅子가 마주 서서 있고 가로街路의 좌우左右에는 이호예병형공吏戶禮兵刑工의 육조관사六曹官舍가 벌여 서서 장엄壯嚴한 외관外觀을 이루고 광화문光化門 좌우左右로는 높은 담이 둘러가고 동東에는 건춘문建春門 서西에는 영추문迎秋門 북北에는 신무문神武門이 솟아있었다.

광화문光化門을 들어가면 단층單層의 흥례문興禮門이 서 있고 그다음에 금천교錦川橋라는 장려壯麗한 돌다리가 어구御溝를 가架한 채 중층重層인

1 「景福宮 重建과 民怨」, 『신동아』, 1934. 10. 『반도사화와 낙토만주』(1943. 1.)에도 수록.

근정문勤政門을 통하였으며 근정문勤政門 안에는 근정전勤政殿이 높이 솟았고 그 뒤로 사정문思政門을 지나면 정면正面에는 사정전思政殿 동서東西에는 만춘천추萬春千秋의 이전二殿이 남면南面하여서 있고 그다음엔 강녕전康寧殿 교태전交泰殿이며 기타 여러 집들이 부설附設되고 교태전交泰殿 뒤로는 금원禁苑이며 천지泉池·정대亭臺 별당別堂 등等이 있고 근정전勤政殿의 동東편에는 의정부議政府요 강녕전康寧殿의 동東편에는 경회루慶會樓다.

근정전勤政殿은 무론 이 궁宮의 정전正殿으로서 그 뜰 앞의 좌우左右로 표석標石들을 세워 문무반文武班의 위차位次를 보이는 것과 같이 문무백관文武百官의 조회朝會를 받던 곳이고 사정전思政殿은 왕王이 매양 정사政事를 보시던 곳이고 강녕전康寧殿은 왕王의 교태전交泰殿은 왕비王妃의 계시던 곳이고 경회루慶會樓는 신하臣下들과 연회宴會를 하던 곳이다.

이 궁宮은 창덕궁昌德宮 창경궁昌慶宮 경희궁慶熙宮 경운궁慶運宮 또는 함흥咸興의 본궁本宮 영흥永興의 준원전濬源殿과 한가지 종래從來 왕실王室의 존엄尊嚴함을 보이던이만큼 퍽으나 대규모大規模로 지은 장려壯麗한 궁궐宮闕인데 관야박사關野博士 조선미술사朝鮮美術史의 이 궁宮에 대하여 말한 것을 보면

> 광화문光化門은 삼문중층三門重層의 당당堂堂한 대건축大建築으로서 왕궁王宮의 정문正門이 되어 권형權衡이 장중壯重하고 웅대雄大한 누축樓築 직교織巧한 수법手法이 우 알에 서로 어리어 명쾌明快한 대조對照를 보인다 하고 근정전勤政殿은 이성석축二成石築의 기단基壇 우에 서 있는 중층重層의 대건축大建築으로서 기단基壇의 사면四面에는 기교奇巧한 석작란石勺欄을 두르고 쌍봉雙鳳·운문雲文을 양각陽刻한 석계石階를 정면正面에 두고 또 그 앞뜰에는 좌우左右에 흰 대리석大理石으로 위표位標를 세워

> 문무반文武班의 위차位次를 정하여 있고 기둥머리의 기교奇巧스러운 소로며 지붕 우의 풍취風趣를 더하는 십신상十神像이며 그 천정天井의 화려華麗한 소라반자며 그 중앙中央에 있는 섬교纖巧·현란絢爛한 왕좌王座—이것들이 모두 규모規模가 굉장宏壯하고 장식裝飾이 화려華麗하여 이조말기李朝末期의 양식樣式을 여지餘地없이 발휘發揮하였으며 그리고 우리가 가장 탄상歎賞한 것은 그 대체大體의 어울림과 장식裝飾의 잘 정제整齊된 점이라 하였으며 강녕전康寧殿 교태전交泰殿은 조선朝鮮 고유固有한 특질特質을 가추어 있는데 이 두 전殿의 중앙中央에는 넓은 간間을 두고 좌우左右에는 여러 온돌방溫突房을 둔 것이 전혀 지형支那에서는 볼 수 없는 조선朝鮮에서만 특特이 발달완성發達完成한 궁전건축宮殿建築의 특색特色이라 하였으며 경회루慶會樓는 서면西面을 련못으로 하고 동東편에는 세 석교石橋가 놓이고 루樓의 장대壯大한 규모規模는 근정전勤政殿의 다음이고 하층下層은 다 개방開放하여 방삼척方三尺의 석주石柱를 사십팔四十八 개個나 세워 상층上層은 바치고 상층上層은 퍽 넓어 백관百官의 연집讌集하던 곳이 되고 키가 낮아 형태形態의 미美를 잃었으나 큰 돌기둥을 열립列立한 당당堂堂한 수법手法은 경탄驚嘆할 만하다.

고 하였다.

이 같은 조선미술사朝鮮美術史에도 큼즉하게 들어난 이 대건축大建築인 경복궁景福宮은 과연 이조李朝의 유일唯一한 법궁法宮으로서 춘풍추우春風秋雨 오백여 년五百餘年을 지내는 동안에 그 어떠한 파란波瀾을 겪어왔으며 우리 인민人民들에게는 또 어떠한 영향影響이 및어왔든가 이조왕실李朝王室의 운회運會와 수명壽命을 한가지로 하며 그 치란治亂의 업적業績과 흥망興亡의 자최를 그대로 말하고 보여주는 것이 아닌가. 이에 그 과거過去의 어떠함을 말하자면 이조李朝의 그 많은 사적史籍을 다 들어야 할 것이되 여간 당황唐慌하고 복잡複雜한 일이 아니므로 그건 다 생략省略하여 두고 다만 이 궁宮의 내력來歷이며 그 중건重建 당시當時의 민원民怨을 대개 들어 말하자는 것이다.

2

이 궁宮을 처음 짓기는 이태조李太祖 삼년三年이다. 비로서 이 한양漢陽에 도읍都邑을 정定하고 신도궁궐조성도감新道宮闕造成都監을 두고 짓기 시작하여 사년四年 시월十月에 이르러서야 판삼사사判三司事 정도전鄭道傳을 명命하여 신궁제전新宮諸殿의 이름을 짓게 하였는데 경복궁景福宮의 이름은 시전詩傳의 「군자만년君子萬年 개이경복 介爾景福」의 경복景福 곧 큰 복福이라는 문자를 따다가 지은 것이다. 그리고 악장가사樂章歌詞에 적힌 신도가新都歌의

> 녜는 양주楊州 고올히여 디위예 신도형승新都形勝이샷다
> 개국성왕開國成王이 성대盛代를 니르러샷다
> 잣다온뎌 당금경當今景 잣다온뎌
> 성수만년聖壽萬年하사 만민萬民의 함락咸樂이샷다
> 아으 다롱디리
> 넓은 한강수漢江水여 뒤은 삼각산三角山이여
> 덕중德重하신 강산江山즈음에 만세萬歲를 누리소서

와 같이 이 기지基地에서 개국성왕開國聖王의 성자신손聖子神孫이 천추만대千秋萬代를 누릴 줄로 믿고 빌고 그리던 것이다.

한데 중종中宗 삼십팔년三十八年 정월正月에는 이 궁宮의 동궁東宮이 화재火災를 당하고 명종明宗 팔년八年에는 이 궁宮의 대내大內에 화재火災가 나서 사정전思政殿 남무南廡에까지 연소延燒되었는데 또 영건도감營建都監을 두고 동궁東宮과 대내大內와 기타 전각其他殿閣들을 그 다음해에야 다 중수重修하고 창덕궁昌德宮으로 이어移御하시었던 명종明宗은 그해 십이월十二月에 환어還御하시게 되었다.

그 뒤 겨우 사십년四十年을 지나 선조宣祖 이십오년二十五年 임진란壬辰亂을 당當하였다 약 삼십만 인의 일본군日本軍이 통 아홉 패로 나누어 가지고 차제次第로 나오는데 그 제일군第一軍은 그해 사월四月 십사일十四日 부산포釜山浦에 등륙登陸하여 부산성釜山城을 치고 동래東萊를 함락陷落하고 양주밀양梁州密陽으로 상주尙州에 이르고 제이군第二軍은 십구일十九日 부산釜山에 또 등륙登陸하여 언양彦陽으로 이르고 제삼군第三軍은 김해金海를 치고 차지하였다. 그때 순변사巡邊使 이일李鎰이 상주尙州에서 일본군日本軍과 싸우다 패敗하였다는 말을 듣고 도순변사都巡邊使 신립申砬은 조령鳥嶺을 버리고 충주忠州로 왔었다. 일본군日本軍은 조령鳥嶺과 같은 험준한 재를 무난無難히 넘어 충주忠州에 이르렀다. 신립申砬은 탄금대彈琴臺 아래서 싸우다가 크게 패敗하고 물에 던저 죽었다. 그리고 일본군日本軍은 다시 길을 나누어 가지고 경성京城으로 향向하였다.

사월四月 이십구일二十九日 저녁에 충주忠州의 패보敗報가 경성京城에 이르자 만조滿朝가 모다 물 끓듯 하고 선조宣祖는 수성대장守城大將 이양원李陽元과 도원수都元帥 김명원金命元을 두어 도성都城을 지키게 하고 영상이산해領相李山海 좌상左相 유성룡柳成龍 등等 백여 인百餘人과 함께 평양平壤을 향向하여 떠나시었다.

그때 선조宣祖께서 경성京城을 떠나시자 성城안의 난민亂民들은 먼첨 장예원掌隷院과 형조刑曹를 불 질렀다. 이 두 군데는 사가私家집 종 문서文書가 쌓여있던 곳이라 그걸 없이기 위하여 그러한 것이고 또 내탕고內帑庫에 들어가 금백金帛을 노략하고 경복궁景福宮 창덕궁昌德宮 창경궁昌慶宮을 불 질러 하나도 성한 집이 없으며 역대歷代의 보물寶物과 문무루文武樓·홍문관소장弘文館所藏의 서적書籍과 춘추관春秋館의 각조실록各朝實錄과 기타 서고書庫의 전조사초前朝史草와 승정원일기承政院日記 등이 모다 불 속에 들어가고 말었다.

경복궁景福宮도 이때 이와 같이 참담한 화재火災를 당하고 그 자리만 남어있으며 선조宣祖 삼십구년三十九年에 이르러 다시 중수重修하려 하다가 전현령前縣令 이국필李國弼이라는 이의 「경복궁景福宮은 불길不吉하니 창덕궁昌德宮을 다시 세우는 것이 맛당하다」는 상소上疏의 말을 들어 창덕궁昌德宮을 개영改營하였고 그 뒤 오면서도 연첩 외란外難과 당쟁黨爭과 사폐史弊로 하여 적쇠積衰할 뿐이고 경복궁景福宮 중건重建과 같은 일은 할 만한 여유餘裕가 조금도 없든 것이다. 순조純祖의 만년晩年에 익종翼宗과 같으신 이는 정무政務를 대리代理하여 이걸 중건重建코처 한 일도 있었으나 얼마 안어 돌아가시고 말었다.

3

이리하여 막중막대莫重莫大 하던 경복궁景福宮과 같은 그곳이 한갓 빈터로만 남아 인왕仁王의 넘어가는 해나 보내고 백악白岳의 나려 쏘는 찬바람이나 마지하며 이백칠십여二百七十餘 성상星霜을 지나 지금부터 칠십년七十年 전前 고종高宗 이년二年 四月에 이르러 비로소 경복궁景福宮을 중건重建하기로 작정作定하고 그때 수렴청정垂簾聽政하던 대왕대비大王大妃 조씨趙氏 헌종후비憲宗后妃는 대원군大院君으로 하여 그 역사役事를 주장主掌케 하고 영건도감營建都監을 두고 영의정領議政 조두순趙斗淳 좌의정左議政 김병학金炳學으로 그 도제조都提調를 삼고 흥인군興寅君 이최응李最應 이경하李景夏 등은 제조提調로 삼고 그 기하己下의 각종各種 소임所任은 문무관文武官의 각 계급各階級의 사람으로써 이 일을 진행進行케 하든 것이다.

이에 이 경복궁景福宮을 중건重建하자는 것은 익종翼宗의 입후入後가 되신 고종高宗이 익종翼宗의 뜻을 받은 것도 무론이나 실상은 고종高宗의 아버지 되는 대원군大院君이 오로지 집정執政을 하고 있으며 적폐積弊를 없이고 모든 것을 혁신革新하려고 하든 바인데 이 경복궁景福宮 중건重建과 같은 거창巨創한 일도 그중中의 하나로서 이 일을 경영經營할 때 여간한 고심苦心과 마련磨練이 아니었다. 그건 사적史籍에 보이는 여러 가지도 있지마는 또는 그때 경복궁景福宮 기지基地를 닦다가 땅속에서 얻어 내었다는 비기석秘記石 같은 것으로 보아도 짐작하겠다. 그 비기석秘記石이라는 것은 무엇이냐 하면 이러하다. 마치 지석誌石 만한 돌이 세 개가 있다. 그 한 개의 전면前面에는

賓位移定日畵石
形龍伏於池池上
設雲臺克克生生
永得天祚地運門

이라 하고 그 후면後面에는

輔干幼主復見局
公莫大宮役人人
化中退老貞齋遺
鑑菊榻誓末附註

이라 하고 또 그 좌측左側에는 「을병乙丙」의 구句가 있는데 이는 경회루慶會樓 못 속에서 나온 것이라 하며 또 그 한 개의 전면前面에는

癸未甲元新王雖登國嗣
又絶可不懼哉景福宮殿更
爲刱建賓座移定聖子神孫
繼繼承承國祚更延人民富盛

이라 하고 그 후면後面에는

東方老人秘訣
看此不告
東國逆賊
乙丑三月議政府修理時此石當露矣

이라 하였으며 또 그 한 개의 전면前面에는

種伐前鑑圃祠建移
閣倘爲殿李祚同箕
必革客職遠侈勿私
以無學訓坦禪謹記

라하고 그 후면後面에는

周雖舊邦至文中興
成化二年 日
主誰如昌孔子一庚

이라 하였는데 이것 경복궁景福宮 개기開基할 때 나온 것이라 한다. 이는 그때 그 거창巨創한 일을 하고 미리 조선朝鮮의 인심人心을 얻기 위하여 이러한 비기秘記를 맨들어 돌에 새겨. 가지고 혹은 경복궁景福宮 터에나 의정부議政府 자리에 파묻어두기도 하고 혹은 경회루慶會樓 못 속에 던저 두기로 한 것이다. 과연 고래古來 영웅英雄들이 자기自己의 일을 하기 위하여 우매愚昧한 백성百姓들을 속이는 방법方法의 하나로서 이 같은 즛도 한 이도 한두 사람뿐 아니다. 가령 궁예弓裔 때 왕창근王昌瑾의 샀다는 고경古鏡의 문자文字나 고려태조高麗太祖의 훈요십편訓要十篇이나 이태조李太祖의 몽금척夢金尺이나 또는 이조李朝의 정감록鄭堪錄 따위가 다 그런 것이다. 이러한 이상야릇한 문자文字로 하여 남들을 속이고 또는 자기自己도 속으며 그 사업事業들을 진전進展코저 하던 것이다. 그 해독으로 우리 조선에서는 미신迷信과 우매愚昧는 천성天性처럼 되어 도저到底히 타파打破키 어려웠던 것이다.

그래도 이 궁宮을 짓는데 재원財源이 부족不足하여 하는 수 없이 서민庶民에게까지 원납전願納錢이라는 의연금義捐金을 강제로 받으며 또는 벼슬을 시기고 그것을 장려하였으나 그 소임所任의 이료吏僚들 사이에는 횡령橫領 공갈恐喝 등 부정不正한 사건事件이 자꾸 일어나고 돈들은 자꾸 써서 마츰내 전황錢荒이 크게 생기었다. 그럼에도 불구不拘하고 대원군大院君은 재원財源을 보충補充코저 결두전結頭錢 같은 세금稅金을 올리고 한편으로는 크게 주전鑄錢을 하고 심지어 도문都門을 출입出入하는 이에게 문세門稅까지도 받았다.

영건도감營建都監에 원납願納 하는 걸 조알阻遏 하였다고 전장령前掌令 김승헌金昇獻이라는 이를 잡아다 문초問草한 기록記錄까지도 있는데 그중中에는 이러한 문구文句도 있다. 이 대역大役은 삼백 년三百年동안 못하던 일을 이에 시작함에 신민臣民 중中 향의출력向義出力하는 자者에게는 작상爵賞을 주어 포가褒嘉하되 제도諸道의 소납所納이 일절영쇄一切零鎖하고 그 성책成册도 아주 오지 않으니 매우 딱한 일이다. 그런데 이런 불궤不軌의 무리가 있어 흥권興勸을 하기는커녕 도리어 조해阻害를 하니 이는 다름이 아니라 잠영簪纓의 후예後裔들은 도리어 이것을 수치羞恥로 알고 여항閭巷의 부자들은 서로 관망觀望하다가 마츰내 한 사람이 무에라고 일컬으면 여러 마음이 조해阻害 되기 쉬운 것이라고 하였다. 이것으로도 얼마큼 그때의 간고한 정황情況을 알 수가 있다.

그리고 공사工事를 시작하자 그때 마츰 박경회朴慶會라는 이가 창의문彰義門 밖의 석경루石瓊樓 터에서 옥배玉盃 한 개를 얻었다고 드리었는데 그 옥배玉盃에는 수진보작壽進寶酌이라는 명銘이 있다. 대원군大院君이 이것을 보니 퍽 기뻐하며 이건 하늘이 이 영건營建 함을 축祝하는 상서祥瑞라 하고 수진보작명첩壽進寶酌銘帖을 지어 인심人心을 선양煽揚케 한 일도 있다. 이것도 우에 말한 비기석秘記石과 같은 일이다. 또 이러한 일화逸話도 있다. 그때 공사工事를 하던 백성百姓들이 서로 목을 얼커가지고

> 아랫 대궐大闕 웃 대궐大闕 경복궁景福宮 새 대궐大闕 영令돌아
> 오랍신다 애화달고

이런 노래를 부르며 일을 하는데 대원군大院君이 몸써 감독監督을 하고 지켜 서서 보는 터이다. 한데 백성百姓들이 일하다가는 한참씩 어데로 가 있다 오는 것을 보고 「너 무엇 하러 가느냐」고 물으니 「저들의 입에다 좀 피우는 것이 있습니다.」고 백성百姓들이 대답하였다. 또 대원군大院君은 「그러면 그것을 내 앞에서 피어라」 한즉 백성百姓들은 「황송惶悚합니다」하고 「황송惶悚할 것이 무엇이냐 군은 다 마찬가지다. 일ㅅ군이나 목두ㅅ군이나 대원군大院君이나」 하고 대원군大院君은 그 앞에서 담배 먹기를 터주고 그 많은 백성百姓들이 행망도 부릴 수 없이 휘몰아 일을 시켰다 한다.

이렇듯 큰 공사工事를 하매 그 곤란困難한 일이 한두 가지만 아니다. 재정財政도 그러하거니와 또는 목재木材며 석재石材를 함경도咸鏡道 강원도江原道 같은 벽지원로僻地遠路에서 운반運搬하여 보자니 그 고생이 여북한가. 혹은 육로陸路로 혹은 수로水路로 하여 백성百姓들이 그 고역苦役을 견댈 수 없었다. 그뿐더러 목재木材가 부족不足하여 백성百姓들이 가장 소중所重하게 여기던 묘목墓木의 소나무나 젔나무를 베어오매 그 원망怨望도 많으며 게다가 또 그 삼 년三年에는 재목가가材木假家에 불이 나서 재목材木을 쌓았던 팔백여 간八百餘間을 태워 내리고 또 그해 병인양요丙寅洋擾 같은 난리難離도 맞나 공사工事에 방해妨害가 적지 않으며 또 사 년四年에 화재火災가 일어나 목재木材를 거의 태워 버리어 한때는 공사工事도 중지中止하게 되었다.

이리하여 그 많은 구애拘碍며 백성百姓의 원망怨望을 무릅쓰고 그 사년四年 십일월十一月에 와서는 이 경복궁景福宮 중건重建이 준공竣工되고 그다음 오년五年에는 고종高宗께서 경복궁景福宮으로 이어移御하시게 되었다.

그뒤 또 고종高宗의 유대소인민륜음諭大小人民綸音 가운데에 「奧自嗣服以

來 大興土木 勒歛民財使貧富俱困 是予之罪也」라 한 것을 보아도 경복궁景福宮 중건重建하기 때문에 재원財源을 바싹 말리고 생도生道를 결단내어 그때 그 백성百姓들만 곤란困難케 하여 경복궁景福宮에 대한 민원民怨을 그때에만 그치지 않고 또한 오래도록 남어 있을 것이다.

景福宮と民怨(一)

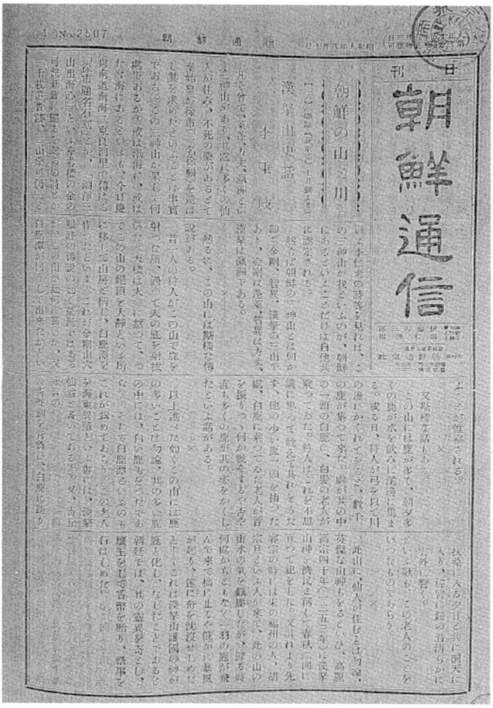
No.2507 朝鮮通信

日刊 朝鮮通信

朝鮮の山と川

漢拏山史話

『朝鮮通信』 103집 2582호 1934. 11. 10.

景福宮と民怨(一)[2]

李秉岐

誰しも御承知の通り、只今の景福宮は、その前面の一部分は既に毀撤されて、その趾に總督府廳舍が嚴然と搆へてをり、その裡にあった康寧殿、交泰殿もその一部分は昌徳宮に移され、その餘の正殿及び其の他の堂宇等は、博物館の所管になった.

再び昔の景福宮を考へて見れば、李朝五百年間、最も尊重な王宮にして、後には金芙蓉の如き白岳を背負ひ、前には廣大な街路を控へて光化門が高く聳へその前には石彫の獅子二基が相峙し、御路の左右には、吏、戶、禮、兵、刑、工の六曹の廳舍が分立して壯嚴な外觀を爲し、光化門の左右には高い石墻が圍ひ東には建春門、西には迎秋門、北には神武門が聳へてをつた.

光化門を這入れば、單層の興禮門が立つてをり、其の次には錦川橋と云ふ壯麗な石橋が、御溝に架へられて、重層の勤政門に通じ、勤政門の内には、勤政殿が嚴然と聳へ、その裡の思政門を出づれ

2「景福宮と民怨(一)」,『朝鮮通信』103집 2582호 1934. 11. 10.
「景福宮 重建과 民怨」(『신동아』, 1934. 10.)을 일본어로 수록한 것임.

ば、正面には思政殿東西には萬春、千秋の二殿が南向きに立つてをり、その次には康寧殿、交泰殿や其の他幾多の建物が附設され、交泰殿の裡には禁苑にして、泉池、亭臺、別堂等があり、勤政殿の東側には議政府があり、康寧殿の東側には慶會樓があつた.

勤政殿は勿論この宮の正殿にして、その庭の左右に標石等が立つて、文武百官の朝會を受けた處であり、思政殿は王様が日常の政事を執つた處であり、康寧殿は王様の、交泰殿は王妃の居所であり、慶會樓は臣下達と宴會をした處である.

この宮は、昌德宮、昌慶宮、慶熙宮、慶運宮または成興の本宮、永興の濬源殿と共に、從來王室の尊嚴を示した所であるだけに、非常に大規模に建てた壯嚴な王宮であつて、関野博士の朝鮮美術史に、この宮に對して述べた所を見れば、

「光化門は三門重層の堂々たる大建築にして、王宮の正門であるだけ、權衡が壯重であり、雄大な樓築、織巧な手法が上下相應して、明快な對照を見せる」とあり、

「勤政殿は二成石築の基壇の上に聳立した重層の大建築にして、基壇の四回には、奇巧な石勺欄を圍ひ、雙鳳、雲支を陽刻した石階を正面に控へまたその前の庭には、左右に白い大理石で位標を立て文武班の順立を定めてあり、柱頭や棟樑の端の奇巧さや、屋根の風趣を益す十神像や、その天井の華麗な彫刻や、その中央にある纖巧、絢爛な玉座ーこれ等が皆な規模が壯大にして裝飾が華麗であつて李朝末期の様式を、餘地なく發揮するものにして、殊に吾人が最も歎賞すべきは、その大體が釣り合ふことと、裝飾の好く整齊された點

である．と述べてゐる．

「康寧殿、交泰殿は朝鮮固有の特質を備へ、この二殿の中央には廣間を控へて、左右に多數の温突部室を搆へたのは支那では、全然見受けられず朝鮮にてのみ特に発達完成された宮殿建築の特色である．慶會樓は四面を池にし、東側には三桁の石橋が架かれ、樓の壯大な規模は、勤政殿に次ぎ、下層は皆な開放して、方三尺の石柱を四十八個も立てて、上層を支へてゐる．績

景福宮と民怨(二)[3]

李秉岐

(續)上層は隨分廣大にして百官の讌集した所であり、其高さが低く形態美を失した嫌があるが、大きい石柱を列立した堂々たる手法は驚嘆すべきであると書いた. 斯くの如く、朝鮮美術史にも太線を描いたこの大建築たる景福宮は、果然李朝の唯一な法宮にして、春風秋雨五百餘年を経過する時、如何なる波瀾を経、我々人民達には如何なる影響が及んで来たか!

李朝王室の運會や壽命を共にし、その治亂の業績や興亡の跡を、そのまゝ物語りつつあるのではないか. 玆にその過去の如何を語らむとせば、李朝の凡ての史績を皆な擧げねばならなぬのであるが、されは左ほど簡單なものではない故に、他は皆な省略して、単にこの宮の沿革及びその重建當時の民怨だけを擧げて語るであらう.

この宮の創建は、李太祖三年西紀一三九四である. 始めてこの漢陽に王都を定め、新都宮闕造成都監を置いて建築に着手し、四年十月に至つて始めて判三司事鄭道傳を命じ、新宮諸殿の名を付けたので

3「景福宮と民怨(二)」,『朝鮮通信』103집 2583호, 1934. 11. 12.

あるが、景福宮と云ふ名稱は、詩傳に「君子萬年、介爾景福」の景福即ち大福と云ふ意の文句を取って名付けたのである. 而うしてこの基地に於いて、開國聖王の聖子神孫が、千秋萬代を計り得ると信じ、また斯くあるやうに祈つたのである. 然るに中宗三十八年西紀一五四三正月には、この宮の東宮が燒失され、明宗八年西紀一五五三にはこの宮の大内に火災が起り、思政殿南廡にまで延燒されて、また營建都監を置き、東宮や大内や其の他の殿閣等をその翌年に皆な再建して、昌德宮に移御した明宗は、漸くその年の十二月に還宮したのである. その後漸く四十年を過ぎて、宣祖二十五年西紀一五九二に壬辰亂が起つた. 約三十八萬の日本軍が皆な九隊に分れて渡來したのであるが、其第一軍はその年の四月十四日に釜山浦から上陸して釜山城を討ち、東萊を陷落せしめて尙州に至り、第二軍は十九日に釜山から上陸して彥陽を攻め、第三軍は金海を討ちてこれを占領した.

その時に巡邊使李鎰が尙州で日本軍に敗れたと云ふ噂を聞き都巡邊使申砬は、鳥嶺を越えて忠州に退いたが、日本軍は鳥嶺の如き嶮しい山嶺も無難に越えて忠州に迫つた. それで申砬は彈琴臺の下で應戰したが、遂に戰敗して江に身を投げた. 日本軍はまた路を分けて各隊共に京城に向つた. 四月二十九日の晚忠州の敗報が京城に傳へられるや、滿朝が皆な騷いで、宣祖は守城大將李陽元や都元帥金命元をして都城を守らせ、領相李山海、左相柳成龍等百餘人と共に平壤に向つて發つた. その時、宣祖が京城を離れると同時に、城内の亂民達は第一に掌隷院と刑曹とを焼いた. この二個所は民家の奴隷に關する文書が保管された所である故に、之を消滅せむが為めであつた. また內帑庫に侵入して金帛を掠取し、引き續き景福宮、昌德宮、昌慶宮に火を放ちて、建物は勿論、歷代の寶物や文武樓、弘文館所藏の書籍や、春秋館の各朝實錄や、其の他書庫の前朝史草や、承政院日記等が皆な火の中に消えて仕舞つた.

景福宮と民怨(三)[4]

李秉岐

景福宮もその時の惨憺たる火災に燒失されて、その空趾だけが殘つてをつた. 而うして宣祖三十九年に至り、之を重修せむとしたが、前縣令李國弼と云ふ人の「景福宮は吉しくないから、昌德宮を再建するが好い」と云ふ上疏に從ひ、昌德宮を改營した. その後からも、外難や黨爭や吏弊が重ねられて積衰さるゝのみ、景福宮の重建の如き事は些少の餘裕もなかつた. 純祖の晩年に、翼宗は政務を代理しつゝ、之れを重建せむとしたが間もなく崩した.

斯くして至尊至貴な景福宮の夫が、淋しい一空地をなりて仁王に傾く日、白岳に吹く風を送迎しつゝ、二百七十餘年を過ぎて、今から七十年前、李太王二年四月に至り、始めて景福宮を重建することに定まり、その時の垂簾聽政たりし大王大妃趙氏憲宗后妃は大院君をして、この大役を主掌せしめ、營建都監を置き、領議政趙斗淳、左議政金炳學をしてその都提調となし興寅君李最應、李景夏等を提調となして、その以下の各種の任務は文武官の各階級の者をしてこ

4「景福宮と民怨(三)」,『朝鮮通信』103집 2584호 1934. 11. 13.

れに當らしめ、之れを進行せしめたのである.

この景福宮を重建せむとしたのは、翼宗の入後になられた李太王が、先王の遺志に従はむとしたのは勿論であるが、それよりも事實は李太王の父、大院君が執政しつゝ、凡ての積弊を一掃して内外共に革新せむとし、この景福宮重建の如きもその中の一つとして、之れを經營するに至つたが、之れの為めには並大抵の苦心や磨練を費したのではない. それを史籍に記されたのも澤山あらうが、また其時景福宮敷地の地均しの際、地の中から掘り出されたと云ふ祕記石の如きものわを見ても、充分推測さるる. その秘記石なるものは皆なで三個もあつて、その一は、前面に

寶位移定日畵石
形龍伏於地々上
設雲臺克々生々
永得天祚地運門

と記され、その後面には、

輔干幼主復見周
公莫大宮役人人
化中退老貞齋遺
鑑菊榻誓末附註

と記され、また其の左側には、「乙丙」の句があるが、これは慶會樓の池の中から出たと云ひまた一個は、その前面に

癸未甲元新王雖登國嗣
又絕可不懼哉景福宮殿更
爲刱建寶座定聖子神孫
繼々承々國祚更延人民富盛

とあり、その後面には、
東方老人秘訣

看此不告
東國逆賊
乙丑三月議政府修理時此石當露矣

とある. また他の一個は、

種伐前鑑圃祠建移、
閣倘爲殿李祚同箕、
必革客職遠侈勿私、
以無學訓坦禪謹記

これは前面に、その後面には

周雖舊邦至文中興
成化二年 日
主誰如昌孔子一庚

とあるが、之等が皆な前述の如く景福宮の開基の際に出たのである. 之はその當時の民力に甚だ過重な大役を爲さしてから、豫め朝鮮全土の人心を收拾せむが爲めに、斯る祕記を作り或は景福宮、或は議政府の敷地に埋めて置き、或は慶會樓の池の中に投じて置いたのであつた.

景福宮と民怨(四)[5]

李秉岐

古来英雄達が自分の事業の為めに愚昧な人民達を斯く手段の一つとして、斯ることを為した者も一二に止まらない.

假へば弓裔の時、王昌瑾が拾つたと云ふ高鏡の文字や、高麗太祖の訓要十篇や李太祖の夢金尺や、または李朝鄭鑑錄の類が皆な斯の如きものである.

斯る怪しい文字を似つて、他人を欺き、また自分も欺いて、其事業等を進展せしめむをしたのである. それでその害毒で我々朝鮮では、迷信や愚昧は天性の様になつて仕舞ひ、到底、打破し難いのであつた.

而してこの宮を建てるのにも財源が不足なので、巳を得ず王族から庶民に至るまで、願納錢と稱する義損金を、強制的に徵収した. 斯くする一方、官吏登用法の様な制度を施行し、またそれを奬勵したが、之を種にしてその筋の吏僚達の間に横領恐喝等の不正事件が陸續発生し經濟は益々衰退して、遂には深刻な恐慌に陥つた. 然るにも

5「景福宮と民怨(四)」,『朝鮮通信』103집 2585호, 1934. 11. 14.

拘らず大院君は、財源を補充せむが為めに、結頭錢と云ふ税金引上げ、鑄錢も大いに行ひ、甚しきは、都門を出入する者達に、門稅までも徵收した.

營建都監に願納することに付いて防害をしたと云ふかどで、前掌令金昇獻と云ふ者を捕へ、取調べた記録を見ても、その當時の情況が推測し得らるゝ. その中にはこんな文句もあつた.

「この大役は三百年間為し得なかつた事を始めるに臨み、臣民中、向義出力する者は爵賞を贈つて褒嘉せるも、諸道の納入が一切零鎖にして、その成册も全然来らざるのであれは、甚だ困ったとである. 然るにこんな不軌の群がをって興權をすると云ふよりも、反って阻害をするのである. それは他でなく、簪纓の後裔達は反つて之れを羞恥となし閭巷の富者達は互に觀望してをって、遂に一人が何かと口を出せば、之れ等の多くの心理が、それに依つて阻害され易いのである」と記されてをる. 工事が始まるや、その時丁度、朴慶會と稱する者が彰義門外の石瓊樓の趾から拾つたと云ふ玉盃一個を獻上したが、その玉盃には「壽進寶酌」と云ふ銘があつた. 大院君が之れを見て大いに喜び、これは天がこの營建を祝ふ祥瑞であると云ふて壽進寶酌銘帖を作り人心を煽揚せしむる種にした. 之れも上述の如く、秘記石のやうなものである.

またこんな逸話もある. その時工事に就いた役夫達が、互に肩を組んで歌ひながら、勞役をする所に、大院君が親しく監督をし乍らそこに立つて見てをるのであつた. 然るに時々役夫達が仕事中に何處へか往つて永くの時間が經てから歸つて来るのであつた. これを見た大院君、「お前達は何の為めに往くか」と問ふた. 其人民達は「自分達の口に吸ふものがあります」と答へた. 之れは懼れ多くも大院君の前で吸煙すると言ひ兼ねてのことであつた. 大院君は「然れば俺の前で吸へ」と云ふた. 人民達は「甚だ、恐縮します」と頭を下げれば、大院君曰く「恐縮なことも何もない. 役軍も擔軍も大院君もクンは同じものだ」と云って、目前で吸煙するとを許しながら、大院君は役夫に一寸の時間も許さず、督勵して仕事をさせた.

景福宮と民怨(五)[6]

李秉岐

凡べてのことに於いて、斯の如くこの大工事を遂行せむとするが故に、其困難なとも一二ではなかつた. 財政も左であらうが、または石材や木材も、江原道咸鏡道の如き僻地遠路から運搬して来るので、その苦しさは實に並大低のことではなかつた. 或は陸路にて、或は海路にて、人民達の苦役は耐へられなかつた. のみならず木材が不足して人民達が最も貴重にしてをる墓木までも伐って来たので、その怨みも多かったが、その上またその年に、材木假屋に火災が起つて、そこに積んでをいた八百餘間分の木材が燒失した. またその年に、丙寅洋擾の如き戰亂があつて、工事の妨害なること尠からず、再び四年にまた火災が起つて、木材を殆んど全部燒失し、一時は工事中止の已むなきに至つた.

斯くもその多大な障碍なり人民の怨なりを事とせず、その四年十一月に至つて、この景福宮の重建が竣工され、その翌年には李太王がこの宮に移御することになつた.

6「景福宮と民怨(五)」,『朝鮮通信』103집 2586호, 1934. 11. 15.

その後、李太王の諭大小人民綸音の中に「奥自嗣服以來、大興土木、勒歛民財、使貧富惧困、是予之罪也」としたのを見ても景福宮の重建の為めに、財源を枯渇せしめ、生道を失墜せしめてその時代の人民だけを、極度に困らせたのみならず、その後朝鮮の衰頽した原因も、ここにあるとみられるものにして、景福宮に對する民怨は、その時のみに止らず、またこれからも永久に遺されるであらう. 終

朝鮮の山と川

漢拏山史話[7]

李秉岐

この山は『蒼々一點漢拏山、遠在濤浩渺間』といふ權近の慶製詩の如く濟州島の中央に儼然と聳立する壯山で、白頭山に次ぐ高山でなり、三神山の一つである.

従来三神山のことに付いては多くの物語があるが、史記奏始皇本記に.

齊人徐市等が上書して曰く、『海の中に三神山があつて、蓬萊、方丈、瀛洲と稱し、仙人が住む、齋戒して男女を率いて行って求めんとする』といつて男女數千人を連れて海に行き仙人を求めたとあり、漢書郊祀志には.

三神山と稱するものは、傳へられるに、渤海の中にあつて、多くの仙人と不死の薬があり、黃金と白雲を似て宮闕を作つたとある. 又括地志には

瀛州は東海の中にあり、秦始皇が徐福をして男女を連れて海に行かせ仙人を求めたとある.

7「漢拏山史話」,『日刊 朝鮮通信』100집 2506호, 1934. 8. 9.

번역

한라산 사화

이 병 기

이 산은 '창창일점한라산蒼蒼一點漢拏山、 원재도호묘간遠在濤浩渺間'이라 한 권근의 경제시慶製詩처럼 제주도 한가운데 우뚝 서 있는 장엄한 산이며, 백두산 다음으로 높은 산이며, 삼신산三神山 중의 하나이기도 하다.

종래 삼신산에 대하여는 많은 이야기가 있으나 사기史記 진시황본기秦始皇本記에 제인齊人과 서시徐市 등이 상서上書하여 말하기를 「바다 한가운데에 삼신산이 있는데 봉래, 방장, 영주라고 칭하며, 선인仙人이 사는데, 제계齋戒하여 남녀를 이끌고 가서 찾아보고자 한다」고 말하며 남녀 수천 명을 데리고 가서 선인을 찾았다고 하며 한서교사지漢書郊祀志에는 삼신산이라 칭하는 것은, 전하는 바에 따르면 발해 가운데 있으며, 많은 선인과 불사의 약이 있으며, 황금과 백운을 닮은 궁궐을 지었다고 되어 있다. 또 괄지지括地志에는 영주는 동해 가운데에 있으며, 진시황이 서복으로 하여 남녀를 데리고 바다로 보내 선인을 찾았다고도 되어 있다.

朝鮮の山と川

漢拏山史話[8]

李秉岐

凡そ曾て、萊蓬、方丈、瀛洲といふ三神山があり、其處に多くの仙人が住み、不死の薬があるとて秦始皇が徐市一名徐福を遣はし其を求めたといふことは事實である. この三神山が果たして何處であるか. 或は渤海に、或はただ海にあるといふも、今日慶尚南道南海二東良河里で傳はる「徐市題名石刻」とか、「潮淨三山出海心」といふ章考標の金の可記新羅に歸るを送るの詩とか「千載追貴跡、三山藥可仍」といふ李仁老の詩等を見れば、この三神山が我といふのが、朝鮮にあるといふことだけは自他共に認定される.

然らば朝鮮の三神山とは何か即ち金剛、智異、漢拏の三山であり、金剛は蓬萊、智異は方丈、漢拏は瀛洲である.

×

然るに、この山には斯様な傳說がある.

昔一人の狩人がこの山で鹿を射った所、過つて天の底を射抜いた.

8 「漢拏山史話」,『日刊 朝鮮通信』100집 2507호, 1934. 8. 10.

天様は大いに怒つて、つてこの山の絶頂を大靜といふ所に移して山房と稱し、白鹿潭を作つたといふ. これが金剛山穴服峰の傳說の如く荒誕ではあるが、この山が如何に高いか、又白鹿潭が何うして出來たかといふことが惟察される.

×

又斯様な話もある.

この山には鹿が多く、朝夕多くの鹿が水を飲みに溪邊に集まる. 或る日、狩人が弓を似て川の邊にかくれてをると、數千の鹿が集つて来た. 處が其の中の一頭の白鹿に、白髪の老人が乗つてゐた. 狩人はこれを不思議に思つて敢えて其れをうたず、他の少い鹿一頭を捕つた處、白鹿に乗つてゐた老人が首を振りつつ何か號令するや否や直ち多くの鹿が其の姿をかくしたといふ話がある.

×

以上述べた如くこの山には鹿の多いことは勿論、其の多い鹿の中には、白い鹿もをつたであらう. そして白鹿潭といふのもこれが為めてあらう. この老人を海東異蹟といふ書には、漢拏仙翁と書いてある. 又、青丘永言の

青蛇劍を背負ひ、白鹿に跨り
扶桑に入る夕日と共に洞天に入り、
禪宮に鐘の音淸らかに雲外に響く.

といふ歌も、この老人のことをいつたものであらう.

×

此山に、仙人が住むとは勿論、英傑な山神もをるといひ、高麗高

宗四十年一二五三年に漢拏山神を濟民と稱して春秋二回に亘って祀をした. 又其れより先睿宗の時には宋の福州の人、胡宗旦といふ人が来て、此の山の山水の気を鎮圧したが、歸る時何處からともなく一羽の鷹が飛んで来て檣に止るや俄かに暴風が起り、遂に舟を沈没せしめたと一これは漢拏山護國の神が鷹と化し、なしたことであると朝廷では、其の靈異を奇とし、壤王をして香幣を貽り、祭事を行はしめた.

번역

한라산 사화

이 병 기

대략 내봉, 방장, 영주라는 삼신산이 있으며, 그곳에 많은 선인이 살고, 불사의 약이 있다 하여 진시황이 서시-일명 서복이라고도 함를 파견하여 그것을 구하게 했다는 것은 사실이다. 이 삼신산이 과연 어느 곳인가. 혹은 발해에, 혹은 그저 바다에 있다고 말하는 것도, 오늘날 경상남도 남해 2동 양하리에 전해오는 「서불제명석각徐市題名石刻」라든가 「조정삼산출해심潮淨三山出海心」라고 하는 장효표의 김가기金可記가 신라로 돌아가는 것을 전송하는 시라든가 「천재추귀적千載追貴跡、삼산약가잉三山藥可仍」라고 하는 이인로의 시 등에서 보면, 이 삼신산이 자신이라고 말하는 것으로 보아 조선에 있었다는 것만큼은 자타 공히 인정된다.

그러나 조선의 삼신산이란 무엇인가. 즉 금강, 지리, 한라의 세 개의 산이며, 금강은 봉래, 지리는 방장, 한라는 영주다.

따라서 이 산에는 다음과 같은 전설이 있다.

옛날 어떤 사냥꾼이 이 산에서 사슴을 쏘았는데, 실수하여 하늘 밑을 겨누었다. 하느님은 크게 노하여 이 산꼭대기를 대정大靜이라는 곳으로 옮기고 산방山房이라 칭하여, 백록담을 만들었다고 한다. 이것은 금강산 혈복봉의 전설과 마찬가지로 황연荒誕 하기는 하지만, 이 산이 얼마나 높은지 또 백록담이 어찌하여 생겼는지 하는 것이 추측된다.

또 다음과 같은 이야기도 있다.

이 산에는 사슴이 많아, 아침저녁으로 많은 사슴이 물을 마시러 계곡 주변으로 몰려든다. 어느 날, 사냥꾼이 활을 들고 강가로 내려오자, 수천 마리의 사슴이 몰려왔다. 그러나 그중의 한 마리 하얀 사슴 등에 백발의 노인이 타고 있었다. 사냥꾼은 이것을 수상히 여기고 굳이 이것을 쏘지 않고 다른 작은 사슴 한 마리를 잡자, 하얀 사슴 등에 올라타고 있던 노인이 머리를 흔들며 뭐라고 호령하자마자 곧바로 많은 사슴들이 그 자취를 감췄다고 하는 이야기가 있다.

이상에서 서술한 바와 마찬가지로 이 산에는 사슴이 많은 것은 물론이고, 이 많은 사슴 중에는 하얀 사슴도 있었을 것이다. 그리고 백록담이라고 하는 것도 이 때문일 것이다. 이 노인에 대하여 해동이적海東異蹟이라 하는 책에는 한라선옹漢拏仙翁이라고 쓰여 있다. 또 청구영언의

> 청사검을 이고, 백록에 올라타
> 부상扶桑으로 지는 저녁 해와 함께 동천洞天으로 들어가
> 선궁禪宮에 종소리 은은하게 구름 밖으로 울려 퍼지네.

라는 노래도 이 노인을 말할 것일 것이다.

이 산에 선인이 사는 것은 물론, 영걸英傑한 산신도 있다고 하여, 고려 고종 40년1253년에 한라산신漢拏山神을 제민濟民이라 칭하고 봄, 가을 두 차례에 걸쳐 제사를 지냈다. 또 이보다 먼저 예종 때에는 송나라의 복주 사람, 호종단이라는 사람이 와서 이 산의 산수의 기氣를 진압했으나, 돌아갈 때 어디에서랄 것도 없이 한 마리 매鷹가 날아와 돛대에 앉자마자 갑자기 폭풍이 일어나 결국에는 배를 침몰시켰다라고 - 이것은 한라산 호국신이 매鷹로 둔갑하여 일으킨 일이라 하여 조정에서는 이 경이로움을 기이하게 여겨, 양왕壤王으로 하여 향과 비단을 보내어 제사를 지내게 했다.

朝鮮の山と川

漢拏山史話[9]

李秉岐

李朝成宗朝の時、漢拏山神廟を建てた. 以前は山の頂上に上つて、祭祀を行つたが、凍死する者が頻出したので、牧使李約東は、濟州島の南端に小祠を建てて之を祭り、山川壇と稱したのであつた.

×

この山が古来かかる緣故を受けて来ただけ、いろいろと不思議なことが起つた. この山に上れば四面に大洋を控へ、他の地方では見られない、風致を見物することが出来るのである.

×

三別抄の亂に就いて語りたいこの三別抄といふのは、夜別抄左右軍と、蒙古逃還者たる神戰軍等を指すのであるが、これは高麗明宗の時、權臣崔忠献の子崔瑀が勇士を似て組織した軍隊で、代々權臣の爪牙となり、高麗元宗の時西暦一二七〇年に之を解散せしめむとするや、裵仲孫、金通精等が、叛亂を起し、江都即ち今の江華島の

9「漢拏山史話」,『日刊 朝鮮通信』100집 2508호, 1934. 8. 11.

人物を聚めて南に下つた. その時全羅按察使　權呾は、巖光副使金須を派し、二百の軍士をして守護せしめ、又将軍高汝霖、並に軍士七千名を送つて之を討たしめた. 然るに賊軍は反つて珍島を占領するに至つた. 汝霖は海を包み長城を圍ひ、來路を禦いだので、賊は李文京を明月浦濟州の西に派し、東濟院濟州の東に合戦し、官軍を大破し金須、高汝霖は共に戰死するに至つた.

×

その明年、敵魁金通精は、更に來侵したので、追討使金方慶や蒙古の將忻都等は、珍島を討ち大に破つたが、金通精は、其の餘勢を藉つて、軍兵を率る貴日村濟州の西に居り、賊將劉存奕は、南海縣に磐居し、又兵船八十餘隻を似て之を護り討つたのであった.

×

そしてその三年目の夏に、賊軍が内外の土城を圍み、その嶮を頼りて日に猖獗を極めたが日に侵略を事としたので、海濱は倍々衰頽するのみであつた. 此の時濟州星主高仁旦と王子文昌佑は、王京に使者を派し、之を統率しやうとした. 四年目の夏朝廷では中軍元帥金方慶を派し元將忻都等と共に、賊軍を討つべく軍士一萬餘名と、戰艦百六十隻を率ひ、椒子島にて風を待ち之を討ち平げ賊將金通精は、其の卒七千餘名と共に、漢拏山に逃亡し、賊將李順恭、曺時適は、官軍に降伏するに至つた.

金將軍は、諸將と共に內城に入り、單に金元允等六名を誅したに過ぎず、降伏した一千三百餘名は、そのまま収容して、多數の船に分乗せしめ、之を救助した.

×

その後敵軍は、敵將金通精の屍體を獲て、之を官軍に献ずるに至った. 彼れは自ら縊つたともいひ、又自ら海に投じて死したともいふてをる. 兎にも角にも適軍ながら一時覇を稱へた金通精も、斯くて敢へなくも、最後の幕を閉ぢるに至つたのであつた.

번역

한라산 사화

이 병 기

이조 성종 때, 한라산 신묘神廟를 세웠다. 이전에는 산의 정상으로 올라가 제사를 지냈었는데, 동사凍死하는 자가 자주 출몰하자, 목사 이약동은 제주도 남단에 작은 사당을 세우고 제를 지내며, 산천단이라 칭했던 것이다.

이 산이 고래 이와 같은 연고를 받아온 만큼 여러 가지 신기한 일이 일어났다. 이 산에 오르면 사면으로 대양이 둘러싸고 있으며, 다른 지방에서는 볼 수 없는 풍치를 구경할 수 있는 것이다.

삼별초의 난에 대하여 이야기해 보자. 이 삼별초는 야별초 좌우군과 몽고도환자蒙古逃還者인 신전군神戰軍 등을 가리키는 것인데, 이는 고려 명종 때, 권신 최충헌의 아들 최상이 용사를 데리고 조직한 군대로서, 대대로 권신의 신하가 되어 고려 원종 때 1270년에 이것을 해산시키려고 하자, 배중손, 김통정 등이 반란을 일으켜, 강도江都 즉 지금의 강화도의 인물들을 모아서 남으로 내려갔다. 그때 전라안찰사 권달은, 암광부사 김수를 파견하여, 군사 2백 명으로 하여 수호하게 하고, 또 장군 고여림과 군사 7천 명을 보내 이를 토벌케 하였다. 그런데도 적군은 오히려 진도를 점령하기에 이른다. 여림汝霖은 바다를 둘러싸고 장성을 포위하여 들어오는 길을 막았기 때문에 적은 이문경을 명월포제주의 서쪽로 파견하고, 동제원제주의 동쪽에서 합전하여, 관군을 대파하여, 김수, 고여림은 모두 전사하기에 이르렀다.

그 다음해 적괴敵魁 김통정은 더욱 깊이 침투하였기에 추도사 김방경과 몽고의 장흥도 등은 진도를 토벌하고 크게 쳐부수었지만, 김통정은 그 여세를 더하여 군병들을 이끌고 귀일촌-제주의 서쪽에 있으며, 적장 유존변은 남해현에 세력을 떨치고 있어, 또 병선 80여 척으로 이것을 토벌한 것이었다.

그리고 3년째 여름에 적군이 안팍 토성을 둘러싸고, 그 험준함에 의지하여 날이 갈수록 창궐하였으나 날이 갈수록 침략질을 했기에 해변은 더더욱 쇠퇴해갈 뿐이었다. 이때 제주성주 고인단과 왕자 문창우는 왕경에 사자를 파견하여, 이것을 통솔하고자 했다. 4년째의 여름 조정에서는 중군원사 김방경을 파견하여 원나라 장수 장흥도 등과 함께 적군을 토벌할 군사 1만여 명과 군함 160척을 이끌고 추자도에서 바람을 이용하여 이를 평정, 적장 김통정은 그의 부하 7천여 명과 함께 한라산으로 도망하고, 적장 이순공, 조시적은 관군에게 항복하기에 이르렀다.

김장군은 여러 장수들과 함께 내성으로 들어가고, 단지 김원충 등 6명을 주살한 것에 지나지 않으며, 항복한 1천 3백여 명은, 그대로 수용하여, 다수의 배에 나눠 타게 하여 이를 좇아하였다.

그 후 적군은 적장 김통정의 시체를 확보하여 이를 관군에게 헌납하기에 이르렀다. 그들은 스스로 목을 맸다고도 하며, 또 스스로 바다로 뛰어들어 죽었다고도 전해지기도 한다. 어찌 되었든 적군이기는 하였지만 한때 천하를 다스린 김통정도 이리하여 허망하게도 최우의 막을 내리기에 이르렀다.

朝鮮の山と川

漢拏山史話[10]

李秉岐

この山は漢拏山といふ外に、頭無山とか、圓山とかいふてをる. 本島の鎭山であって、自然からでも、人文からでも、何時も此の山が、この島の中心となるのである. そしてそれが長い間の歷史となつてきたのであつた. 換言すれば此の山があつて此の島が、あるやうなものである.

×

であるから、此の山を語ることは、結局此の島の歷史を語ることになる.

本島は、東瀛州、州胡國、涉羅耽羅、濟州といつて來たが、極く古代には人間がをらず、三人の神人が住つてをり、毛興といふ穴にをり、これを亨けた良乙那、次ぎには、高乙那、第三番目には、夫乙那といふ者がをり、獵をして其の日を過ごしたのであった. 下略)

×

10 「漢拏山史話」, 『日刊 朝鮮通信』 100집 2509호, 1934. 8. 13.

斯く本島の沿革は………金緻の風土記があり、金尚憲の南槎錄の如き有數の文献があるが、充實してをり、詳細であるのは、この風土記である.

金緻は李朝宣祖の朝の人で、號は南峰、又は深谷と稱し、官は監司まで上つたが耽羅紀年に依れば、光海君元年己酉年に判官として東西坊里約正を布き、いろいろの弊害を無くしたとあり、軍民を安んじたさうである

×

無論、此の遊記の原文は、純漢文であつて、其の原文は今日まで傳へたれてをる.

번역

한라산 사화

이 병 기

이 산은 한라산이라는 명칭 외에 무두산頭無山이라든가 원산圓山이라고도 하고 있다. 이 섬의 진산鎭山이며, 자연으로든 인문으로든 언제든 이 산이 이 섬의 중심이 된다. 그리고 그것이 긴 세월 동안 역사가 되어 왔다. 바꿔 말하면 이 산이 있으므로 이 섬이 있는 것과 같은 것이다.

그런 까닭에 이 산을 말하는 것은 결국 이 섬의 역사를 말하는 것이 된다.

이 섬은, 동영주東瀛州, 주호국州胡國, 섭라涉羅, 탐라耽羅, 제주濟州로 불려 왔지만, 아주 오랜 옛날에는 사람이 살지 않고, 세 명의 신인神人이 있었으며, 모흥毛興이라는 구멍이 있어, 이것을 향유 했던 양을나良乙那, 다음에는 고을나高乙那, 세 번째에는 부을나夫乙那라는 자가 있어, 사냥을 하며 그날그날을 보내고 있었다. 하략

이렇게 이 섬의 연혁은 …… 김치金緻의 풍토기가 있고, 김상헌의 남차

록과 같은 여러 문헌이 있는데, 그 가운데 충실하고 상세한 것은 바로 풍토기이다.

김치金緻는 이조 선조 때의 사람으로 호는 남봉南峰 또는 심곡深谷이라 칭했으며, 관직은 감사까지 올랐으나 탐라기년耽羅紀年에 의하면, 광해군 원년 기유년에 판관으로서 동서방리약정東西坊里約正을 펼쳐, 여러 가지 폐해를 없앴다고 하며, 군민을 편안 하게 했다고 한다.

물론, 이 유기遊記의 원문은 순 한문이고, 그 원문은 지금까지 전해오고 있다.

朝鮮の山と川

漢拏山史話[11]

李秉岐

それから、モ一つは牛馬の牧場である.

高麗忠烈王の王三年、西一二七七に元の國から、東西阿幕を建て、牛馬羊を飼ひ、達魯花赤をして之を監視せしめ、本土の各地に置き、或は之を各地の理事官として配置したのであつた.

×

斯の時より、今日に至るまで此の山を牧場として、此の又牧場で、歷史上有名な名馬を飼ふたのであつた. 彼の金宗直の乇羅歌に

漢拏漂氣通房駟

雲錦離坡水草間

胡夷元監牧後

驪席騮々入大閑

といふたのが、その後に傳はつてをるやうである.

×

11 「漢拏山史話」,『日刊 朝鮮通信』104집 2510호, 1934. 8. 14.

斯くて此の山にのみならず、斯の島だけは、國馬を飼ふとを島是とした. 一屯は、數馬又は百數十頭を飼はせ、その屯每に二人又は數人の雇人を置くのであつた.

×

彼等の家には全く牧畜をしない家はない. そして彼等が本島で牛馬の屯のない家はない. 一人で百數頭さへ飼ふてをる家さへある、

李朝に入り宣祖朝に入り、金萬鎰といふ者がをった. 此者は、本來旌義の正兵であつたが若い時に非常に貧しかかつた爲めに、牝馬を飼ふて牧畜に志しそして濟州島に渡つてから東方十餘里の地方に種馬を入れて馬畜を計劃したのであつたがこれが大いに當つて成功したのであった.

×

彼れは年々大に增殖して、遂には駿馬を購入して濟州島の馬は金家の馬でなければならぬかに吹聽し、而もこれを吹聽したのであつた. そして濟州島から王家に進上する時には金家から徵？して京城に送つたので、金の權力は益々增加して行くのであつたが、金が其の種馬を保存するに力を効したことは、普通人の想像の出来ぬことであつてその種子を保存するに種々努力したことは感激に堪へぬことであるが、それが爲めに彼れ一代で王家に進上した馬だけでも、一千頭以上に達し、彼れは豪華な生活をし、其の子孫は其の功に依つて官爵を得、遂に監牧となつて代々榮へて來たのであつた.

×

この山は、不思議なことに、熊や虎などの猛獸のをらぬことである. それが爲めに山に野に放牧しても牛馬が其の害を受けずに良くそだつのである. 牛は大體に於いて小さく、其の色は黒いのが多く黄色のものは少いやうである. 鹿は到る處にをつて、隊を作つて遊むでをる、兎や狐はをらず、飛ぶ鳥も黄鳥や鵲はをらず、鴉や烏はをるといふやうに、朝鮮内の大陸とは自然に於て少し變った所があるやうである.

번역

한라산 사화

이 병 기

그리고 또 하나는 우마牛馬의 목장이다.

고려 충렬왕 3년1277년에 원나라로부터, 동서아막東西阿幕을 세워, 소와 말과 양을 기르고, 달노화적達魯花赤으로 하여금 이를 감시하게 하여 본토 각지에 두고, 혹은 이것을 각지의 이사관으로 하여금 지배하게 했던 것이다.

이때부터 지금에 이르기까지 이 산을 목장으로 하여, 이 목장에서 역사적으로 유명한 명마를 사육한 것이다. 김종직의 둔라가屯羅歌에

漢挐漂氣通房駟
雲錦離坡水草間
胡夷元監牧後
驪席騮騮入大閑

라고 했는데 이것이 그 후로도 전해져 내려오는 것 같다.

그리하여 이 산뿐만 아니라, 이 섬만은 국마國馬를 기르는 섬으로 정해졌다. 일둔一屯은 여러 마리의 말 또는 백 수십 마리를 사육하게 하는 곳이며, 각 둔마다 두 사람 또는 여러 명의 사람을 고용한 것이다.

그들 집에는 전혀 목축을 하지 않는 집은 없다. 그리고 그들이 이 섬에서 우마牛馬의 둔屯이 없는 집은 없다. 혼자서 수백 마리를 기르는 집조차 있다.

이조 시대, 선조 조에 들어 김만일이라는 자가 있었다. 이 사람은 본래 정의旌義의 정병正兵이었으나 젊었을 때 매우 가난하였기에, 우마牝馬를 기르는 목축에 뜻을 두어 제주도로 건너온 후 동방 40여 리의 지방으로 종마를 들여와 말을 키울 계획을 세웠는데 이것이 크게 맞아 대성공 했던 것이다.

그는 해마다 크게 증식시켜, 결국에는 준마를 구입하고 제주도의 말은 김가金家네 말이 아니면 안 된다는 말을 퍼트리고, 퍼트렸다. 그리고 제주도에서 왕가王家에 진상할 때에는 김가金家에서 징발하여 경성으로 보냈기 때문에, 김만일의 군력은 점점 커져갔는데, 김만일이 그 종마를 보존하고자 힘을 기울였던 일은 보통 사람으로는 상상하기 어려운 일이었으며, 그 종자를 보존하기에 각종의 노력을 했던 것은 감격해 마지않은 일이지만, 그 때문에 김만일 일대一代에 왕가에 진상한 말만 해도, 천 마리 이상에 달하고, 그는 호화스런 생활을 하였으며, 그 자손은 그 공을 입어 관직을 얻어 결국에는 감목監牧이 되어 대대로 영화롭게 지냈던 것이다.

이 산은 신기하게도, 곰이나 호랑이 등의 맹수는 없다. 그 때문인지 산과 들에 방목하여도 우마가 그 해를 입지 않고 잘 크는 것이다. 소는 대체로 작으며, 그 색은 검은 것이 많고 노란색 소는 적은 듯하다. 사슴은 도처에 있으며 무리를 이루어 놀고 있다. 토끼나 여우는 없으며, 날아다니는 새도 꾀꼬리나 까치는 없으며, 올빼미나 닭은 있다고 하니, 조선 내의 대륙과는 사뭇 다른 점이 있는 듯하다.

사상史上에 나타난 마공馬公의 충용담忠勇譚

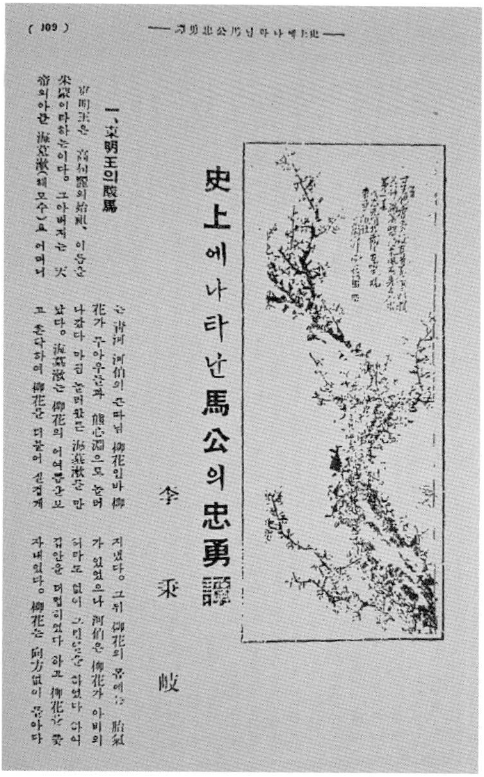
(109) —史上에나타난馬公의忠勇譚—

史上에나타난馬公의忠勇譚

李秉岐

一、東明王의 駿馬

東明王은 高句麗의 始祖, 이름은 朱蒙이라하는이다。 그아버지는 天帝의아들 解慕漱(해모수)요 어머니는 靑河 河伯의 큰따님 柳花인바 柳花가 [illegible] 熊心淵으로 놀러 나갔다 마침 놀러왔든 解慕漱를 만났다。 解慕漱는 柳花의 어여쁨을보고 [illegible] 柳花를 더불어 [illegible] 지냈다。 그뒤 柳花의 몸에는 胎氣가 있었으나 河伯은 柳花가 아비의 허락도 없이 그런일을 하였다 하여 집안을 더럽히었다 하고 柳花를 [illegible] 자내있다。 柳花는 向方없이 [illegible]

『춘추』 제3권 제1호, 1942. 1.

사상史上에 나타난 마공馬公의 충용담忠勇譚[12]

이병기李秉岐

一. 동명왕東明王의 준마駿馬

동명왕東明王은 고구려高句麗의 시조始祖, 이름을 주몽朱蒙이라 하는 이다. 그 아버지는 천제天帝의 아들 해모수海慕漱요, 어머니는 청강靑江 하백河伯의 큰따님 유화柳花인바 유화柳花가 두 아우들과 웅심연熊心淵으로 놀러 나갔다 마침 놀러 왔든 해모수海慕漱를 만났다. 해모수海慕漱는 유화柳花의 어여쁨을 보고 혼탁하여 유화柳花를 더불어 질겁게 지냈다. 그 뒤 유화柳花의 몸에는 태기胎氣가 있었으나 하백河伯은 유화柳花가 아비의 허락도 없이 그런 일을 하였다 하여 집안을 더럽히었다 하고 유화柳花를 쫓아내었다. 유화柳花는 향방向方 없이 돌아다니다가 우발수優渤水에 이르러 한 어사漁師를 만났다. 어사漁師는 유화柳花를 부여왕扶餘王 금와金蛙에게 천거하였다. 금와金蛙는 유화를 후궁에 들였다. 유화는 그 뒤, 한 아들을 나니 우는 소리가 우렁차고 골격骨格이 이상하고 한 달이 못 되어 말을 하며 그 어머니더러 이르되

---

12 「史上에 나타난 馬分의 忠勇譚」, 『춘추』 제3권 제1호, 1942. 1.

「파리가 많아 내 눈에 날아들어 뜯으니 잠을 잘 수가 없오. 어머니는 나를 위하여 화살을 맨들어주오.」
하였다. 그 어머니는 갈대로 화살을 맨들어 주었다. 베틀 우에 앉은 파리를 쏘았다. 살촉이 가는 대로 꼭꼭 맞었다. 그러하여 활을 잘 쏜다고 하여 주몽朱蒙이라고 이름을 하였다.

주몽朱蒙이가 나이 자랐다 재주란 재주는 다 진혔다. 금와金蛙는 일곱 아들이 있었다. 항상 주몽朱蒙와 함께 사냥을 가면 그들은 종자從者까지 합하여 사십여 인四十餘人이 되나 겨우 사슴 한 마리밖에 잡지 못하였고 주몽朱蒙은 사슴을 많이 잡었다. 그들을 주몽朱蒙를 몹시 시긔하였다. 주몽朱蒙을 잡어 나무에 매어 꽁꽁 묶어놓고 그 사슴을 뺏어가지고 갔다. 주몽朱蒙은 용력勇力을 불끈 써 나무 뿌리채 빼어버리고 왔다. 그들은 왕王에게 말하되

「주몽朱蒙는 신용神勇한 이오 보는 바가 비심非尋하니 일즉 없새지 않으면 반드시 후환後患이 있으리다.」
하였다. 왕王은 그 말을 듣고 주몽朱蒙를 시켜 말을 먹이게 하고 그 뜻을 보려하였다. 주몽朱蒙는 그런 천한 일을 맡어 한恨을 품고 가만이 그 어머니더러 이르되

「나는 천제天帝의 손孫으로 남의 말을 먹이니 사는 것이 죽는 것만 못하니남토南土로 가서 나라를 맨들고저 하나 어머니가 계시어 스스로 작정할 수가없나이다.」
하였다. 그 어머니는 말하되

「나도 밤낮으로 이 때문에 마음을 썩이는 지라 내 들으니 먼 길을 가는 이는 준마駿馬를 타야 한다 하니 내, 말을 잘 고르리라.」
하고 함께 목장牧場으로 가서 기드란 채축을 가지고 함부로 쳤다. 뭇말이

다 놀래어 달어났다. 그 중 절다말털빛이 적황赤黃한 말한 놈이 두어 길 난간을 뛰어 지났다. 주몽朱蒙가 그 말이 날랜 줄을 알고 넌짓이 그 말의 혀ㅅ바닥 뿌리에 바늘을 찔러 두었다. 그 말은 혀ㅅ바닥이 아퍼 먹지를 못하고 몹시 파리하였다. 왕王가 하루는 목장牧場에 나와 뭇 말이 다 살진 것을 보고 퍽 기뻐하여 그 파리한 말은 주몽朱蒙를 주었다. 주몽朱蒙은 그 말을 얻어 바늘을 빼어내고 더 잘 먹여 몰래 그 말을 타고 오이烏伊, 마리馬離, 협보陜父 등 세 사람과 짜고 남으로 달어났다. 나중에 왕王이 알고 군사軍士를 보내어 쫓었으나 그 말이 번개 같이 닫는지라 따르지를 못하였다. 주몽朱蒙는 개사수盖斯水를 건너 졸본천卒本川에 이르러 비빙沸氷우에 웅거하고 나라를 세워 고구려高句麗라 하고 동명왕東明王이 되었다.

二. 대무신왕大武神王의 신마神馬

대무신왕大武神王은 동명왕東明王의 손자孫子, 이 왕王가 즉위卽位하든 삼년三年 가을날이었다. 골구천骨句川으로 사냥을 나갔다. 짐승은 그다지 잡지를 못하였으나 다행히 얻은 건 신마神馬이었다. 왕王은 퍽 기꺼하여 그 말을 데리고 돌아와 매우 사랑하고 이름을 거루駏驤라 하였다. 그 사년四年 겨울에 왕王은 신마神馬를 타고 대군大軍을 거느리고 부여扶餘를 치러갔다. 중로中路에서 한 사람이 나섰다. 키가 구척九尺이나 되고 얼굴은 희고 눈은 광채光采가 있었다. 왕王을 보고 절을 하며 신臣은 본시 북명北溟 사람으로 이름은 괴유怪由인바 이에 대왕大王께서 북北으로 부여扶餘를 친다는 말을 듣고 신臣이 따러가 부여왕扶餘王의 머리를 취取하려 하외다 하매 왕王이 기꺼하여 허락許諾하였다.

그 이듬해ㅅ봄 해동解凍한 때에야 부여국남扶餘國南에 진군進軍을 하였다. 그 땅에는 수렁이 많었다. 왕王은 평지平地를 골라 영營을 치게 하고 안장鞍裝을 풀고 병졸兵卒을 쉬고 태연泰然히 있었다. 부여왕扶餘王은 나라ㅅ군사軍士를 다 몰고 나와 급작이 엄습掩襲코저 말을 채질하여 전진前進하였으나 수렁에 빠져 오도 가도 못하였다. 왕王은 괴유怪由를 지휘指揮하였다. 괴유怪由는 칼을 빼어들고 부르지지며 나아가 쳤다. 만군萬軍이 그저 쓰러지고 당하지 못하였다. 괴유怪由는 바루 나아가 부여왕扶餘王을 잡어 머리를 베혔다. 부여扶餘ㅅ사람들은 이미 그 왕王를 잃고 기운이 꺾였으되 오히려 굴복屈服치 않고 두어 겹으로 에워쌌다. 그리하여 여러 날이 되매 양식糧食은 떠러지고 사졸士卒은 되우 주렸다.

왕王은 두려워하여 한 바를 모르다가 하늘께 빌었다. 문득 안개가 일어 지척咫尺을 모르게 하였다. 그런 일헷 동안에 왕王은 풀로 허수아비를 맨들어 병기兵器를 늘려 영營 안팍에 세워 의병疑兵을 삼고 사잇길로 하여 소리도 없이 군사軍士를 이끌고 밤을 타서 달어났다. 이럴 때 신마神馬는 그 자최를 어데로 가뭇없이 감추었다. 왕王은 그 신마神馬를 찾지 못하고 이물림利勿林에서 들짐승을 쏘아 잡어 주리든 군사軍士를 먹이고 몰아왔다. 그 뒤 한 달만에 신마거루神馬駏驤는 부여扶餘ㅅ말 백필百匹을 다리고 함께 이르렀다.

부여扶餘는 워낙 말의 산지産地로 유명有名하다. 키가 삼척三尺쯤 되어 타고 과수果樹 아래로 다님 즉하다 하여 이르기를 과하마果下馬라고도 하고 혹은 주몽朱夢의 타든 말이 다 과하마果下馬라 하고 백제무왕百濟武王이 과하마果下馬를 당唐에 보내고 신라新羅 성덕왕聖德王이 과하마果下馬를 당唐에 보냈다 하나 이상의 동명왕東明王의 준마駿馬나 대무신왕大武神王의 신마神馬는 그런 과하마果下馬가 아니고 특종特種의 준마駿馬이었다.

三. 태조太祖의 팔준마八駿馬

1, 횡운골橫雲鶻은 털은 순백색純白色이오. 주둥이, 눈, 발굽은 다 검고 여진女眞에서 낳았으며 외나무다리라도 이 말은 평지平地같이 달어갔다. 고려말高麗末에 원元나라 승상丞相 나합출納哈出이 조소생趙小生의 꾀임을 듣고 함경도咸境道 홍원홀면洪原忽面에 들어와 침노하매 부지휘사部指揮使 정휘鄭暉가 여러 번 싸우다 패敗하고 태조太祖를 보내 달라고 하였다. 공민왕恭愍王이 태조太祖로써 동북면병마사東北面兵馬使를 삼어 보냈다. 나합출納哈出은 군사軍士 수만명數萬名을 거느리고 왔다. 태조太祖는 이때 횡운골橫雲鶻을 타고 가 덕산동원德山洞院에서 그 군사軍士를 만나 쳐 물리고 답상곡答相谷에 둔屯 치매 나합출納哈出이 노怒하여 덕산동德山洞에 옮겨 둔屯 첫다. 태조太祖는 밤을 타 격퇴擊退하여 파破하니 나합출納哈出은 달단동韃靼洞으로 돌아갔다.

태조太祖는 사음동舍音洞에 둔屯치고 척후斥候를 보내어 알어보고 동유령東踰嶺을 넘어 수십 기數十騎를 거느리고 적賊과 싸우는바 적장賊將 하나가 철갑鐵甲을 입고 창을 휘둘러 돌진突進하엿다. 태조太祖는 몸을 번득여 만ㅅ다래에 의지하니 적장賊將은 마치지 못하고 창과 함께 꺼구러졌다. 태조太祖는 즉시 안장鞍裝을 비겨서 그를 쏘아 죽이고 적둔賊屯을 추격追擊하고 날이 저물어 돌아왔다.

그리고 수일 후數日後 태조太祖는 함관령咸關嶺을 넘어 바루 달단동韃靼洞에 이르러 나합출納哈出과 싸우는데 먼저 그 열에 있는 한 적장賊將을 쏘아 죽이고 또 나합출納哈出을 쏘아 그 말을 죽였다. 또 갈아타면 또 쏘아죽였다. 또 말을 돌려 두 장사將師와 이십여 인二十餘人을 죽이고 또 군사軍士를 돌려치니 적賊 하나이 창을 들어 곧 찌르려 하는 것을 태조太祖가 얼른

몸을 들쳐 떠러지는 척하다 그 겨드랑이를 쏘고 또 적賊 하나이 나와 태조太祖를 쏘매 태조太祖는 말 우에 일어서니 그 화살이 가랑이 사이로 나갔다. 횡운골橫雲鶻은 뛰었다. 태조太祖는 그 적賊의 무릎을 마쳤다. 한 적장賊將은 갑주甲胄로 온몸을 굳게 싸고 조곰 입만 내놓았다 태조太祖가 그 말을 쏘매 말이 급히 뛰어 적賊이 곳비를 힘써 잡어댕기며 그 입을 벌렸다. 태조太祖는 그 입을 쏘아 죽엿다.

수일 후數日後 또 적장賊將 세 사람을 쏘아 죽이고 적군賊軍을 크게 파破하니 나합출納哈出은 적졸賊卒을 거두어 달어났다. 나합출納哈出이 이렇게 달어난 것도 횡운골橫雲鶻의 힘을 입음이 많으려니와 또 태조太祖가 홍건적紅巾賊을 칠 때에도 횡운골橫雲鶻이 이와 같은 활약活躍을 하엿다. 좌둔左臀에 한 살촉을 맞고 우후두右后頭에 한 살촉을 맞었다 그 뒤 세종대왕世宗大王은 집현전학사集賢殿學士를 시켜 팔준찬八駿讚을 짓고 획군護軍 안현安賢으로 하여 팔준도八駿圖를 그렸는바 이찬贊에는 「웅자응도雄姿應圖 해골초군駭骨超群 소진요분掃盡妖氛 횡이횡운橫爾橫雲」이라 하였다.

2, 유린청游麟靑은 털은 청색靑色이오 함흥咸興서 낳았다. 태조太祖가 올자兀剌를 취取하고 해주海州서 싸우고 운봉雲峰서 승첩勝捷할 때에 유린청游麟靑을 타 안는데 가슴 오른편에 한 살촉, 목아지 왼편에 한 살촉 오른몸 기에 한 살촉을 맞었다. 이 말은 여섯 살ㅅ적에 태조太祖가 타기를 시작하여 매양 전진戰陣을 당한 때에는 이 말을 가장 많이 타았다. 나이 서룬 하나에 죽었다 사람들이 애처로워하여 우조右槽를 가추어 묻어주었다. 찬贊에는 「위차유린偉此游麟, 서아성덕瑞我聖德, 적년삼십積年三十, 선위남북宣威南北」이라 하였다.

3, 추풍조追風烏는 털은 순흑색純黑色이오 여진女眞 땅에서 낳았다. 뒤 오른 허벅지에 한 살촉을 맞었다. 찬贊에는 「색윤현운色潤玄雲, 안섬명성眼

閃明星, 일편등양一鞭騰驤, 만리종횡萬里縱橫」이라 하였다.

4, 발뇌자發雷赭는 털은 적색赤色이오 코가 히고 발이 히고 안변安邊서 낳았다. 태조太祖가 장단長湍으로 사냥 갈 때에 이 말을 타았다. 찬贊에는 「일륜지기逸倫之驥, 응기여신應機如神, 천군진개千軍陣開, 일책전분一策電奔」이라 하였다.

5, 용등자龍騰紫는 털은 자색紫色이오 갈기가 검고 꼬리가 검다. 해주海州서 싸울 때 이 말을 타았으며 뒤 왼 허벅지에 한 살촉을 맞었다. 찬贊에는 「규리변화虬螭變化, 풍운잡답風雲雜遝, 개선고죽凱旋孤竹, 공존삼첩功存三捷」이라 하였다.

6, 응상백凝霜白은 털은 순백색純白色이오 주둥이가 검고 눈이 검고 발굽이 검고 해주海州서 낳았다. 이 말은 태조太祖가 함화도咸化島서 동군同軍할때에 타았다. 찬贊에는 「신기천흥神奇天興, 광경련소光景練素, 의기일동義旗一同, 홍엽영수鴻葉永樹」라 하였다.

7, 사자황獅子黃은 털은 황색黃色이오 주둥이가 검고 강화江華의 매도煤島 그음섬에서 낳았다. 지리산智異山에서 싸울 때 태조太祖가 이 말을 타았다. 찬贊에는 「삼척위분三尺威奮, 일노이성一怒而成, 두류산치頭流山峙, 황사자명黃獅子名」이라 하었다.

8, 현표玄豹는 털을 흑색黑色이오 표범응덩이고 혹흥或興의 태조잠저太祖潛低 아동兒洞서 낳았다. 이 말도 태조太祖가 출향出向할 때 타았다. 찬贊에는 「현표교신玄豹趫迅, 소향무활所向無濶, 월빙일족粤騁逸足, 양아무열揚我武烈」이라 하었다.

태조太祖가 홍건적紅巾賊을 치고 위화도회군威化島回軍한 때까지 무릇 이십칠년二十七年 동안 전후前後 수십백 전數十白戰한 때 천신만고千辛萬苦를 하고 필경 대업大業을 세운 건 진실로 말 우에서 얻은 것이니 이 여덜 말의 공로功勞는 과연 크다. 그 이름을 사상史上에 혁혁赫赫히 전함이 당연하도다.

四. 금양위錦陽尉의 명마名馬

금양위錦陽尉는 이조李朝, 의상조부마宜相朝駙馬 박미朴瀰다. 호號는 분서汾西. 분서汾西가 말을 잘 알었다. 하루는 길에서 똥ㅅ바리를 싣고 가는 한 말을 만났다. 그 집으로 끌고 왔다. 등은 산山같이 굽고 뼈가 파리하고 층이 졌다. 이는 즉 현황玄黃 준마駿馬이었다. 그 값을 쳐 주고 하인下人 시켜 그 말을 잘 먹었다. 말은 얼마 아녀 살이 쪄 뼈가 무치고 눈에 신채神采가 돌고 사람을 보면 문득 물고 찼다 그저 마구간馬廐間에 두고 사면四面으로 대책大柵을 하고 큰 동아줄로 얽어매고 꼴과 공을 몸으로 던저주었다.

하루는 한 중이 지나다 이 말을 보고 이 말은 퍽 날랜데 이렇게 매어 있어 그 힘을 부리지 못한다. 탄상嘆賞을 하고 분서汾西에게 이 말을 길들이겠다 청請하고 대책大柵을 빼고 동아줄을 끄르고 다만 굴레와 자갈만 남기고 큰 막대기를 들고 마구간馬廐間에 들어가 말을 끌어내었다. 말은 흥흥거렸다. 중은 대번 소꾸쳐 올라타고 그 자갈을 벗겼다. 말은 앞으로 뛰고 뒤로 뛰고 가로 뛰고 모로 뛰었다. 중은 막대로 짓치며 두 가랑이로 그 허리를 끼고 그 등을 떠나지 않고 달리어 대문大門 밖으로 나가 가로街路로 돌았다. 말은 떨며 땀을 흘리고 시키는 대로 하다가 다시 저의 마구간馬廐間으로 들어왔다. 이렇게 몇 날을 한 뒤에는 아이를 시켜 채 질을 하고 끌리게 하여도 머리를 숙이고 잘 들었다.

분서汾西가 매양 출타出他를 할 때에는 이 말을 타고 다녔다. 보는 이마다 그 효용驍勇 함을 창도하여 금양궁錦陽宮의 등 굽은 말이라 이름이 높았다.

광해군光海君 때에 분서汾西가 죄罪를 입어 전라도全羅道, 영광靈光으로 귀양을 갔다. 이 말을 타고 가, 집으로 돌려보냈다.

광해군光海君은 이왕부터 이 말의 높은 이름을 들은지라 이 말을 궐내闕內로 들여다 먹이고 때로 달리고 무척 사랑하였다. 어느 날은 타고 달리다가 후원後苑에 부드쳐 땅에 떠러저 중상重傷을 하였다. 말은 흥흥거리고 쏜살같이 달어났다. 돈화문敦化門을 나서 남대문南大門 밖 청파靑坡를 지나 동작銅雀이로 향向하였다. 몇백 명百名이 그 뒤를 좇아 강江 머리에 이른즉 말은 벌서 강江을 건너가 어느 곳으로 가는지를 몰랐다. 분서汾西는 영광靈光서 그날그날을 고적孤寂히 보내다가 하루는 어슬어슬 저무를 때 사관舍館 뒤 대숲 속에서 느닷없이 말 울음소리가 들렸다. 그 소리는 귀에 익은 소리였다. 급히 뛰어나가 보니 그 등 굽은 말이었다. 등에는 어안御鞍이 있으며 등자鐙子와 안장鞍裝이 화려華麗하였다. 분서汾西는 깜작 놀래어 다시 죄안罪案을 더 할가 저허하고 하인下人을 시켜 땅을 파, 굴을 맨들고 그 속에다 이 말을 갈머 두고 간곡히 말더러 경계警戒하되

「네, 능히 하루에 천리千里를 달어와 옛 주인主人을 찾으니 너는 기물奇物ㅅ가운대 신이神異한 놈이다. 네, 능히 몸을 벗어나 달어났으니 이미 죄罪를 지었고, 또 내게로 돌아왔으니 내 죄도 더할 것이라 이제 너의 자최를 없이고 너의 몸을 감추고 너의 목숨을 마치고저 하노니 네, 만일 알음이 있으면, 소리를 내지 말어 사람을 아지 못하게 하여라.」

하였다. 말은 드디어 적연寂然히 있었다.

해포가 되었다. 말은 문득 머리를 들고 늘어지게 울었다. 소리가 산악山

岳을 울렷다. 분서汾西는 크게 놀래며

「말이 문득 크게 울으니 반드시 큰일이 있으리라.」

하였다.

그리고 수일數日을 지나자 인조仁祖가 반정反正을 하였다는 보도報道가 이르렀다. 분서汾西는 즉시 몽방蒙放이 되어 그 말을 타고 돌아와 출입出入할 때면 전과 같이 타고 다녔다.

그 후, 나라ㅅ사신使臣이 심양瀋陽을 가는데 떠난 지 오래고 압록강鴨綠江을 건느는 기일期日이 겨우 하루밖에 아니 남었다. 조정朝廷에서 그때야 자문咨文ㅅ가운대에 고칠 곳이 있음을 깨닫고 여러 의론이 이 말이 아니면 밎을 수 없다 하였다. 인조仁祖는 분서汾西를 불러 말하였다. 분서汾西는

「국가國家의 중무重務를 신자臣子의 신명身命도 아낄 수 없사온바 어찌 말을 아끼리까.」

하고 인하여 타고 갈 사람더러

「이 말은 의주義州에 이르거든 부듸 죽을 먹이지 말고 수초水草도 주지 말고 바루 달어 매엇다가 두어 밤을 지나 몸이 식고 기운이 가라진 때를 기다려 먹여라 그러찮으면 반드시 죽이리라.」

하였다. 그 사람이 예예 하고 떠낫다. 그 다음 날 어둡기 전에 의주義州에 다달어 공첩公牒을 전하고 그 사람은 혼절昏絶하여 말도 못하였다. 엽葉을 다려 그를 구원하고 사람들이 그 타고 온 말을 보고 다 금양궁錦陽宮 등 굽은 말이라 일컫고 꼴을 주어 먹었다. 말은 그 뒤는 다시 영영永永 그 옛집을 돌아오지 못하고 말었다.

신라사新羅史의 정화精華 화랑도花郎徒*

朝鮮日報
新年號 其十四
新羅史의 精華 花郎道
李秉岐
道義의 危機에 부치는 글

『조선일보』, 1940. 1. 4.

---

* 「신라사新羅史의 정화精華 화랑도花郎徒」, 『조선일보』, 1940. 1. 4.
「신라新羅의 화랑도花郎道(『반도사화와 낙토만주』 1943.)와 같음.

신라사新羅史의 정화精華 화랑도花郞徒[13]

역사歷史를 불태우는 이 정신精神을 보아라!

★물질物質의 위기危機도 무서우리라. 그러나 그보다도 무서운 것은 정신精神의 위기危機다. 일세一世를 들어 이 미증유未曾有의 역사적歷史的 난국돌파難局突破에 당當해야 할 때에 이 틈을 타서 어느덧 기여든 것은 퇴폐사상頹廢思想이다. 신의信義와 책임감責任感의 타락墮落과 독단極端의 이기주의利己主義의 발호跋扈를 뜻 있는 인사人士는 어찌 보느냐?

자타自他가 혼미混迷 속에 설 적마다 역사歷史만이 위대偉大한 교사敎師다. 여기 역사상歷史上의 귀감龜鑑을 들어 도의道義의 위기危機에 부치는 소이所以다.

우리 문헌文獻 가운데 지금 전하는 최고最古한 사책史冊을 말하자면 삼국사기三國史記라 하겠고 삼국三國 가운데에도 가장 융성隆盛하던 것으로는 신라사新羅史를 칠 수밖에 업겠다.

신라新羅가 극성極盛할 때 망亡해가던 그 인방隣邦의 백제百濟와 고구려高句麗를 당군唐軍과 연합聯合하여 정복征服하엿다 하고 동족同族의 국가國家를 이족異族으로 더불어 멸망滅亡하게 한 것이 불가不可하다 하는 이도 있스나 그건 그렇게만 말할 것이 아니다. 그때 백제百濟는 의자왕義慈王의

13 「신라사新羅史의 정화精華 화랑도花郞徒」, 『조선일보』, 1940. 1. 4.
「신라新羅의 화랑도花郞道」(『반도사화와 낙토만주』 1943.)와 같음.

음황淫荒으로 고구려高句麗는 천개소문泉蓋蘇文의 잔폭殘暴으로 저절로 점멸漸滅하려 하고 더구나 당唐은 수隋를 이어 바야흐로 불꽃가치 일어나며 그 완강頑强하던 돌궐突厥도 사뭇 적지赤地를 맨들고 그들 길을 장차 이 땅으로 옮기려 하매 신라新羅가 아니드라도 그 망亡함은 면免할 수 업섰다.

그와 같이 신라新羅가 선착편先着鞭하여 원교근공遠交近攻으로 당군唐軍과 연합聯合하여 여제麗濟를 친 것은 당연當然한 정세情勢며 현명賢明한 정책政策이엇다.

만약萬若 그때 신라新羅가 그렇지 못하엿던들 여제麗濟만 당唐에게 망亡할 섇 아니라 신라新羅까지라도 어떻게 되엇슬는지 모르겟다. 당唐이 신라新羅와 함께 여제麗濟를 친 것은 결코 신라新羅를 위함이 아니엇다.

신라新羅는 건국健國 이래以來 종종種種 여제麗濟의 침략侵掠을 받아오다가 그중中 선덕왕善德王 때에 이르러 백제百濟가 신라국서新羅國西 사십여성四十餘城을 빼앗고 또 고구려高句麗로 더불어 당항성黨項城을 막고 또 대야주大耶州를 치매 도독都督 품석品釋은 싸우다 그 아내와 함께 죽엇다. 품석品釋의 아내는 김춘수金春秋 태종무열왕太宗武烈王의 따님이다. 김춘수金春秋가 이 소문을 듣고 크게 분하여 백제百濟의 원수怨讐를 가프려 고구려高句麗로 청병請兵을 갓다가 도리어 죽을 뻔하고 돌아와 다시 진덕왕眞德王 때에 사신使臣으로서 당唐에 가서 당태종唐太宗을 보고 여제麗濟 치기를 꾀하여 먼저 백제百濟를 친 것인 바 당唐에서는 소정방蘇定方으로 대총관大總官을 삼고 김인문金仁問 김춘추金春秋의 아들으로 부대총관副大總官을 삼고 수륙군 십삼만水陸軍十三萬을 보내엇다. 한데 소정방蘇定方은 신라군新羅軍이 황산黃山 땅에 이르러 백제百濟 계백階伯의 결사대決死隊 오천명五千名과 삼, 사三四 회回 격전激戰을 하고 간신艱辛히 이기고 온 것을 번연히 알면서 신라군新羅軍이 당영唐營에 이른즉 소정방蘇定方이 후기後期를 하엿다 탈을 잡고 신라독군新羅督軍 김문영金文穎을 내다 군문軍門에서 목을 베려 하다 김유신金庾信의 대갈일성大喝一聲에 소정방蘇定方이 사죄謝罪를 하엿다. 또 이미 백제百濟를 멸滅한 뒤에도 당군唐軍이 오히려 사비泗沘의 언덕에 진陣을 치고 묵삭이며 신라新羅를 침략侵掠하려 음모陰謀를 하는 것을 신라新羅에서 미리 알고 신라 군사新羅軍士에게 백제인百濟人의 의복衣服을 입혀 반란反亂을 일으키려 하매 그제야 당군唐軍이 두려워하고 물러갓다.

이런 교활狡猾, 음험陰險하든 당인唐人을 능能히 제어制御하여 그 원수怨讐를 갚고 삼국三國을 통일統一하든 신라新羅는 한때 무용武勇과 행운幸運으로만 그런 것이 아니고 유명有明한 나마羅馬와 가치 정치政治, 법제法制의 기량伎倆이 퍽으나 우수優秀하엿던 것이다.

역사歷史를 상고해 보면 혹은 일一, 이二 년年 혹은 몇십十 년年 혹은 몇백百 년年 동안에 허구 만흔 나라가 흥興 하엿다 망亡 하엿다 하는데 특特히 신라新羅가 근 천 년 동안을 혁혁赫赫히 누려왓슴 그저 그 정치政治, 법제法制로만 말미암은 것이라기보다 실로 그럴만한 그 무엇이 업을 수 업섯스리라.

비록 신라新羅는 천연적天然的으로 지세地勢가 조핫다 하나 그만한 비옥肥沃한 토지土地, 온난溫暖한 기후氣候, 풍부豊富한 물산物産이야 다른 나라에도 업던 것이 아니고 또는 인걸人傑이 배출輩出하엿다 하나 그런 인걸人傑이 백제百濟나 고구려高句麗에도 업든 건 아니고, 그건 오직 화랑도花郎徒의 정신精神으로 된 것이다.

화랑花郎은 또 원화源花, 국선國仙이라기도 하 바 신라 진흥왕 삼십칠三十七 년年에 원화源花를 처음 받들었다 하엿으되 그 전부터 그 제도制度가 잇던 것이다. 당초當初 군신君臣이 사람을 알 수 업다 하여 서로 모여 놀게 하고 그 행실行實을 보아 들어 쓰자는 것이다. 그리고 두 미녀美女를 뽑아

하나는 남모南毛, 또 하나는 준정俊貞이라 하고 그 무리를 삼백여三百餘 인人 모여 섯더니 두 미녀美女가 어엿븜을 다투고 서로 새워하다 준정俊貞이가 남모南毛를 제집으로 오라 하여 억지로 술을 권해 먹여 취한 뒤에 끌어다 강江ㅅ물에 던져 죽엿다. 이 일이 발각發覺되어 준정俊貞이도 사형死刑을 당하고 그 무리는 스스로 흗어져 버렷다. 그 후로는 다시 미모美貌의 남자男子를 뽑아 곱게 단장을 시키고 이름을 화랑花郎이라 하고 그 무리가 수백 명이 되어 그를 받들고 도의道義로써 서로 닦고 가악歌樂으로써 서로 질거워 하고 명산대천名山大川마다 찾아다니며 놀고 인하여 그 사람의 그르고 옳음을 알고 그 착한 이를 골라 조정朝廷에 천거薦擧하엿다.

이 제도制度가 인재人才를 뽑아 쓰기 위하여 된 것임은 더 말할 것도 업스려니와 그 허구 만흔 무리가 서로 모여 하는 일은 인격수양人格修養, 즉 심신心身을 수련修練함이다. 다시 말하면 도의道義로써 서로 닦는다 함은 의지意志의 수련修鍊이오, 가악歌樂으로써 서로 질거워한다 함은 정情의 수련修鍊이오, 산수山水를 찾아다닌다 함은 신체身體의 수련修鍊이다.

이런 수련修鍊을 쌓은 그들에는 석학명가碩學名歌도 잇스려니와 현좌충신賢佐忠臣과 양장용졸良將勇卒이 만핫다. 그 예例를 들면 김유신金庾信 같은 이는 자기自己의 둘째 아들 원술元述이가 당군唐軍과 싸우러 나가서 대패大敗를 하고 죽으려 하다가 돌아오매 왕명王命을 욕辱되게 하고 또한 가훈家訓을 져버렸으니 목을 베라고 왕에게 여쭈엇다. 그러나 왕은 중형重刑을 하지 않고 사죄赦罪를 하엿으나 원술元述은 참구慙懼하여 감敢히 그 아버지를 보지 못하고 시골로 도망하여 가 숨엇다가 그 아버지가 세상世上을 떠난 뒤 돌아와 그 어머니를 보려한즉 그 어머니도 마침내 보들 안헛다. 원술元述은 탄식嘆息을 하고 태백산太伯山에 들어가 잇다가 또 당병唐兵이 침노한다는 말을 듣고 자원自願하고 나아가 역전力戰하여 공상功賞이 잇섯

스나 부모에게 용납지 못함을 한恨하고 종신終身토록 벼슬은 아니 하엿다. 관창官昌은 나이 열여섯에 말을 잘 타고 활을 잘 쏘앗다. 대감모大監某가 태종 대왕太宗大王에게 천거薦擧한바 당군唐軍과 연합聯合하여 백제百濟를 치러가 관창官昌은 부장副將이 되어 황산黃山 뜰에 이르러 백제군百濟軍과 대진對陣할 때 그 아버지 품일品日이가 이르되

『네 비록 나이 어리나 뜻을 두고 오늘 공명功名을 세울 때니 네 용기勇氣를못 내겟느냐』

한즉 관창官昌이 대답하고 말에 올라 창槍을 빗겨들고 적진敵陣으로 달려들어 두어 사람을 죽엿으나 저편은 많고 자기편은 적음으로 사로잡힌바 되어 백제百濟의 계백장군階伯將軍 아프로 갓섯다. 계백장군階伯將軍은 그 투구를 벗기고 그 어리고 또 용감勇敢함을 사랑하여 차마 죽이지 못하고 인하여 탄식嘆息하되

『신라新羅는 기사소년奇士少年이 만하 이러하거든 하물며 장사壯士이랴. 하고 돌리어 보내엇다. 관창官昌은 돌아가

『내 적중賊中에 들어가 장수將帥를 베고 기旗를 빼앗지 못한 것이 한恨이니 다시 가면 반드시 성공成功하리라.』

하고 손으로 우물물을 떠먹고 다시 적진敵陣에 들어가 몹시 싸우매 그제는 계백장군階伯將軍이 사로잡아 목을 베어 말안장鞍裝에 달아 돌려보냇다. 품일品日이 그 머리를 잡고 소매로 피를 씨스며

『내 아들의 면목面目이 산듯하고 왕사王事에 잘 죽엇스니 뉘우칠 바 업노라.』

하엿다. 삼군三軍이 이걸 보고 강개慷慨하여 고조鼓譟하고 진격進擊하매 백제군百濟軍이 대패大敗하엿다.

신라新羅사람은 싸움을 당하여 물러서지 안코 못 이기면 죽고야 말엇

다. 천하天下에 다시 업는 무서운 군사軍士이엇다. 감敢히 이를 당할 이가 업을 것이다. 그리고 그들은 싸움에만 그런 것이 아니고 나라ㅅ일이고 보면 어떠한 일이라도 목숨을 내노코 다투엇다. 신라新羅 문무왕文武王 구九 년年에 당唐에서 사람을 보내어 목노木弩 만드는 이를 청請하여 구진천仇珍川이라는 이를 데리고 갓다. 구진천仇珍川은 당唐에 가서 목노木弩를 만든바 쏘아본즉 이십 보步쯤 갓섯다. 당唐의 임금이 말하되

『들으면 네 나라에서는 일천一千 보步를 간다는데 겨우 이십二十 보步니 이 무슨 까닭이냐?』

한즉

『그는 재목이 조치지 못함이니 만일 본국本國에서 그 재목을 가져오면 맨들 수잇다.』

하엿다. 당唐은 또 사람을 보내어 재목을 가져다 목노木弩를 다시 맨들게 한 바 그제는 육십 보步쯤 갓섯다. 당唐의 임금이 그 까닭을 무르매

『그 재목이 바다를 건너오느라고 습기濕氣에 젖어서 그러타』

하엿다. 그 뒤로는 당唐의 임금이 의심을 하고 옥獄에 가두고 아무리 형벌刑罰하여도 마침내 알려주지를 안헛다.

이 외에도 효종랑孝宗郎이 빈곤貧困한 효녀孝女를 구원救援하엿다든지 검군劍君이 그 흉년凶年을 당하여서도 동료同僚들이 훔처낸 창고倉庫의 곡식을 받지 안코 동료同僚들이 독약毒藥을 탄 음식飮食을 먹고 죽엇다든지 사다함斯多含이 무관랑武官郎을 싸라 죽엇다든지 하는 일과 같이 신라新羅 사람은 오로지 인도의협人道義俠으로 살고 죽고 하엿다. 그 인도의협人道義俠이야말로 화랑도花郎徒의 정신精神이었으며 그 정신精神을 개개個個히 발휘發揮하든 화랑도花郎徒의 열전列傳은 그 역사歷史의 정화精華이엇다.

희세稀世의 위걸偉傑 충무공忠武公

음력陰曆 십일월十一月 십구일十九日 순국殉國 348주년三四八周年을 앞두고

난세亂世에 이 성웅聖雄!

亂世에이聖雄!

李秉岐

『조선일보』, 1946. 11. 26.

희세稀世의 위걸偉傑 충무공忠武公
음력陰曆 십일월十一月 십구일十九日 순국殉國 348주년三四八周年을 앞두고

난세亂世에 이 성웅聖雄![14]

무武로써 득세得勢한 이씨조선李氏朝鮮이 전조前朝 고려조高麗朝와 다른 정치이념政治理念은 국가國家의 백년대계百年大計를 문文에다 둔 것이다. 한편으로 사대사상事大思想이 팽배膨湃하야 명明에게 종속從屬하게 되엿다. 이런 중中에도 문文만을 숭배崇尙한 결과結果로 이 방면方面에는 훈업勳業, 문장文章, 학자學者 3파三派가 정립鼎立하여 맹렬猛烈한 투쟁鬪爭을 계속繼續하야 사화士禍가 자주 일어낫다. 이리하야 무비武備를 전연全然 한시閑視한 수백 년을 보내고 마침내 그것은 동서양당파東西兩黨派로 갈녓다. 이 기회機會를 엿보아 북北에서는 청남淸南에서는 일본日本이 호시탐탐虎視耽耽함으로 율곡선생栗谷先生은 남북南北의 국방國防을 강조强調하엿으나 조정朝廷의 요인要人들은 그렇게 하면 민심民心만 소란騷亂하다고 반대反對하였다. 이는 국가적 의식國家的意識이 없이 단지 당파적 야심黨派的野心에서 자기세력自己勢力만을 신장伸長식히자는 것이엿는데 이 정노情勞는 마치 금일今日의 조선현상朝鮮現象을 방불彷佛케 한다 할 것이다.

이럴수록 일본日本은 더욱 무력武力을 강화强化하야 드듸어 조선정복朝鮮征服을 꾀하고 풍신수길豊臣秀吉이 명明을 치겠다 핑계하면서 조선朝鮮에

---

14 「亂世에 이 聖雄!」.

길을 빌리라 하는 것을 거절拒絶 당當하자 임진壬辰 4월四月 16일十六日에 15만十五萬 대군大軍을 거느려 습격襲擊하여 왔다. 일순一瞬에 부산釜山이 함락陷落되고 불과不過 한 달만에 왜적倭敵은 서울에 처드러왔든 것이다. 선조대왕宣祖大王은 의주義州로 파천播遷하게 됨으로 적敵은 이를 평양平壤으로까지 추격追擊하여 왔다.

이렇게 국가존망國家存亡이 기로岐路에 선 위기危機였을 때 충무공忠武公께서는 무과 출신武科 出身으로 수십년간數十年間이나 미관말직微官末職에서 불우不遇한 세월歲月을 보내다가 다행多幸히 서애西涯 유성룡柳成龍의 지우知遇를 얻어 비로소 정읍현감井邑縣監으로 나아가 다시 전라우도수사全羅左道水使 해방사령관海方司令官으로 발탁拔擢되엇던 것이다. 본영本營과 속진屬鎭의 전구戰具를 수비修備하고 쇠사슬을 맨드러 앞바다에 걸처 방비防備하였으며 신기神奇한 거북선까지 창조創造하야 적敵에 대비對備하면서 임진壬辰에 이르렀다. 이때에 왜적倭敵이 내습來襲하였다는 것을 알자 공公은 부산釜山까지 원로遠路 처가기로 하고 남서해안南西海岸 일대一帶에 드러오는 적敵을 막아서 때려 부시여 가는 곧마다 찬연燦然한 전승戰勝은 눈부실 만하였다. 때로는 경상우도수사慶尙右道水使 원균元均에게까지 원군援軍을 보내서 아군我軍을 유리有利하게 하였다. 공公은 지역적地域的으로 보아 좌수영左水營 여수麗水보다도 한산도閑山島를 요새화要塞化 하야 이를 방비防備하는 것이 책전상策戰上 좋을 것이라 단정斷定하고 좌수영左水營을 옮기여 운주당運籌堂을 맨드시고 밤에도 갑옷 벗지 않으시고 불면불휴不眠不休 배사군과 병졸兵卒까지 불러서 전술前述을 훈련訓練하야 싸움에 대對하였다. 이렇게 사년四年이나 격전激戰하였는데 한 번도 패敗한 일이 없이 천하무적天下無敵을 자랑하게 되니 이 공훈功勳은 물론勿論 조정朝庭에 알려졌다. 그러나 원균元均은 공公의 무훈武勳을 시기猜忌하야 기회機會만 있으면 해害칠랴고 획책劃策하고 있었다.

한쪽으로 왜군倭軍은 공公에게 정면충돌正面衝突할 자신自信이 업는 까닭으로 한 간책奸策으로 요시라要時羅라는 밀정密偵을 우리 군軍에 보내어 「일본日本은 전의戰意가 없으나 가등청정加藤清正만이 혼자 싸우자고 고집固執하므로 일본日本은 가등加藤을 죽일랴 하니 조정에서 밀지密旨를 보내어 이를 죽이라는 것이다. 가등加騰이 있는 곧까지 밀고密告를 하였으나 모략謀略으로 간파看破한 공公은 조정朝庭의 명命에 응應치 않고 사람도 않이 내였다. 왜적倭敵에게 속은 조정朝庭은 공公을 역도逆徒로 몰리어 서울로 잡아 올리고 원균元均을 공公의 자리에 올려 앉이였다.

원균元均은 삼도수군통제사三道水軍統制使 최고사령관最高司令官에 승진昇進되자 충무공忠武公이 창설創設하신 운주당運籌堂에 앉어서 주색酒色에 빠저버렸다. 군사軍使들이 이 급急을 고告하고 왜적倭敵에게 대적對敵하기를 간諫하면 도리혀 잡아다 때리기만 하는 고로 결決코 싸울 맘이 더 날 리 없었다. 이러구러 왜군倭軍은 한산도閑山島에 쳐 드러와서 거북선까지 부서지고 원균元均은 적適에게 잡혀 죽고 진영陣營은 빼앗기고 해륙海陸 전세戰勢가 극히 불리케 되었다.

국사國事가 하도 위급危急하고 공公이 죄罪 없는 것을 알게 된 조정朝庭에서는 공公을 석방釋放하야 다시 전지戰地에 보내게 되었다. 공公이 출진出陣 하였을 때에는 그동안 원균元均의 난행亂行으로 군사軍使도 허터지고 군비軍備 시설施設도 없었으나 공公의 덕德을 흠모欽慕하야 군병軍兵이 구름같이 모혀들어 일치결속一致結束한 십삼 척十三隻 군함軍艦을 한꺼번에 격파擊破식혓다. 이에 원기백배元氣百倍한 아군我軍은 파죽지세破竹之勢로 적適을 처부시어 한 거름도 이쪽에 접근接近치 못하게 하였는데 노돌노량진露梁津에서 적適을 마지하게 되어 몇칠이나 연전연승連戰連勝 하시는 중

中에 공公은 불행不幸히도 적환敵丸에 마저 음력 십일월十一月 십구일十九日에 오십사세五十四歲를 일기一期로 장렬壯烈한 전사戰死를 하시었다. 전장戰場에서 임종臨終하실 때에 질侄을 불르시여 자기自己 공公의 전사戰死를 발표發表하지 말라고 유언遺言하신 것은 아군我軍의 사기士氣가 조상阻喪될까 하야 끝까지 염려念慮하신 것이였다.

이리하야 우리는 왜적倭敵을 재기再起 못하도록 철저徹底하게 격파擊破하야 이 땅에서 쪼차냈든 것이다.

칠년七年 동안이나 군량軍糧과 군사軍使를 호남지방湖南地方에서 자급자족自給自足되게 하시고 다른 곧에까지 이를 보내여 원병援兵한 공公의 전략戰略에 능能할 뿐더러 외교外交에도 능란하시여 중국中國에서 온 장교將校를 심복心腹의 사람으로 맨드러 감화感化시킨 일도 있다. 비전시非戰時에는 둔전屯田까지 하여 군량증산軍糧增産에 노력努力을 아끼지 아니하시였다. 7년七年 동안을 공문서公文書와 일기日記를 친집親輯하고 절대絶對로 여인女人을 멀리하야 전력專力을 다 하시여 성지덕誠至德에 군졸軍卒들은 공公을 부모父母처럼 섬기였으며 명령일하命令一下에는 수화水火를 가림이 없었다. 이렇듯 공公은 일개一介의 장재將才뿐만 아니라 전지전능全智全能에 성자聖資를 타고난 동서고금東西古今에 드믄 위인偉人이였다.

횡설수설橫說竪說

— 정사正士와 처세處世

橫說竪說

—正士와 處世—

가람●李秉岐

穀幽室日記를 보면, 春日消興이라고, 金得臣이란 傳記가 있는바 金得臣의 號는 栢谷이오 유명한 文臣으로, 宣祖三十七年乃至肅宗十年의 八十一歲로도 强健에게 죽은 그러한 큰 精力을 타고난이로되 그때 漢文공부를 하며 中國文豪로 史學家인 司馬遷의 지은 그의 가장 傑作인 伯夷傳을 一億一萬八千번을 읽었다 하였고, 또金得臣이 지은 終南叢志에도 馬漢韓柳의 글은 좋아 모두 만번은 읽고 그중 伯夷傳만은 一億一萬三千번을 읽고 그의 있던 방 이름은 [illegible]이라고 하였다고 하였다. 中國의 文章으로는 과연 莊天馬地라하여 莊子는 하늘 司馬遷은 땅이라하였다. 이런 文章으로서 지은 伯夷傳은 무엇인가 하면, 처음부터 伯夷와叔齊는 孔子의 말을 들어 말하되, 「孔子曰 伯夷叔齊 不念舊惡 怨是用希 求仁得仁 又何怨乎」라하였고 그傳說을 말하되, 伯夷叔齊는 孤竹君의 두아들인데 아비가 叔齊를 세우려하다가 죽으매, 叔齊는, 伯夷게 그임금을 사양하매 伯夷는 아버지 명령이라하고 도망하였다. 叔齊도 또한 도망하였다. 그리고 文王이 늙은이를 잘 대접한단말을 듣고 文王에게 가서 의지하다 文王이 구게뒤에 文王의 아들 武王이 殷나라 紂를 치러가매 伯夷叔齊가 말고뼈이를 잡고 말을 하되

「父死不葬 爰及干戈 可謂孝乎 以臣弑君 可謂仁乎」

하고 말렸다. 左右가 죽이려하매 太公이 義人이라하고 물아냈다. 武王이 이미 殷나라를 치고 天下가 武王의 周나라를 높이니 伯夷叔齊는 周나라의 곡식은 아니먹겠다하고, 首陽山에 들어가 숨어 고사리를 캐먹다 주려죽으며 노래를 지은바 그노래는

「저西山에 올라 고사리를 캐도다, 사오나온것으로 사오나온것

(78)

『대조』 4권 2호. 1946. 7.

횡설수설橫說竪說

— 정사正士와 처세處世[15]

의유당일기意幽堂日記를 보면 춘일소흥春日消興이라고, 김득신金得臣이란 전기傳記가 있는바 김득신金得臣의 호號는 백곡柏谷이오 유명한 문신으로, 선조宣祖 삼십칠三十七 년年 내지 숙종肅宗 십 년十年의 팔십일八十一 세歲로도 강도强盜에게 죽은 그러한 큰 정력精力을 타고난 이로되, 그때 한문漢文 공부를 하며 중국 문호文豪요 사학가史學家인 사마천司馬遷의 지은 그의 가장 걸작傑作인 백이전伯夷傳을 일억이만팔천一億二萬八千 번을 읽었다 하였고, 또 김득신金得臣이 지은 종남총지終南叢志에도 마한한유馬漢韓柳의 글을 뽑아 모두 만 번을 읽고 그중 백이전伯夷傳만은 일억일만삼천一億一三千 번을 읽고 그의 있던 방 이름을 일억실一億室이라고 하였다고 하였다. 중국의 문장文章으로는 과연 장천마지莊天馬地라 하여 장자莊子는 하늘 사마천司馬遷은 땅이라 하였다. 이런 문장文章으로서 지은 백이전伯夷傳은 무엇인가 하면, 처음부터 백이伯夷의 사적事跡을 공자孔子의 말을 끌어 말하되,

『孔子曰 伯夷叔齊 不念舊惡 怨是用希 求仁得仁 又何怨乎』

라 하였고 그 전설傳說을 말하되 백이숙제伯夷叔齊는 고죽군孤竹君의 두 아들인데 아비가 숙제叔齊를 세우려 하다가 죽으매, 숙제叔齊는 백이伯夷게

15 「橫說竪說」.

그 임금을 사양하매 백이伯夷는 아버지 명령이라 하고 도망하였다. 숙제叔齊도 또한 도망하였다. 그리고 문왕文王이 늙은이를 잘 대접한단 말을 듣고 문왕文王에게 가서 의지하다 문왕文王이 죽은 뒤에 문왕文王의 아들 무왕武王이 은殷나라 주紂를 치러 가매 백이숙제伯夷叔齊가 말 끄덩이를 잡고 말을 하되

『父死不葬 爰及干戈 可謂孝乎 以臣弑君 可謂仁乎』

하고 말렸다. 좌우左右가 죽이려 하매 태공太公이 의인義人이라 하고 몰아냈다. 무왕武王이 이미 은殷나라를 치고 천하天下가 무왕武王의 주周나라를 높이니 백이숙제伯夷叔齊는 주周나라의 곡식을 아니 먹겠다 하고, 수양산首陽山에 들어가 숨어 고사리를 캐먹다 주려 죽으며 노래를 지은바 그 노래는

『저 서산西山에 올라 고사리를 캐도다. 사오나온 것으로 사오사온 것을 바꾸었이니 그 그른 것을 모르도다. 신농神農 우하禹夏 믄득 죽었이니 나는 어디로 갈고 슬프다 죽을 밖에 도리가 없도다.』

하고 마침내 수양산首陽山에서 죽었다.

『由此觀之 怨耶非耶 或曰 天道無親 常與善人 若伯夷叔齊 可謂善人者 非耶 積仁潔行 如此而餓死 且七十子之徒 仲尼 獨薦顔淵 爲好學 然 回也屢空 糟糠不厭而卒蚤夭 天之報施善人 其何如哉 盜跖 日殺不辜 肝人之肉 暴戾恣睢 聚黨數千人 橫行天下 竟以壽終 是遵何德哉 此其尤大彰明較著者也 若至近世 操行不軌 專犯忌諱 而終身逸樂富貴 累世不絶 或擇地而蹈之 時然後出言 行不由徑 非公正 不發憤而遇禍災者 不可勝數也 余甚惑焉』

이라 하여 공자孔子의 『백이숙제伯夷叔齊 불념구악不念舊惡』이란 말을 인용하여 사실事實 그 전하는바, 백이숙제伯夷叔齊는 은殷나라가 망한 후 주周나라의 무왕武王을 원망함이 아닌가 함과 또는 공자孔子가 지었다는 주역周易의 곤坤의 상象에 『적선지가積善之家 필유여경必有餘慶 적부선지가積不善之家 필유여앙必有餘殃』이란 말과 또 공자孔子의 칠십 제자 가운데 가장 칭찬한 안연顔淵은 그렇게 착하였으되 쉬 죽고 도척盜跖이는 그렇게 사나웠으나 마침내 오래 살다가 제 수명대로 죽었다 하였으며, 또 그 근래 행실을 삼가지 않고 함부로 노던 이는 오히려 복록福祿을 누리고, 퍽 근신謹愼하던 이는 도리어 재앙을 당하였다 하였다.

이는 사마천司馬遷이 그때 태사령太史令으로 있을 때, 그 친구親舊 이릉李陵이가 출정出征하였다가 사세가 할 수 없어 흉노匈奴에게 항복降服하매 한무제漢武帝가 몹시 노하였던바, 사마천司馬遷은 이릉李陵과 지기知己로서 이릉李陵의 항복降服함이 어찌할 수 없는 일이나 그 충성忠誠은 그렇지 않다고 변명辨明하였다. 그러나 이릉李陵은 그 국법國法을 쓰이게 되며, 사마천司馬遷도 연루連累되어 부랄까지 발리고, 인하여 사기史記란 책冊을 지었다. 그러면 이 백이전伯夷傳은 그가 불평不平한 마음으로서 지었다고만 할 것이 아니라, 그는 짐짓 중국의 놀라운 사가史家로서 과연 역사의 사실史實을 사실事實로서 고취考聚한 까닭이었다.

어떤 아버지든지 자식에게 하는 말이 결코 그 자식을 속이려는 거짓말이 아니었다. 이건 백이면 백 다 그렇다고 하는 건 아니되 대강 그러리라고 한다. 순舜임금 같으신 아드님을 두고도 고수瞽瞍 같은 아비가 아니다면 비록 후처後妻에게 혹하였다되 그렇지는 않겠다. 일선一善 향랑香娘의 아비가 그 후처後妻에게 혹하였다드라도 고수瞽瞍와 같든 아니하였으며 출가出嫁하여 그 남편과 시부모에게 그런 지성至誠이 없었으나 필경 낙동강에 떨어져 죽으며 다만 산유화山有花의 한 곡조曲調만 남기고 말었다. 그도 낙동강에 가 죽으려다 우연히 나무하러 온 총명한 십이 세의 여자를 만났기 망정 만일 그렇지 않었드면 그 죽음이 도리어 정열貞烈보다 음란淫亂한 누명累名을 남겼을 것이다.

누구나 임진왜란에 가장 유공하신 이가 충무공忠武公 이순신李舜臣인 줄 알 것이다. 물론, 그의 광명정대光明正大한 성격과 신출귀몰神出鬼沒한 재조才操와 지극진솔至極盡率한 충성忠誠만은 알련마는 그가 왜적倭賊을 다 멸하고 자살自殺한 줄은 모르리라. 왜 그가 자살自殺하였을가? 그가 한 무관출신武官出身으로 가장 충실忠實히 봉공奉公하엿으나 오랫동안 침체沈滯하였다가 비로소 유성룡柳成龍의 추천推薦으로 나이 사십칠 세에 전라좌수사全羅左水使를 하여 갔었다. 그땐들 누가 그리 국가國家의 흥망興亡을 충심衷心으로 걱정하였으랴. 우선 자가自家의 고식姑息만 꾀하였을 것이다. 그러나 충무공忠武公은 좌수사左水使로 부임赴任하면서 날마다 밤도 새우다싶이 하며 그 소속所屬인 각各 군영軍營의 군기軍器를 수선修繕하고 거북선을 만들고 그 앞바다의 요새처要塞處에 쇠사실을 매어놓고 미리 왜적倭賊의 침노함을 방비防備하고 있었다.

그 이듬해에 임진왜란이 났었다. 왜병倭兵이 부산釜山으로 오르며 십여十餘 일日만에 경성京城도 함락陷落하였고 선조대왕은 의주義州로 파천播遷하시고 각처에서는 왜병倭兵에게 참패慘敗하여 송장만 되었을 뿐이었다. 이때 부산으로 오려는 왜병보다도 물로서 남해南海 서해西海로 오려던 왜병倭兵이 더 많았다. 만일 충무공忠武公 같으신 신장神將이 아니었은들 어찌 되었을까? 충무공忠武公은 악전고투惡戰苦鬪하여 번번이 승전勝戰은 하였을망정 한 번도 저본 적은 없었다. 이러하여 왜군倭軍이 크게 패하고 충무공忠武公의 명성名聲과 훈업勳業은 더 높아졌다. 그런데 왜군倭軍은 복수復讐와 전책戰策으로서 요시라要時羅라는 왜놈으로 하여 반간책反間策을 써서 그때 경상좌병사慶尙左兵使 김응서金應瑞와 도원수都元師 권율權慄과 내지乃至 조정중신朝廷重臣과 선조대왕宣祖大王까지 돌라 가등청정加藤淸正이 어느 날 조선으로 나오는바 청정淸正은 워낙 평행장平行長과 사혐私嫌이 있어 이런 일을 알리는 것이니 통제사統制使 이순신李舜臣을 보내여 잡으라 하매 선조대왕宣祖大王은 비지秘旨을 내려 충무공忠武公더러 잡으라 하였다.

그러나 충무공忠武公은 그때 허위虛僞인 줄 알고 잡으러 나가지 않었다. 요시라要時羅는 다시 조정朝廷에 말하여 충무공의 태만怠慢함을 말하였다. 그러자 일찍부터 충무공의 훈업勳業을 시긔하고 있던 경상우수사慶尙右水使 원균元均은 좋아라 하고 그때 조정의 요직要職으로 있던 그 인척姻戚들과 연락連絡하여 갓갓으로 모해謀害하였다. 그러하여 필경 충무공은 반역죄反逆罪로 서울로 잡혀와 꼭 죽게 되었다. 그때 영의정領議政 유성룡柳成龍은 자기가 추천推薦한 이라 한 말할 수 없고 그 밖의 조신朝臣들도 눈치만 보고 있었을 뿐이다. 그런데 좌의정左議政 정탁鄭琢이가 알외어

『순신舜臣은 명장名將이라 마땅히 사죄赦罪하소서』

하여 놓였다. 정탁鄭琢은 누군가 하면 본시 경상도慶尙道 예천醴泉 사던 한미寒微한 사람으로서 조남명曺南冥의 문하門下에서 다니다가 그 재조와 행실이 놀라워 벼슬하여 정승政丞까지 된 이였다. 만일 정탁鄭琢과 같으신 분이 그렇게 아니하였으면 충무공忠武公은 한 죄인罪人으로 죽였을 것이었다. 충무공忠武公이 잡혀 오며 원균元均이는 그 대신 통제사統制使로 되어 그 난중亂中에도 다만 애첩愛妾과 기생妓生을 데리고 날마다 질기다가 마

침내 왜군에게 참패慘敗하여 죽고, 왜군은 남원南原까지 함락하고 막 쳐들어왔다. 이것이 정유재란丁酉再亂이었다. 선조宣祖께서 여러 조신朝臣에게 꾀를 물은대 여러 조신朝臣이 황감惶感할 뿐이고 다만 경림군慶林君 김명원金命元과 병조판서兵曹判書 이항복李恒福이 조용히 알외되

『이는 원균元均의 죄올시다 마땅히 이순신李舜臣을 일으켜 통제統制를 하사이다.』

하였다. 선조宣祖께서 이 말을 듣고 충무공으로 다시 통제사統制使를 시켜 이씨조선李氏朝鮮을 중흥中興하였다. 그래도 그때 원균元均은 일등공신一等功臣이 되었다.

조남명曺南冥은 한 처사處士이였다. 퍽 강직剛直이었다.

人之愛正士 好虎皮相似
生前欲殺之 死後方稱美

는 그의 지은 시詩였다. 과연 세상에서는 정직正直한 사람을 아니 칭찬하는 세상이 없다. 그러나 정직正直한 사람을 좋아하는 이는 없다. 백이숙제伯夷叔齊도 또한 정직正直한 이였다. 맹자孟子의 말슴을 들으면 백이숙제伯夷叔齊는 갓만 비뚜루 쓰고 가는 이와 동행同行도 아니 한다고 하였다. 이런 이가 지금 있다면 누가 좋아할가? 위징魏徵이는 중국 당태종唐太宗 때 직신直臣이였다. 어떻게 당태종唐太宗께 바른말을 하였든지 하루는 견디다 못하여 안으로 들어가 그 곤전坤殿마마 장손황후長孫皇后보고

『어떻게 하여야 저 전사옹田舍翁 위징魏徵을 따려 죽일가』

하였다. 장손황후長孫皇后는 즉시 대답하되

『폐하陛下께서 좋아하시므로 그런 충직忠直한 이가 있는 것이지 만일 싫어 하신다면 조정朝廷에는 소인小人만 가득하리다』
하였다. 그려도 정관지치貞觀之治라 일컬을만한 까닭이 있던 것이다.

『人胡死 我涙縱橫 人胡不死 我笑轟轟 天地何其窄 困我七尺 天地何其廣 客我多少妄想』

이는 이 근세近世 정하원鄭夏園의 작作이다. 나는 묻노라 지금 천지天地도 과연 정하원鄭夏園 때 천지天地와 같은가.

임진왜란壬辰倭亂과 의병義兵의 궐기蹶起와 그 전국추이戰局推移의 대개大概

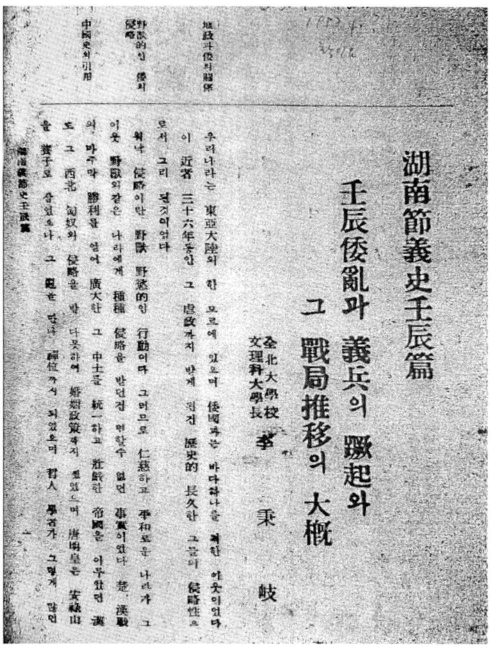

湖南節義史壬辰篇

壬辰倭亂과 義兵의 蹶起와

그 戰局推移의 大概

全北大學校 文理科大學長 李 秉 岐

地政과倭의關係

野獸的인 倭의 侵略

中國史의引用

우리나라는 東亞大陸의 한 모로에 있으며 倭國과는 바다하나를 격한 이웃이었다 이 近密 三十六年동안 그 虐政까지 받게 된 歷史的 長久한 그들의 侵略性으로서 그리 될것이었다

워나 侵略이란 野獸 野慾的인 行動이다 그러므로 仁慈하고 平和로운 나라가 그 이웃 野獸와같은 나라에게 種種 侵略을 받던것 면할수 없던 事實이었다 楚, 漢戰의 마주막 勝利를 얻어 廣大한 그 中土를 統一하고 壯嚴한 帝國을 이루었던 漢도 그 西北 匈奴와 侵略을 받 다못하여 婚姻政策까지 쓰였으며 唐明皇은 安祿山을 養子로 삼었으나 그 亂을 만나 禪位까지 되었으며 前人 學者가 그렇게 말던

湖南節義史壬辰篇

『호남절의사 임진편』, 1953. 4.

호남절의사湖南節義史 임진편壬辰篇

임진왜란壬辰倭亂과 의병義兵의 궐기蹶起와 그 전국추이戰局推移의 대개大槪[16]

전북대학교 문리과대학장 이병기

지정地政과 왜倭의관계關係

우리나라는 동아대륙東亞大陸의 한 모르에 있으며 왜국倭國과는 바다 하나를 격한 이웃이었다.
이 근자近者 삼십육 년三十六年 동안 그 학정學政까지 받게 된 건 역사적歷史的 장구長久한 그들의 침략성侵略性으로서 그리 된 것이었다.

야욕적野慾的인 왜倭의침략侵略

워낙 침략侵略이란 야수野獸 야욕적野慾的인 행동行動이다. 그러므로 인자仁慈하고 평화平和로운 나라가 이웃 야수野獸와 같은 나라에게 종종 침략侵略을 받던 건 면할 수 없던 사실事實이었다.

중국사中國史의 인용引用

초·한전楚漢戰의 마주막 승리勝利를 얻어 광대廣大한 그 중토中土를 통일統一하고 장엄莊嚴한 제국帝國을 이루었던 한漢도 그 서북西北 흉노匈奴의 침략侵略을

16 「壬辰倭亂과 義兵의 蹶起와 그 戰局推移의 大槪」, 『호남절의사 임진편』, 1953. 4.

받다 못하여 혼인정책婚姻政策까지 있었으며 당唐 명황明皇은 안록산安祿山을 양자養子로 삼었으나 그 난亂을 만나 선위禪位까지 되었으며 철인哲人 학자學者가 그렇게 많던 송宋은 휘종徽宗 흠종欽宗이 오국성五國城에 부뜰려가 죽었었다. 그리고 흉노匈奴의 일종一種이던 원元에게 멸망滅亡을 당하였으며 다시 한족漢族으로 회복恢復되었다던 명明도 삼백년三百年도 못되어 만주挽住 산림山林 속에서 사냥이나 해먹고 사던 노아합적奴兒哈赤에게 파멸破滅되었었다.

우리의사적고찰
史的考察

우리 역대歷代에는 어떠하였든가 하면 북北으로는 한족漢族 몽고蒙古 요遼 금金이 침략侵略하였고 동東으로는 왜倭였다. 그들은 그 위세威勢를 확장擴張키 위함도 있으며 또는 생활의 물자物資를 얻으려 하기도 하였다. 한漢은 낙랑樂浪에서 목재木材를 가저가고 말갈靺鞨은 신라新羅에서 양곡糧穀을 취取하였고 몽고蒙古는 고려高麗서 금金을 파갔었다.

왜倭의문화文化는우리에게서

그리고 왜倭는 본시 저루低陋한 도인島人으로 항시 대륙大陸을 흠모欽慕하여 물심양면物心兩面으로 그 야욕野慾을 채우고자 삼국三國 이래 우리나라를 침략侵略하여 왔었다. 그 소위所謂 문화文化란 건 주主로 백제百濟서 얻어간 것이었다. 백제는 삼국三國 가운데 가장 비옥肥沃한 땅과 온난溫暖한 기후氣候를 차지하여 농업農業이 일찍 발달發達되었었다. 왜倭가 백제百濟 때부터 문화도 받어가고 또는 그 양곡糧穀도 얻어갔을 것이다.

왜倭의탐貪내는건양곡糧穀

한일합병韓日合併 이후는 물론이고 그 이전에도 우리 양곡糧穀을 갖다먹었었다. 그리하여 삼국三國 고려高麗 이씨조李氏朝까지 이르러 종종 침략侵略하러 온 건 대개 양곡을 빼앗으려 온 것일 것이다.

이조정치李朝政治의실책失策

그런데 우리나라는 이씨조李氏朝에 이르러 다만 사대사상事大思想으로서 상문억무尙文抑武 하여 그 국가國家 대계大計를 세웠었다. 이게 이씨태조李氏太祖의 현명賢命한 정책政策일는지는 모르나 우리 민족民族으로는 막대莫大한 불운不運이었다.

여말麗末의국정國政

고려高麗는 창업創業 이후 금金 몽고蒙古 등의 침략侵略을 받기는 받었으나 그래도 그걸 극복克服하고 문정文政을 숭상하여 나오자 무인武人 정중부鄭仲夫의 난亂이 있었으며 무인武人이 득세得勢하여 최충헌崔忠獻 사대四代의 전횡專橫이 있었고 그 주력主力은 무인武人이 잡고 오다가 충성忠誠 공직公直하다는 최영崔瑩 정몽주鄭夢周보다도 이씨태조李氏太祖가 그 덕택德澤을 입어 화가위국化家爲國 하였다.

이태조李太祖의사대사상事大思想과문약文弱의폐해弊害

그러나 이씨태조李氏太祖는 그때 신흥국가新興國家이던 명明을 섬기고 종래의 국민개병國民皆兵인 제도를 고쳐 호포戶布를 마련하고 문文을 숭상하여 사화士禍를 일으키게 하고 사화士禍가 동서東西의 당쟁黨爭으로 변케 하였다.

조정암趙靜庵이퇴계李退溪성우계成牛溪이율곡李栗谷

정靜, 퇴退, 우牛, 율栗과 같은 대현大賢도 있었지만 사화士禍 당쟁黨爭으로 인하여 현우賢愚가 바뀌고 시비是非가 섞여 국가야 어떻게 되든 마든 자기의 권리權利만 얻었으면 하겠다는 극히 개인주의個人主義로 흐르던 것이었다. 그리고 아관박대峨冠博帶나 하고 시주풍월詩酒風月 고담준론高談峻論 장기 바둑으로 소일消日하며 실사구시實事求是는 일컫던 문자文字뿐이었고 족식족병足食足兵과 같은 걸 실시實施해 보려는 건 꿈에도 없었다.

왜倭의군웅할거群雄割據

풍신수길豊臣秀吉의출세出世

그때 왜국倭國은 응인應人의 난후亂後 족리장군足理將軍이 실세失勢하고 각지各地에는 군웅群雄이 할거割據하던바 직전신장織田信長이 일어나 국내를 통일統一하고 대업大業을 세우다가 그 가신 명지광수明智光秀에게 죽었고 수길秀吉은 당시 신장信長의 부하部下로서 그 역逆을 토평討平하고 신장信長의 뜻을 이어 그 대업大業을 이루어 관백關白에 보補하고 대정대신大政大臣이 되어 풍신豊臣이라는 성姓을 얻고 구주九州에 출정出征하여 도진의구島津義久를 융隆하고 축전筑前의 상치箱峙에 이르러 종宗, 대마수의조對馬守義調와 그 아들 의지義智를 불러보고 사신使을 삼아 우리나라에 보내어 통신通信을 청請하였다. 선조宣祖 이십이년二十二年에 의지義智가 현소玄蘇라는 승僧과

왜倭의통신通信요구要求

우리의통신사通信使도해渡海

가신家臣 유천조신柳川調信을 데리고 왔었다. 우리 조정朝廷에서는 이품二品 이상以上의 조신朝臣을 모아 통신通信의 가부可否를 물은바 불가不可라는 이가 많았으나 마침내 이덕형李德馨 유성룡柳成龍 변협邊協의 말로서 가可라 결정決定하고 첨지僉知 황윤길黃允吉 사성司成 김성일金誠一을 정부사正副使로 하고 전적典籍 허성許筬은 서장관書狀官으로 하여 왜국倭國에 보냈었다.

이 사신使臣 일행一行은 선조宣祖 이십삼년二十三年 삼월三月 경성京城을 떠나 칠월七月 경도京都에 가서 대덕사大德寺에 유숙留宿하였다. 마침 수길秀吉은 관동關東에 출정出征하여 평정平定하고 구월九月에야 경도京都로 돌아와 이 사신使臣들을 취락제聚洛第서 보고 답서答書를 주고 현소玄蘇와 유천조신柳川調信 등으로 하여 전송餞送하였다. 선조宣祖 이십사년二十四年 삼월三月 사신使臣 일행一行은 경성京城에 돌아왔다.

조정朝廷에 나타난 당론黨論

조정朝廷에서는 즉시 정부사正副使를 불러 왜국倭國의 정세情勢를 물었다. 황윤길黃允吉은 대답하여「왜국倭國에는 병선兵船을 많이 준비하고 있으니 대거입구大擧入寇 함이 틀림이 없다」하고 김성일金誠一은 대답하되「올 리가 만무萬無하다」하고 또 황윤길黃允吉은「수길秀吉은 안광眼光이 형형炯炯하니 이는 담지膽智가 있는 이라」 하고 김성일金誠一은 「수길秀吉의 눈을 쥐 눈깔 같어 두려울 것이 없다」 하였다. 이런 말을 들은 조신朝臣들은 혹은 황윤길黃允吉의 말이 옳다거니 혹은 김성일金誠一의 말이 옳다거니 하여 의론議論이 불일不一하였다.

무지無知에서 오는 구안책苟安策

이 당시當時에는 동서東西의 양당兩黨이 갈려 서로 다루는지라 황윤길黃允吉은 서인西人인 까닭에 서인西人들은 황윤길黃允吉의 편을 들고 김성일金誠一은 동인東人인 까닭에 동인東人들은 김성일金誠一의 편을 들었으나 대다수가 김성일金誠一을 찬동贊同하였다 함은 오랫동안 병화兵火도 없이 편안히 살어오던 그분들의 고식姑息을 탐하는 마음에 합함이었다. 그리고 수길秀吉의 서계書契 중中 「일초一超하여 직直히 명국明國에 들어가고자」 한다는 문구文句를 보고 조정朝廷에서 이걸 명明에 주문奏聞해야 할 것인가? 아닌가? 하고 의론議論이 분분紛紛하였다. 대사헌大司憲 윤두수尹斗壽는 「사건事件이 상국上國에 관계關係있는 이상 마땅히 속히 주문奏聞해야 할 것이라」 하고 영상領相 이산해李山海는 「이걸 주문主文하면 황제皇帝가 반드시 조선朝鮮이 사사로 왜국倭國과 교통交通하였다는 죄罪를 지울 것이니 숨기고 상주上奏않는 것이 상책上策이라」 하였으나 승지承旨 유근柳根이 「상국上國에 대한 대의상大義上으로는 속速히 주문奏聞하는 것이 지당至當하다」고 하여 이 말을 좇아 하절사賀節使 김응남金應南을 명明에 보냈다. 명明은 이미 유구사신琉球使臣이나 왜국倭國을 다니는 명상明商에게 왜倭가 명明을 치러오는데 조선朝鮮이 향도嚮導한다는 말을 듣고 잔뜩 의심하고 있다가 김응남金應南의 자상한 보고報告를 듣고 해혹解惑을 하였다.

모르는체하는무사주의無事主義

또 현소玄蘇와 유천조신柳川調信이 황윤길黃允吉 등을 전송餞送하여 부산釜山에 상륙上陸하자 전한典翰 오억령吳億齡이 선위사宣慰使로 가서 이들을 접대接對할 때 현소玄蘇가 오억령吳億齡 더러 말하되 「명년明年에는 일본日本이 조선朝鮮에 길을 빌어 명국明國을 대거정인大擧征人함을 준비하고 있다」 하였다. 오억령吳億齡은 돌아와 바루 이 말을 상문上聞하여 왜倭가 병란兵亂을 일으킴은 틀림이 없다고 단언斷言하였으나 대신大臣들은 이 말을 들은 체도 않고 도리어 그를 파직罷職만 시켰었다.

퇴계退溪와율곡栗谷의상소, 중봉重峯의궐하석고闕下席藁

그뿐 아니라 그 전전前前 완양진왜변蛻梁鎭倭變이 있은 후 명종明宗 원년元年에 퇴계退溪는 왜인倭人에게 통호通好를 허락許諾하도록 고사古事들 끌어서 상소上疏하였으며 선조宣祖 칠년七年에는 율곡栗谷이 만언소萬言疏를 지어 바친바 만언소萬言疏는 그때의 폐단弊端으로서 칠우七憂가 있으니 이걸 고치는데 사

당쟁黨爭은 국사國事를 그르치다

요강四要綱 수덕修德을 하는 것과 오요강五要綱의 안민책安民策을 말한 것으로서 그중에는 군정軍政을 개혁改革하여 내외內外를 굳게 방비防備하라는 것이 있어 양병養兵을 주장主張하였으며 조중봉趙重峯은 전고前古에 없던 큰 병란兵亂이 있을 줄 알고 석고席藁에 도끼를 가지고 궐하闕下에 엎드려 상소上疏하였다가 도리어 인요물괴人妖物怪라는 이름을 들었을 뿐이었다.

시국時局이 이러한데도 조아朝野에서는 자기의 당黨들만 끌어가지고 사리사욕私利私慾만 채우고 진솔眞率 공정公正한 선각先覺 애국자愛國者들을 모해謀害 배척排斥하며 목하目下의 대위기大危機가 닥쳐오는 줄도 아랑곳 없이 잠시 안일安逸만 취取하고 약간若干 방비防備하던 것도 중지中止하여 버렸다. 이러다가 살벌殺伐과 침략侵略을 일삼던 그 야수野獸 같은 왜병倭兵이 홍수洪水처럼 내밀으매 이걸 어떻게 겨루며 막었던 것인가? 왜倭들이 하는 말에는 임진壬辰 래구來寇는 수길秀吉이 신장信長의 유지遺志를 이어 대명무역對明貿易의 회복恢復을 요구要求하려 함이라 수길秀吉의 목적目的은 조선朝鮮을 치려는 게 아니고 명明을 치자는 것이라 하였다. 그때 명明은 쇠약衰弱하였으나 조선朝鮮의 명明과의 관계關係가 어떠한 줄도 알면서 명明을 치러가는데 길을 빌리라거니 또 그는 향도嚮導를 한다거니 하고 음陰으로 양陽으로 우리를 찌무르던 건 우리를 너무나 넘보던 흉악凶惡한 수작이었다.

왜倭의 침략군세 侵略軍勢

임진록壬辰錄에는 왜병倭兵 삼조팔억三兆八億이 왔다느니 하였으나 이건 허황한 말이었고 선조실록宣祖實錄에는 수가秀家 행장行長 청정淸正 의지義智 조신調信 현소玄蘇 등 삼십육장三十六將이 수륙병水陸兵 오십만五十萬과 병선兵船 사오만四五萬 수로 선조宣祖 이십오년二十五年 임진壬辰 사월四月 십삼일十三日 새벽안개에 부산釜山을 범犯하였다 하였으나 수길秀吉은 조선朝鮮과의 통신通信이 뜻대로 되지 않는 것을 보고 조선朝鮮을 통과通過시켜 명明을 치겠다 하고 징집徵集한 군대軍隊 모두 다 삼십만三十萬이었다.

그중 먼저 우리나라에 나온 군대軍隊의 부서部署는 다음과 같었다.

제일진第一陳 소서행장小西行長 종의지宗義智 송포조신松浦調信 등等 육장六將 일만팔천칠백인二萬八二千八百人

제이진第二陳 가등청정加籐淸正 과도직무鍋島直茂 상양뢰언相良賴彦 삼장三將 이만이천팔백인二萬二千八百人

제삼진第三陳 흑전장정黑田長政 대우의통大友義通 이장二將 일만일천인一萬一千人

제사진第四陳 모리수성毛利吉成 도진의홍島津義弘 등 육장六將 일만사천인一萬四千人

제오진第五陳 복도정칙福島正則 장증아부원친長曾我部元親 봉수하가정峯須賀家政 등 육장六將 이만오천인二萬五千人

제육진第六陳 소조천융경小早川隆景 모리수포毛利秀包 입화종무立花宗茂 등 오장五將 일만오천칠백인一萬五千七百人

제칠진第七陳 모리휘원毛利輝元 삼만인三萬人

제팔진第八陳 우희다수가宇喜多秀家 일만인一萬人

제구진第九陳 우자수승羽紫秀勝 세천혜흥細川惠興 이장二將 일만일천오백인一萬一千五百人

부산성釜山城함陷

이러한 진용陣容으로서 제일군장第一軍將인 소서행장小西行長은 종의지宗義智 송포조신松浦調信 등과 함께 선조宣祖 이십오년二十五年 사월四月 십삼일十三日 부산포釜山浦에 상륙上陸하여 부산성釜山城을 함락陷落하매 부산검사釜山僉使 정발鄭撥은 싸우다 죽었고 그리고 연하여 서생西生 다대多大의 제진諸鎭을 함陷하매 다대검사多大僉使 윤흥신尹興信도 싸우다 죽었고 동래東萊 양산梁山 밀양密陽을 취取하매 동래부사東萊府使 송상현宋象賢은 십여시十餘時 항거抗拒하다가 죽었다.

십팔일十八日에는 제이군장第二軍將 가등청정加籐清正 과도직무鍋島直茂 상양뢰언相良賴彦 등도 부산에 상륙하여 즉일 양산梁山에 이르러 행장行長이 벌서 밀양密陽 상주尙州에 진군進軍했다는 말을 듣고 바루 언양彦陽에 향向하였고 제삼군장第三軍將 흑전장정黑田長政 대우의통大友義通 등도 그날 김해金海를 쳐 취取하였다. 서울서는 십칠일十七日 아침 우수사右水使

박홍朴泓의 장계狀啓

박홍朴泓의 장계狀啓가 이르매 비로소 왜군倭軍이 온 줄을 알고 조정朝廷과 시정市井이 다 물 끓 듯하였으며 선조宣祖도 그제야 김성일金誠一의 말에 왜군倭軍이 아니 온다기에 방비防備가 해이解弛하여 이 적변賊變을 이루게 함이라 하고 김성일金誠一을 잡어다 죽이려 하다가 도로 기용起用하였다. 그 큰 호령號令

방비防備에 당황唐慌한 우리 조정朝廷

이나 하고 고식姑息만 취하여 탐권낙세貪權樂勢를 하던 고관대작高官大爵들도 누구나 가슴이 싸늘하였을 것이다.

이때 조정朝廷에서는 유성룡柳成龍으로 도체찰사都體察使를 삼고 김응남金應南을 부副로 하여 제장諸將을 검독檢督케 하고 이일李鎰로 순변사巡邊使 중로中路에 성응길成應吉을 좌방어사左防禦使 좌로左路에 조경趙儆을 좌방어사左防禦使로 하여 서로西路에 닫게 하고 유극량劉克良 변기邊璣로는 조방장助防將을 삼어 유극량劉克良은 죽령竹嶺 변기邊璣는 조령鳥嶺을 지키게 하고 신립申砬은 도순변사都巡邊使로 하여 출발出發

조령鳥嶺 철수撤收

케 하였다.

사월四月 이십사일二十四日 소서행장小西行長 등等은 상주尙州에 이르러 이익과 싸운바 이일李鎰은 패敗하였다. 신립申砬은 이일李鎰의 패보敗報를 듣고 이일李鎰과 변기邊璣에게 명命하여 조령鳥嶺을 버리고 함께 충주忠州로 오라 하였다.

왜倭가 조령鳥嶺을 넘다

이십육일二十六日 행장行長 등을 그 험한 만부막개萬夫莫介할 조령鳥嶺을 편안히 넘어 그 이튿날 충주忠州로 들어 탄금대彈琴臺 아래서 싸웠는데 신립申砬은 크게 패하여 하릴없이 물에 던져 죽었다. 신립申砬은 선조宣祖가 가장 신임信任하고 사랑하던 장신將臣이었으나 조령鳥嶺을 버리고 충주忠州로 오랴 할 적에 벌서 패하였던 것이었다. 부산釜山은 방비防備가 없어 그렇다고 하드라도 조령鳥嶺은 희한稀罕한 천험지리天險地理로서 일부만 당관當關 하였드라도 방비防備의 명목名目은 세웠을 것이다.

경주慶州함성陷城

가등청정加滕清正의 일대一隊는 이미 경주慶州를 략略하고 영천永川 신녕新寧을 지나 풍진豐津을 건너 이십팔일二十八日 행장行長과 만나보고 협의協議하여 다시 길을 나누어 서울을 향向하였으며 흑전장정黑田長政 등도 창원昌原을 략略하고 성주星州에 왔으며 지내던 곳에 성루城壘를 고치고 수비병守備兵을 두고는 서울로 향하였다.

왜군倭軍경성京城으로추격追擊

선조왕宣祖王평양平壤에파천播遷

사월四月 이십팔일二十八日 충주忠州의 패보敗報가 서울에 이르매 만성滿城이 떨고 선조宣祖는 수성대장守城大將 이양원李陽元과 도원수都元帥 김명원金命元에게 서울을 지키라 하고 비빈妃嬪과 영상領相 이산해李山海 좌상左相 유성룡柳成龍 등 백여百餘 인人을 데리고 평양平壤으로 파천播遷하여 가고 여러 왕자王子를 각도各道로 보내어 의용병義勇兵을 소집召集케 하였고 선조宣祖께서 궁성宮城을 나매 난민亂民들이 내탕고內帑庫의 금백金帛을 략掠하고 장예원掌隸院 형조刑曹 경복궁景福宮 창경궁昌慶宮 창덕궁昌德宮에 불을 질렀다. 역대歷代의 보물寶物이며 문무루文武樓 홍문관弘文館 소장所藏의 서적書籍이며 춘추관春秋館의 각 조실록各朝實錄 및 타고他庫에 있던 전조사초前朝史草며 승정원일기承政院日記 등이 잿더미가 되고 말었다.

난민亂民약탈掠奪

선조왕宣祖王 개성開城에주차駐次

피란避亂중中의 당쟁黨爭

선조왕宣祖王평양平壤입성入城

선조宣祖는 개성開城에 이르러 대련臺鍊의 해소劾疏로 이산해李山海 유성룡柳成龍 등의 관직官職을 파면罷免하고 그 대代로 최흥원崔興源 윤두수尹斗壽를 쓰고 당신當身의 죄를 써 팔도八道에 내리어 의병義兵을 모집募集하고 개성開城을 떠나 오월五月 팔일八日 평양平壤에 들었다.

왜군倭軍경성京城입성入城

소서행장小西行長의 군軍은 양근楊根 용진龍津을 지나 부산釜山서 근천리近千里 되는 서울을 이십일二十日쯤 되던 오월五月 삼일三日 저녁에 들어왔다. 청정淸

왜군倭軍각도各道로진출進出

正의 군軍은 죽산竹山 용인龍仁을 지나 그날 한강에 이르매 이양원李陽元 김명원金命元 등이 함께 달아나 버렸다. 이어서 흑전장정黑田長政 모리길성毛利吉成의 군軍과 우희다수가宇喜多秀家 소조천융경小早川隆景 등로 서울에 다다렀다.

왜군倭軍임진강臨津江을건느다

왜군倭軍은 서울에 주둔駐屯한 지 십여일十餘日에 제장諸將이 회합會合하여 각各 군軍의 향向할 곳을 의논議論하여 행장行長은 평안도平安道 청정清正은 함경도咸鏡道 장정長政은 황해도黃海道 길성吉成은 江原道 수가秀家는 서울을 지키게 되었다.

수길秀吉도해중지渡海中止

가등加籐 소서小西는 전진前進하여 임진강臨津江에서 김형원金炯元 군軍을 파하고 이십팔일二十八日 개성開城을 함락陷落하였다.

선조왕宣祖王영변에가차駕次

각호옥各護屋에 있던 왜倭의 진영陣營에서는 조선朝鮮의 서울이 왜倭들의 수중手中에 들었단 말을 듣고 수길秀吉은 친히 도해渡海를 중지中止하고 석전삼성石田三成 증전장성增田長盛 대곡길융大谷吉隆 등을 보내어 제장諸將의 명국明國 진입進入을 재촉하고 또 영令을 하여 백성百姓을 안무按撫하고 조세租稅를 받고 행영行營을 지어 명년明年의 친정親征을 예비豫備케 하였다. 유월六月 십일일十一日 선조宣祖께서는 왜군倭軍이 점점 닥쳐옴을 듣고 평양平壤을 떠나 영변寧邊을 향하여 갔다. 십삼일十三日 영변寧邊에 이르러 보내 성중城中의 인축人畜이 다 없었다. 상하上下가 다 밥을 궐하였는데 이날 밤 한응인韓應寅의 장계狀啓에는 왜군倭軍이 이미 강동외탄江東外灘을 건넜다고 한다.

피난처避難處결정決定

선조宣祖는 군신君臣을 불러 갈 곳을 의논하였다. 선조宣祖의 뜻은 경성鏡城으로 가볼까 하다가 이항복李恒福이 그 불가不可함을 극언極言하고 의주義州로 가는 건 이괵李澂 이항복李恒福 등이 옳다 하여 마침내 의주義州의 용만龍彎에 이르러 주가駐駕하였다.

선조왕宣祖王용만龍彎관주館駐

평양성平壤城함陷

선조宣祖께서는 임진臨津의 전패戰敗 후 즉시卽時 요동遼東에 이자移咨하여 전국戰局의 급함을 고하고 유월六月 십일일十一日 이덕형李德馨을 청원사請援使로 하여 구원救援을 청請하였으며 십사일十四日 소서행장小西行長 종의지宗義智 등이 진군進軍하여 드디어 평양平壤을 함락陷落하였다는 보도報道를 접接하고 또 급사急使를 보내여 명明에 출정出征을 재촉하였다.

요동병遼東兵출동出動

명明은 이미 유구琉球 및 조선사신朝鮮使臣과 상인商人에게 수길秀吉의 기도企圖를 들어 알고 왜군倭軍이 조선朝鮮에 침입侵入하였다는 보도報道를 받자 바루 요동遼東 및 산동山東에 영令을 내려 연해沿海의 병비兵備를 엄嚴하게 하고 또 요동진무遼東鎭撫에게는 조선국경朝鮮國境에 출병出兵을 명命하여 유월六月 칠일七日 유벽遊擘 사유史儒 삼장參將 대조변戴朝弁 등이 청병淸兵 일천一千을 거늘이고 요동遼東을 떠나 십오일 압록강鴨綠江을 건너서 의주義州에 이르러 잠시 주둔駐屯하였다.

명明의구원병救援兵도강渡江

명明의 조정朝廷에서 조선朝鮮이 왜倭를 향도嚮導하여 침입侵入하지 않는가 하고 조선朝鮮의 구원救援에 대한 조신朝臣의 의논議論이 분운紛紜하여 쉽사리 일치하지 않았고 오즉 병부상서兵部尙書 석성石星만은 구지 구원救援을 주장主張하는 중 조선朝鮮의 원병援兵을 재촉하는 사신使臣이 연첩連疊하였으매 마침내 요동부총병遼東副摠兵 조승훈祖承訓으로 하여 병兵 오천五千을 거늘이고 사유史儒들을 통독하여 조선朝鮮에 오게 하였다.

조승훈祖承訓 패전敗戰

칠월七月 십오일十五日 조승훈祖承訓 등은 나아와 평양平壤을 핍박逼迫하다가 역습逆襲을 당하여 사유史儒는 죽고 조승훈祖承訓은 도망하여 돌아갔다.

왜倭의 육군陸軍은 이렇게 승세乘勢 장담長潭하였으나 수군水軍은 구귀가륭九鬼嘉隆, 협판안치脇坂安治, 가등가명加藤嘉明, 등당고호藤堂高虎 등이 인솔引率하고 임신壬辰 사월四月 십일十日 명호옥名護屋에 도착到着하매 수길秀吉은 다시 기이紀伊 비전備前의 선함船艦을 더하여 출발出發을 명命하였다.

이순신李舜臣의 해군海軍연승連勝

가륭嘉隆 등은 조선朝鮮에 이르러 선함船艦을 부산釜山 웅천熊川 바다에 나열羅列하고 있었다. 오월五月

칠일七日 등당고호藤堂高虎의 일대는 옥포玉浦의 전양前洋에서 다른 일대一隊는 노량露梁에서 이순신李舜臣의 군軍에게 크게 패하였다.

충무공忠武公 이순신李舜臣은 선조宣祖 구년九年에 무과武科를 나와 오래 하관下官으로 있다가 선조宣祖 삼십사년三十四年 우의정右議政 유성룡柳成龍의 추천推薦으로 전라좌수사全羅左水使가 되었다. 그때의 정세情勢를 살펴 왜란倭亂이 있을 줄을 미리 짐작하고 좌수영左水營인 여수麗水에 도임到任하여 수군水軍을 조련操練하고 군기軍器를 수리修理하고 거북선을 만들고 철색鐵索을 요해처要害處에 매어 두는 등 방어防禦에 대한 엄밀嚴密한 준비準備를 하였다.

해군海軍연승連勝

이러하여 오월五月 칠일七日은 삼포三浦서 왜선倭船 삼십척三十隻 오월五月 팔일八日은 적진포赤珍浦서 유월六月 이일二日은 당포唐浦서 왜선倭船 이십여척二十餘隻 유월六月 오일五日은 당항포唐項浦서 왜선倭船 삼십여척三十餘隻 칠월七月 오일五日은 한산도閑山島서 왜선倭船 칠십이 척七十二隻을 격담擊沈하여 연전連戰연승連勝하였다.

이건 신기관측神奇觀測한 그의 전술戰術도 전술戰術이려니와 그의 발명發明한 거북선의 효과效果였다. 거북선은 선상船上에 판장을 깔어 마치 거북등성이처럼 하고 십자十字의 세로細路를 내고 기지其地의 부분部分에는 도추刀錐를 벌려 꽂고 앞에는 용두龍頭를 만들어 총혈銃穴을 두고 유황硫黃을 피어 연막煙幕을 치게 하고 뒤에는 구미龜尾를 만들고 좌우전후左右前後에 총구銃口가 있어 병사兵士는 다 그 밑에 숨어 사방四方으로 발포發砲케 하고 양兩편에 노를 여섯 개씩 젓게 하여 진퇴종횡進退縱橫이 나는 듯하였다.

한극성韓克誠의 패주敗走

가등청정加籐清正 등은 유월六月 이십사일二十四日 영흥永興으로 가서 선조宣祖의 두 왕자王子가 배경北境에 있단 말을 듣고 뇌방賴房과 함께 병兵을 끌고 쫓아갔다. 북도병사北道兵使 한극성韓克誠은 육진六鎭의 병兵을 거늘이고 정창汀倉에서 회전會戰하다 한극성韓克誠은 패주敗走하였다.

이왕자二王子와 종신從臣피집被執

청정清正은 회령會寧에 이르렀는데 이원吏員 국귀인鞠貴仁이가 그 도당徒黨과 공모共謀하여 두 왕자王子 및 종신從臣을 잡어주었다.

청정清正은 왕자王子 및 종신從臣을 경성鏡城에 옮겨 병兵을 두어 지켰다. 청정清正은 더 북방北方으로 나아갔다가 다시 회령會寧으로 오고 다시 두만강豆滿江

한극성韓克誠피학被虐

연안沿岸의 제읍諸邑을 돌아 경원慶源 북병사北兵使 한극성韓克誠을 잡어 경성鏡城으로 돌아왔다가 두 왕자王子를 데리고 안변安邊으로 왔었다.

정문부鄭文孚길주吉州서기병起兵

시월 홍원洪原 성흥成興 영흥등지永興等地에서는 사민士民들이 봉기蜂起하여 형세形勢가 창궐猖獗하였다가 왜군倭軍을 핍박逼迫하였으며 십일월十一月에는 길주吉州에서 정문부鄭文孚 등等의 병兵이 일어 왜군倭軍을 가끔 격퇴擊退하였다.

이정암李廷馣의 궐기蹶起

강원도江原道에는 모리길성毛利吉成이가 들고 황해도黃海道엔 흑전장정黑田長政이가 해주海州에 주둔駐屯하였는데 전해주前海州 관찰사觀察使 조인득趙仁得 등이 격전激戰하여 왜군倭軍을 백천白川으로 격퇴擊退하였고 연안성장延安城將 이정암李廷馣은 굳게 성城을 지키고 왜倭를 많이 엄효掩殺하였다.

명明은대병大兵을동원動員하다

십이월十二月 명明은 대병大兵을 내어 병부시랑兵部侍郎 송응창宋應昌을 경략經略으로 하고 제독提督 이여송李如松을 대장大將으로 하여 구원救援을 왔으니 송응창宋應昌은 요동遼東을 와 머물고 이여송李如松 삼영三營의 병사 만萬을 거늘이고 압록강鴨綠江을 건넜다.

이여송李如松평양平壤입성入城

선조宣祖 이십육二十六 년年 계사癸巳 오월五月 팔일八日 이여송李如松은 평양平壤을 핍박逼迫하였다. 항장行長은 종의지宗義智 유마청신有馬晴信 등과 함께 싸우다가 바구지 못하고 밤중에 진영陣營을 불살으고 그 이튿날 도망하여 백천白川에 이르러 흑전장정黑田長政의 구원救援을 받어 빠저나와 개성開城에 다다렀다. 소조천강경小早川降景은 마침 개성開城에 있어 장정長政과 합合하여 잠시 거기 체진滯陣하고 있는데, 평양平壤의 패보敗報가 서울에 이르매 유수留守하고 있던 석전삼성石田三成 증전장성增田長盛은 행장行長 강경降景을 서울로 오라 하여 장정長政은 동대문東大門에 강경降景은 남대문南大門에 진陣을 쳤었다.

이여성李汝成벽제관碧蹄館의패敗

이여송李如松은 세勢를 타 마구 달려 서울을 핍박逼迫하는데 이십칠일二十七日 벽제역碧蹄驛의 남려석령南礪石嶺 아래서 강경降景 입화종성立花宗茂 등이 완강頑强히 항전抗戰하므로 이여송李如松은 한때 개성開城으로 퇴각退却하였다

전라도全羅道 순찰사巡察使 권율權慄은 이여송李如松의 군軍이 개성開城으로 퇴각退却하매 명군明軍과 연락連絡하여 서울을 회복恢復코자 호남湖南의 정병精兵 사천四千을 뽑아 병사兵使 선거이宣居怡에게 한 부대部隊를 주어 금천衿川서 성원聲援케 하고 자기는 이천삼백二千三百 명名을 거늘이고 양천강陽川江을 건너 행주산성幸州山城에 진陣치고 조방장助防將 조경趙儆으로 하여 급히 성루城壘와 중책重柵을 만들게 하였다. 서울에 둔취屯聚했던 왜군倭軍이 행주성幸州城을 십비 보고 단번에 도획屠獲하려 하여 삼월십이일三月十二日 우희다수가宇喜多秀家 길천경가吉川慶家 석전삼성石田三成 전야장강前野長康 가등광태加藤光泰 소서행장小西行長 등의 부대部隊을 다 하여 좌우익左

右翼으로 나누어 각각各各 홍백기紅白旗를 가지고 홍제원弘濟院으로 하여 행주幸州를 나왔다.

행주대첩幸州大捷

권율權慄은 그 선봉先鋒이 점핍漸逼 함을 바라보고 군중軍中에 영令을 내려 진정鎭靜하라 하고 있으니 왜倭의 대병大兵이 일시에 성城을 에워싸고 대들었다. 함성喊聲은 땅을 울리고 포환砲丸은 비 쏟아지듯 하였다. 우리 병사兵士들은 죽도록 싸웠다. 권율權慄은 손소 수장水漿을 가져 구갈救渴을 하였다. 이렇게 싸우기를 아침부터 저녁때까지 하였다. 삼진삼퇴三進三退의 접전接戰을 하였다. 왜倭는 화공火攻으로 중책重柵을 살렀으며 우리는 화차火車도 쓰고 궁시弓矢도 쓰다가 시전矢箭이 끊어지려 하는데 이때 마침 강화江華로서 이빈李蘋이 시전矢箭을 실어가지고 구원을 왔다. 왜군倭軍이 크게 패하어났었다. 이걸 행주幸州의 대첩大捷이라 이르던 것이었다.

이에 명明, 왜倭 양군 간兩軍間의 강화講和하자는 의논이 있었고 왜군倭軍은 수길秀吉의 남방南方으로 퇴각退却명령命令도 있어 사월四月 십구일十九日 왜군倭軍이 서울의 철퇴撤退를 개시開始하고 이여송李如松은 개성開城서 서울로 왔다. 영의정領議政 유성룡柳成龍이 이여송李如松을 권하여 하라는 명령 왜군倭軍을 추격追擊하라 하였으나 이여송李如松은 그런 의사意思도 없었다.

송응창宋應昌의 격문檄文

부득이 송응창宋應昌의 격문檄文에 의依하여 서울을 나가기는 하였으나 겨우 문경聞慶까지 갔다 도로 왔다. 왜군倭軍은 서울을 철퇴撤退하여 경상도慶尙道의 남도南道에 머물르며 울산蔚山 서생포西生浦에서 동래東萊 웅천熊川 거제巨濟에 이르기까지 십팔둔十八屯을 설設하고 산山을 의依하고 바다를 껴 성城을 쌓고 진주성晋州城을 공격攻擊하였다. 이건 한 복수전復讐戰을 하던 것이었다.

진주성晋州城함陷

왜군倭軍의 큰 부대部隊가 그 전 해 시월十月 십일十日 진주晋州서 크게 패하고 앙앙怏怏하다가 이에 또 범犯한 것이었다. 왜적倭賊을 추격追擊하라는 조정朝廷의 명命을 받은 창의사倡義使 김천일金千鎰은 병석病席에서 이러나 그 아들 상건象乾 및 최경회崔慶會 고종후高從厚 고경명高敬命의 차자次子 김축金軸 양산선梁山璿 등으로 더불어 죽기를 맹서하고 악전고투惡戰苦鬪하여 며칠 동안 굳게 성城을 지키던바 계사癸巳 유월六月 이십구일二十九日 가등청정加藤清正이 흑전장정黑田長政과 꾀하여 구갑차龜甲車를 만들어 그 속에 병졸兵卒을 숨겨 성벽城壁을 문어트려 진주晋州를 함락陷落하였다. 김천일金千鎰 상건象乾 최경회崔慶會 등은 다 전사戰死하였다.

의병義兵의용전勇戰

왜군倭軍이 부산釜山에 상륙上陸한 이래 이걸 조정朝廷의 힘만으로는 막을 수 없었다, 나라를 사랑하고

의義를 중重히 아던 서민庶民, 학자學者 승려僧侶 유생儒生 사족士族들은 각도各道 각지各地에서 스스로 의병義兵을 일으켜 막대莫大한 전과戰果를 걷움이 많었었다. 그중中 유수有數한 의병장義兵將은 수원水原의 김천일金千鎰 나주생羅州生 장흥長興의 고경명高敬命 광주光州의 김덕령金德齡 장근場根의 우성부禹性傅 창녕昌寧의 성안의成安義 영산靈山의 신비辛碑 내천陜川의 정인홍鄭仁弘 의령宜寧의 곽재우郭再祐 거창居昌의 김면金沔 경성鏡城의 정문부鄭文孚 영광생靈光生 법흥사法興寺의 이주李柱 옥천沃川의 조헌趙憲 묘향산妙香山의 서산대사西山大師 금강산金剛山의 사명당四溟堂 갑사甲寺의 영규대사靈圭大師다.

곽재우郭再祐

곽재우郭再祐는 임진壬辰 유월六月 경상도慶尙道 의령宜寧서 기병起兵하여 왜장倭將 안국사경혜安國寺瓊惠를 의령宜寧 정진鼎津에서 대파大破하였고 칠월七月에 전라도全羅道로 항向하여 왜倭를 현풍玄風, 창녕昌寧, 영산靈山에서 물리치었고 시월十月 진주전晋州戰에 참가參加하여 혁혁赫赫한 무훈武勳을 세웠으며

고경명高敬命

고경명高敬命은 전라도全羅道 광주光州서 기병起兵하여 격서檄書를 각지各地에 날리었고, 군사軍士 오천여五千餘 명名을 모아서 선조宣祖 파천播遷한 평안도平安道로 가려고 충청도忠淸道로 항向하다가 소조천강경小早川降景의 군軍이 금산錦山에 들어온 것을 알

고 금산성錦山城에 싸우다가 죽었으며

조헌趙憲 조헌趙憲은 충청도忠清道 옥천沃川에서 그 문하유생門下儒生들과 기병起兵하여 승장僧將 영규靈圭 등과 합력合力하여 청주淸州의 왜군倭軍을 몰아내고 순찰사巡察使 윤선각尹先覺의 명命으로 계사癸巳 이월二月 십팔일十八日 왜倭를 치다가 아들 완기完基와 승장僧將 영규靈圭와 칠백의사七百義士와 함께 죽었으며

김천일金千鎰 김천일金千鎰은 임진壬辰 유월六月 호남湖南에서 기병起兵하여 수원水原 행산고성杏山古城에 웅거하여 왜군倭軍을 자조 추격追擊하였고 팔월八月에는 강화江華로 진陣을 옮겨 장단長端의 왜倭를 치기로 하였다가 계사癸巳 유월六月 진주晋州서 전사戰死하였으며 정문부鄭文孚는 임진壬辰 구월九月 함경도咸境道서 기병起兵하여 그달에 경성鏡城을 회복恢復하였고 시월十月에 길주吉州의 왜倭를 처 물리쳤고 계사癸巳 정월에서 관동지방關東地方 전부全部를 회복恢復하여 의병장義兵將으로서 공훈功勳이 일세一世에 으뜸하였고

서산대사西山大師 서산대사西山大師 휴정休靜는 국난國難을 듣고 오천인五千人을 두합糾合하여 평양平壤의 왜倭를 대파大破하였고 그 제자弟子 처영處英은 전라도全羅道서 절도사節度使 권율權慄의 막하幕下에 있었으며 금강산金剛

사명당四溟堂 山의 송운대사松雲大師 사명당四溟堂는 강원도江原道서 기병起兵하였었다. 임진란壬辰亂에 그 많은 의병

義兵의 싸움 가운데 가장 장렬壯熱한 건 계사癸巳 유월六月 진주성晉州城의 격전激戰이었으며 이상 열명列名한 의병義兵 밖에도 유명무명有名無名히 지모智謀 장략將略 또는 맹렬猛烈한 의사義士가 많었었다.

심유경沈惟敬

명明이 심유경沈惟敬을 보내어 왜倭와 강화講和를 여러 번 교섭交涉하였으며 왜군倭軍도 그 교활狡猾한 수단手段으로서 이걸 찬동贊同하였다. 계사癸巳 사월四月 십팔일十八日 왜군倭軍이 서울을 철퇴撤退하여 심유경沈惟敬 등을 끌고 명호옥名護屋으로 향向하여 오월五月 십오일十五日 수길秀吉의 진영陣營에 당도當到하였었다. 그달 이십삼일二十三日 수길秀吉은 심유경沈惟敬 등을 보고 다음과 가튼 화약칠조和約七條를 교부交附하였다.

수길秀吉의화약칠조문和約七條文

一. 명주明主의 딸을 왜倭 후비后妃로 들일 일

二. 감합인勘合印을 복구復舊할 일

三. 양국兩國의 대신大臣은 서서誓書를 교환交換할 일

四. 조선朝鮮의 사도四道는 반환返還하여 줄 일

五. 조선朝鮮의 왕자王子 대신大臣 십이명十二名을 내질來質 시킬 일

六. 조선朝鮮의 두 왕자王子를 돌려보낼 일

七. 조선朝鮮의 대신大臣은 영세永世 왜倭에 반叛하지 않겠다는 서약誓約을 보낼 일

그러나 심유경沈惟敬은 이와 같은 문제問題는 발설發

說하지 않고 수길秀吉은 다만 일본日本의 국왕國王이라 봉封하여 조공朝貢을 허許한다는 봉관封貫 두 가지 조건條件만을 들어 주기를 원願한다 하여 두 조건條件을 가지고 그의 본국本國과 조선朝鮮에 교섭交涉하였다.

명明의강화사講和使도해渡海

이때 조선朝鮮서는 강화講和을 반대反對하고 명明에서는 강화講和를 하는 편이 낫다 하여 선조宣祖 이십구년二十九年 사월四月에 정사正使 양방집楊方集 부사副使 심유경沈惟敬을 일본日本으로 보내어 수길秀吉을 일본국왕日本國王으로 삼는다는 국서國書를 전傳하였다. 그러나 수길秀吉은 이걸 받지 않고 조선朝鮮 통신사通信使 황진黃璡이가 가지고 간 국서國書도 받지 않었다.

수길秀吉척화斥和

그러나 수길秀吉은 오히려 이런 술책術策으로 인하여 그 군사軍士를 서울서 퇴각退却케 하였다가 재차再次 우리나라를 침노한 것이 즉 정유재란丁酉再亂이었다.

이순신李舜臣이 삼도수군절제사三道水軍節制使가 되다

충무공忠武公 이순신李舜臣은 전라좌수사全羅左水使로서 임진란壬辰亂 이후 왜적倭賊이 많으나 적으나 오는 족족 싸워 죽였다. 공훈功勳이 이러하여 계사癸巳 팔월八月에는 조정朝廷에서 삼도수사三道水使 경상우도慶尙右道, 전라도全羅道, 충청도忠淸道가 서로 통섭統攝지 못하여 주장主將이 꼭 있어야겠다 하고 충무공忠武公으로 하여 삼도수군절도사三道水軍節度使를 겸하게 하였다. 전라우수사全羅右水使 이억기李億祺는 공公을 끝끝내 충성忠誠으로 보좌輔左하였으나 경상우수사慶尙右水使 원균元均이는 본시 조정朝廷의 요직要職에 있는 인척姻戚이 많았고 자부自負 자만自慢하여 자기는 선진先進으로서 공公의 제어를 받게 됨을 부끄러워하되 공公은 매양 우대優待를 하였었다.

담도사譚徒司의 우愚

그런데 갑오甲午 삼월三月엔 담도사譚徒司란 자者가 강화講和 일로 명明에서 태천적진態川賊陳에 와 「일본日本의 제장諸將이 다 권갑卷甲 식병息兵을 하고자 하니 너도 속히 본처本處 지방地方으로 돌아가 일본영채日本營寨에 가까이 하여 헌단을 일으키지 마라」는 패문牌文을 공公에게 보냈다.

이순신李舜臣은 반대反對

공公은 「영남연해嶺南沿海가 모다 우리 땅인데 날더러 일본영채日本營寨를 가까이 말라는 건 웬일이냐? 나더러 속히 본처지방本處地方으로 돌아가라 하였으니 본처지방本處地方이란 어떤 지방地方이냐? 왜적倭賊이 신信이 없어 화和코자 함은 거짓이다. 나는 조선朝鮮의 신자臣子가 되어 이 적賊으로 더불어 함께 대천戴天을 할 수 없다」는 회답回答을 하였다.

요시라要時羅의 반문反問

그리고 병신丙申 해 겨울에는 왜장倭將 행장行長이 거제巨濟에 진陣치고 공公의 성명成名을 끄려 백계百計로 모해謨害하여 그 부하部下 요시라要時羅로 하여 반문책反問策을 썼다. 요시라要時羅는 경상좌병사慶尙左兵使 김응서金應瑞를 꾀어 부원수副元帥 권율權慄에게 말하되『행장行長이 청정清正과 틈이 나서 꼭 죽이고자 하는데 청정清正이 일본日本서 미구未久에 또 오는 걸 아니 내가 마땅히 그 올 때 청정清正의 배를 가리쳐 줄 터이니 조선통제사朝鮮統制使를 시켜 가서 바닷 가운데에 기다리게 하면 꼭 잡어 죽이리라. 그러면 조선朝鮮의 원수도 갚고 행장行長의 맘도 쾌快하겠다』하였다. 조정朝政에서도 이걸 듣고 이런 추지秋旨를 공公에게 내렸다. 그동안 원균元均은 충청병사忠清兵使로 전임轉任되어 공公을 비방하매 조정朝廷에서도 원균元均의 말을 믿고 있었다. 정유丁酉 정월正月 이십일二十日에 권원수權元帥가 한산진閑山陳에까지 와서「청정清正이 근간近間 올 터이니 삼가여 실기失機를 마라」하고 신칙하였다. 공公은 이미 이게 요시라要時羅의 술책術策임을 알았으나 어쩔 수가 없었다.

권율權慄의출전出典명령命令

이순신李舜臣의 피무被誣투옥投獄

그러자 권원수權元帥가 회륙回陸한 겨우 하루만에 웅천熊川서 보報하되 이달正月 십오일十五日 청정清正이 장문포長門浦에 내박來拍하였다 하고 조정朝廷도 이 소식消息을 듣고 대론臺論이 크게 일어 공公을 종적縱賊하였다는 죄로 나명拿命이 내렸다. 공公의 후임後任은 원균元均이가 되고 공公은 삼월三月 초사일初

四日 서울 옥중獄中으로 들어갔다가 김명원金命元 정탁鄭琢 이항복李恒福의 신구伸救로서 석방釋放되었으며 칠월七月 십육일十六日 원균元均이가 한산閑山서 패하매 공公은 다시 통제사統制使가 되었다.

원균元均의대임代任

이순신李舜臣의 복직復職

공公은 다시 도임到任하여 모여드는 군관軍官 아병牙兵 정병精兵을 두합糾合 하고 병선兵船을 수습收拾하고 거복선을 장작粧作하여 그 이담에 구월九月 초칠일初七日 적선賊船 십삼十三을 영격迎擊하였고 십육일十六日엔 바다를 덮어오는 적병賊兵을 명량鳴梁에 몰아들여 왜선倭船 오백 소五百艘를 파破하였으매 칠월七月 십육일十六日엔 명明의 수병도독水兵都督 진린陣璘을 맞어 걸경桀驚한 그 성격性格을 감화感化시켜 마침내 조아爪牙를 삼었으며 십일월十一月 구일九日엔 결승전決勝戰이던 명량鳴梁싸움에 크게 이기고 비환飛丸에 중中하여 마즈막 누어버렸다.

명량대첩鳴梁大捷

이순신李舜臣의 중환中丸

정유재침丁酉再侵

선조宣祖 삼십년三十年 정유丁酉 단기 三九三○ 이월二月에 풍신수길豊臣秀吉은 다시 제장諸將을 보내어 우리나라를 침략侵略케 하였다 가등청정加籐清正과 소서행장小西行長을 선봉先鋒으로 하여 그 편대編隊는 다음과 같었다.

제일진第一陳 제이진第二陳 가등청정加籐清正 소서행장小西行長 종의지宗義智 송포조신松浦調信 유마청신有馬晴信 등 7장七將 가등청정加籐清正 일만인一萬人 소

서행장小西行長 이하以下 합合 일만사천백인一萬四千百人

제삼진第三陳 흑전장정黑田長政 모리길성毛利吉成 동승무同勝茂 도진의홍島津義弘 등 8장八將 일만인一萬人

제사진第四陳 과도직무鍋島直茂 동승무同勝茂 일만삼천인一萬三千人

제오진第五陳 과진의홍鍋津義弘 일만인一萬人

제육진第六陳 장증아부원친長曾我部元親 등당고호藤堂高虎 등 가등가명加藤嘉明 지전수씨池田秀氏 칠장七將 일만삼천삼백인一萬三千三百人

제칠진第七陳 봉수하가정峯須賀家政 생구친정生駒親正 협판안치脇坂安治 삼장三將 일만천백인一萬千百人

제팔진第八陳 모리수원毛利秀 元 우희다수가宇喜多秀家 수원秀元 삼만인三萬人 수가秀家 일만인一萬人

기타 부산성釜山城 수장守將 소조천융경小早川隆景 일만인一萬人 안골포安骨浦 수장守將 입화종무入花宗茂 오천인五千人 가덕성加德城 수장守將 고교직차高橋直次 축자광문筑紫廣問 합일천인合一千人 죽도성竹島城 수장守將 모리수포毛利秀包 일천인一千人 서생포西生浦 수장守將 천야행장淺野行長 삼천인三千人

명병明兵**재차**再次**동정**東征

이러한 진용陣容 총總 십사만천오백인十四萬千五百人이었으며 수군水軍은 등당고호藤堂高虎 협판안치協坂安治 가등가명加藤嘉明 등으로 하여 이를 감독監督하고 대전對戰케 하였다.

명明에서도 병부상서兵部尙書 형진邢玠을 총독總督으로 첨지도어사僉知都御使 양호楊鎬를 경리經理로 전부독동지前部督同知를 마귀麻貴 총병관總兵官으로 하여 군사軍士를 일으켜 구원救援케 하였다. 양호楊鎬 마귀麻貴는 바루 제군諸軍을 거늘이고 압록강鴨綠江을 건너와 양호楊鎬는 평양平壤에 머물르고 마귀麻貴는 경성京城으로 와 있었다.

왜倭는 제일차전第一次戰인 임진란壬辰亂에도 수륙군水陸軍이 합合하여 육군陸軍은 국도國道로 전진前進하여 경성京城으로 수군水軍은 조선서남朝鮮西南의 연해沿海로 돌아 경성京城을 충돌衝突하자던 것이 비록 경성京城은 쉽사리 점령占領하였으나 수군水軍이 남해南海에서 번번이 충무공忠武公에게 좌절挫折을 당하므로 전라全羅 충청忠淸의 대부분大部分은 왜병倭兵이 영성零星하고 그 연락連絡이 불완不完하여 한갓 빈 경성京城만 지킨다는 것이 한 허울뿐이었다. 이리하여 제2차전第二次戰엔 정유재란丁酉再亂을 하려고 명明과의 강화講和 운운云云이니 요시라要時羅를 시켜 충무공忠武公을 나국拿鞫케 하고 식색食色이나 탐貪하던 원균元均을 충무공忠武公의 후임後任으로 하였으니 원균元均의 패할 건 판연한 일이었다. 만약萬若 충무공忠武公이 다시 기용起用되었기망정 그렇지 아녔드라면 왜倭의 기만欺瞞 술책術策과 같이 조선朝鮮은 왜倭의 것이 되었을 것이다. 왜군倭軍은 원균元均이 패한 즉시 전라도全羅道로 침입侵入하였다.

남원성南原城함陷

이때 마귀麻貴는 그 부장部將 양원楊元을 남원南原에 우충愚衷을 전주全州에 배치配置하였으나 드디어 모다 왜군倭軍에게 함성陷城을 당하였다. 충무공忠武公이 재기再起되어 그 임지任地를 가는데도 그 중로中路의 왜군倭軍을 피하야 주복야행晝伏夜行 하였으며 그 이담에 명량鳴梁 싸움에도 겨우 십이척十二隻인 전선戰船을 가지고 대드는 것이 아무리 충무공忠武公이라도 탕패蕩敗한 원균元均의 직후直後라 왜倭의 눈에는 퍽 가수롭게 뵈였던 것이였다. 그래서 게서 왜倭가 놀랍게 참패慘敗하고 그 뒤 다시는 그런 생의生意도 못하였었다.

경상남도慶尙南道 연해각지沿海各地에는 왜성倭城을 쌓고 굳게 수비守備하였는바 이해 십이월十二月 양호楊鎬와 마귀麻貴가 사만대병四萬大兵을 거늘이고 도원수都元帥의 군軍과 합세合勢하여 울산성蔚山城을 포위包圍 공격攻擊하였으나 이기지 못하고 돌아왔으며 그 익년翌年 삼십일년三十一年 칠월七月엔 양호楊鎬가 파면罷免되고 만세덕萬世德이 대代로 와서 동로東路에는 마귀麻貴가 이만사천병二萬四千兵 중로中路에는 동일원董一元이 일만삼천오백병一萬三千五百兵 사로四路에는 유정劉綎이 일만삼천륙백병一萬三千六百兵 수로水路로는 진린陳璘이 수군水軍 일만삼천삼백병一萬三千三百兵을 거늘이게 하여 왜군倭軍과 싸웠으나 그다지 승리勝利도 없었다. 팔월八月 십팔일十八日 풍신수길豊臣秀吉이가 죽으매 왜군倭軍은 모조리 철퇴撤退하고 전국戰局은 흐지부지 종결終結을 지어버렸다.

아무런 훈련訓練도 설비設備도 경험經驗도 없었다가 갑자기 그 임신壬辰 정유丁酉와 같은 대전大戰을 만나 우리 생명生命 재산財産의 손실損失은 막대莫大하였으나 그래도 그만큼 부지한 건 오로지 둘의 힘이었다. 하나는 충무공忠武公의 힘 또 하나는 명군明軍의 힘이었다. 맹렬猛烈히 훈련訓練된 왜倭이 대군大軍이 사뭇 무인지경無人之境처럼 몰아오던 그때 이 땅에 이여송李如松의 사만대군四萬大軍이 아니었던들 경성京城을 회복恢復할 수 없었고 충무공忠武公과 같은 신장神將이 남해南海를 막지 아니하였던들 그 칠년七年을 벋히지 못하였을 것이다. 그 덕에 전라全羅 충청忠淸이 대게 편안하였고 그러므로 그 지방地方에서 군량軍糧 군기軍器 군정軍丁을 이어 대었다. 종래從來 우리는 명明의 덕만 큰 줄 알었으나 알고 보면 충무공忠武公의 덕이 더 크다 않을 수 없다. 명明의 조선朝鮮에 출전出戰이 조선朝鮮만 위함이 아니고 명明도 위함이었다. 풍신수길豊臣秀吉은 명明을 치자든 것이 조선朝鮮을 친다고 하였다. 과연 명明도 그러한 대군大軍을 수차數次 보낸 것이 딴은 자국自國을 보전하자던 바가 아니었던가-이렇게 생각하면 생각할수록 충무공忠武公은 우리 국가國家의 중여中與 또는 민족民族의 구제救濟를 한 큰 은인恩人이시었다. 그러고 그 난亂에 임전臨戰하던 관군官軍들도 끔직하지 않은 건 아니나 보다 더 용감勇敢하였던 것은 그 의병義兵들이었다. 역사歷史가 길고 문화文化가 깊은 우리나라로서 그려도 유儒든 불佛이든 그 교학敎學 교양敎養이 있던 이가 더욱 낫었다. 의병義兵을 창기倡起한 이는 대게 학자學者 유생儒生들이었다 비록 맨주먹만 가지고 덤볐을망정 끝끝내 굳세게 저항抵抗들을 하였었다. 이거 다 각기各其 자각自覺과 자결自決이 있기 때문이었다. 약간若干 왜병倭兵만 보면 뒤로 빵손이치던 그 어떤 관군官軍과도 이 점이 과연 달렀었다. 「손찔 □운 군사軍士가 가장 무섭다」고 하던 왜倭들의 말도 이런 의병義兵들을 두고 일컬은 것이었다.

고금古今의 역사歷史를 들추어 보건데 어느 때든 민중民衆은 그 지도자指導者를 잘 만나기에 있다 비록 불학不學 무식無識은 할지라도 우리 충무공忠武公 같은 신성神聖한 장군將軍만 만나고 보면 거자擧皆 충량忠良하고 용감勇敢한 군졸軍卒이 되어서 국난國難

을 극복克服 제승制勝하였었다.
우리는 지금 이 비상非常한 전시하戰時下에 살고 있으므로 더욱히 이런 쓰라린 느낌을 않을 수 없다 북에서 오는 침략侵略과 동東에서 받는 모시侮視가 차츰 그 도度를 넘어 임진당시壬辰當時를 방불케 하는 이때 우리는 명明의 덕도 다시금 감사한 생각을 일으키고 충무공忠武公의 위대偉大하신 공적功績도 더 한칭 부러워진다.

을미년乙未年의 사적史的 고찰考察

을미년乙未年의 사적史的 고찰考察[17]

이병기李秉岐

오래고 오랜 역사歷史를 가장 진 우리나라에서 을미년乙未年에 당한 사화史禍가 여간 많은 바이 아닌지라 이걸 다 열거列擧하자면 시간時間과 지면紙面과의 관계關係가 있으므로 고려조 이전의 건 약하고 이씨조선의 것에도 그 오백여 년 가운데 가장 중대重大한 사건만을 추려 말하자면 두 을미년乙未年이 있는데 하나는 국초 태종太宗 십오년十五年 三七四八 을미년에 서선徐選의 말을 좇아 서자자손庶子子孫을 정직正職으로 서용치 못하게 함이었으며, 또 하나는 광무황제光武皇帝 삼십이년三十二年 四二二八 을미 팔월八月 이십일二十日 새벽에 일인日人이 민중전閔中殿을 죽인 일이었다.

서선徐選은 어떤 이었던가 한 꾀죄한 선비로서 일찍 정도전鄭道傳의 집을 갔었다. 정도전鄭道傳의 노복奴僕들이 서선徐選을 보고 소대를 하였다. 서선徐選은 그걸 함원하였다가 그 아우 서달徐達이 그때 명신名臣이던 황희의 사위가 되며 그 인연으로 대언代言 베실을 하였다.

그런데 태종太宗은 이씨 태조太祖의 다섯재 아들로서 소장지변蕭墻之變을 내고 등극登極을 하여 자가自家를 높이기 위爲하여 자가自家가 적자적손

17 「乙未年의 史的 考察」, 『삼남일보』, 1955. 1. 1.

嫡子嫡孫이라 하여 환조桓祖의 장자張子인 이복 소생所生인 원계를 도리어 서자라 하고 차자인 성계太祖를 적자라 하였다.

고려말에는 비첩 기첩 외에는 육례六禮만 갖추었으면 다 처妻였다. 이처二妻, 삼처三妻 또는 경처京妻 향처鄕妻가 다 그 예例였다. 환조는 삼처三妻가 있는바 이씨, 최씨, 김씨였으며 이씨 소생이 원계요, 최씨 소생이 성계요, 김씨 소생이 화和였다. 원계나 화和도 고려조에 배실하여 높은 지위에 있었으나 태조가 가장 공훈功勳이 크고 드디어 화가위국化家爲國까지 하였다.

태종은 그 뒤 입승대통入承大統 하려 할 제 먼저 개국開國 제일 공신인 정도전鄭道傳 등을 죽이고 그 형제들을 죽이고 잠시 그 형 정종을 세었다가 태종太宗이 즉위卽位하매 그때 대언代言이던 서선徐選이가 그 함원을 풀려고 정도전鄭道傳 같은 따위가 서얼인 까닭에 그와 같이 나뻤다 하고 인하여 그런 자손들을 정직正職으로 서용用치 말자고 청하였다 한다. 이건 세계 만국에 없던 법으로서 오직 우리나라에만 쓰게 되어 유용한 인재人才들이 그 얼마나 기색 되었던가 허균의 홍길동전 박연암의 소통문疏通文이며 력대歷代의 통청운동通請運動이 격열하긴 하였으나 그 편애하고 고루古壘한 습성에 습성을 더하여왔었을 뿐이였다.

일인日人이 민중전을 왜 죽였는가

철종 십사년十四年 四一九六 십이세十二歲 철종이 승하하매 흥선군대원군의 둘째 아드님光武皇帝이 익종의 종통宗統을 이어 그때 나이 십오세十五歲로 즉위하였고 익종비였던 대왕대비 조씨가 수렴청정垂簾聽政하였으나 실은 대원군이 집정執政을 한 것이었다. 경복궁은 임진왜란에 잿더미 되고 그 후 역대로 중건하려다 못하고 익종이 특념特念하다가 장중掌中에 그저 세자로 죽었다.

그 비妃 조씨趙氏가 이걸 철천지한으로 여기던 차 광무황제를 그 계자繼

子로 들어서며 대원군은 경복궁景福宮을 중건하려고 원납전願納錢을 받어 이걸 낙성落成을 하였다.

이런 거대한 일을 하는 동안 병인년四一一九엔 민치록 따님을 들여 광무황제의 비를 삼었고 법국法國 군함軍艦이 강화江華를 침노하다가 패하였다.

어떠튼 대원군의 영단英斷으로 십여 년 독재하다가 광무황제의 비인 민중전이 25세에 륭희 황제를 낳으며 차차 그 친족 민씨閔氏의 세력이 높아가고 또는 일본의 세력이 우리 땅에 뻗히며 대원군의 권력과 모략은 점점 궁했다. 그리고 임오군란 갑신정변과 같은 큰 사변을 당하면 당할수록 노리고 있던 일본은 득리得利를 하던 것이였다. 그러자 갑오동학난을 계기로 하여 일청전쟁이 되고 그 소위 마관조약馬關條約에서 우리나라의 독립을 인정하였으나 실은 우리나라의 운명이 일인日人이 달려있었다.

우리나라엔들 유용지재有用之才와 우국지사憂國之士가 없던 건 아니로되 세계정세와 시국사무時局事務에 너무 어두었다. 풍수설 정감록이나 믿었고 새 지식 새 기술과 같은 건 전연 백지白紙였다가 리홍장이가 리유원李裕元에게 외국과 통상을 하라고 권한 편지에 일본은 강하고 귀국은 약하다 약한 나라가 강한 나라를 당할 수 없다 하였다. 만 한가지 당하는 방법은 강한 나라 통상하여 그 힘을 빌 뿐이니 귀국이 속히 영미독불과 같은 강국과 통상치 않고 쇄국만 하다가는 일본에 먹힐 것이라 하였다. 이런 말을 그때 완고들이 들을 리가 없다. 그려도 민중전은 친로親露 또는 친영親英 등등을 해서라도 자국自國을 살리려는 의지를 품고 있었다. 이 싹을 잘 알고 있던 일인日人은 일로전쟁도 하기 전에 민중전을 죽인 것이었다. 과연 일로전쟁日露戰爭 즉후卽後에 한일병합을 하지 않었던가.

누가 반역자叛逆者며 누가 애국자愛國者인가?

◇人生노오트 ⑮◇

누가 叛逆者며 누가 愛國者인가?

李秉岐

우리의 안다는것 한 막연한 말이다。소금이 짜고 사탕이 단줄은 누구나 모를이 없겠지만 과연 그 짜고 단 것이 무슨 까닭이며 그 度의 차이가 얼마이며 그것이 영원히 變化가 없을 것인가는 아무런 그 專門인 科學者라도 解答하기 어려울 것이다。왜냐 하면 우리의 안다는 것 그 地方 그 時代의 한 상식이겠고 아직도 未知의 문제는 그대로 無盡히 남아있다。능금이 땅으로 떨어진다는 것 한 의문으로 여기고 地球引力說을 발명하였거나 바다는 地球全面에 통하였으니 바다로만 가면 黃金의 나라인 印度도 가겠다하고 南北美大陸을 발견케 하였던 것이 世俗의 일컨던 細謀보다도 퍽 초월한 행동을 한 것이었다。과연 비상한 사람이라야 비상한 행동을 하였다。그것이 成則君王 敗則逆賊이었다。

그러면 帝王과 逆賊도 그 한계 成敗에 있었고 孔子와 盜跖도 한바탈로서 孔子가 아니면 盜跖이었다。이전 天賦 力量을 타고 난 것이 그러함이었다。구리를 아무리 연마했자 黃金은 아니되고 납을 아무리 다스렸자 銀은 아니된다。이렇다고 하여 明堂 四柱나 또는 무슨 祈禱를 드린다 하여 이런 問題를 정상적으로 해결한 것인가? 積善을 하면 餘慶이 있고 積惡을 하면 餘殃이 있다 함도 반드시 그런 것도 아니었다。워낙 善이니 惡이니 하는 구분도 明瞭치 않다。小善이 善인가? 大惡이 惡인가? 東西古今의 역사를 通考하여 보면 千古의 帝王 英雄이 가장 多數의 殺戮을 아니한 이가 없었

(104)

『사상계』5권 7호, 1957. 7.

누가 반역자叛逆者며 누가 애국자愛國者인가?[18]

우리의 안다는 건 한 막연한 말이다. 소금이 짜고 사탕이 단 줄은 누구나 모를 이 없겠지만 과연 그 짜고 단 것이 무슨 까닭이며 그 도度의 차이가 얼마이며 그것이 영원히 변화變化가 없을 것인가는 아무런 전문專門인 과학자라도 해답解答하기 어려울 것이다. 왜냐하면 우리의 안다는 건 그 지방地方 그 시대時代의 한 상식이겠고 아직도 미지未知의 문제는 그대로 무량無量히 남아 있다. 능금이 땅으로 떨어진다는 걸 한 의문으로 여기고 지구인력설地球引力說을 발명하였거나 바다는 지구전면地球全面에 통하였으니 바다로만 가면 황금黃金의 나라인 인도도 가겠다 하고 남북미대륙南北美大陸을 발견케 하였던 것이 세속世俗의 일컫던 지모知謀보다도 퍽 초월한 행동을 한 것이었다. 과연 비상한 사람이라야 비상한 행동을 하였다. 그것이 성즉군왕成則君王 패즉역적敗則力積이었다. 그러면 제왕帝王도 역적逆賊도 그 한때 성패成敗에 있었고 공자孔子와 도척盜跖도 한 바탈로서 공자孔子가 아니면 도척盜跖이었다. 이건 천품天稟 역량力量을 타고난 것이 그러함이었다. 구리를 아무리 연마했자 황금은 아니 되고 납을 아무리 다스렸자 은銀은 아니 된다. 이렇다고 하여 명당明堂 사주四柱나 또는 무슨

18 「누가 叛逆者며 누가 愛國者인가?」, 『사상계』5권 7호, 1957. 7.

기도祈禱를 드린다 하여 이런 문제問題를 정상적으로 해결할 것인가? 적선積善을 하면 여경餘慶이 있고 적악積惡을 하면 여앙餘殃이 있다 함도 반드시 그런 것도 아니었다. 워낙 선善이니 악惡이니 하는 구분도 명랑明朗치 않다. 소선小善이 선善인가? 대악大惡이 악惡인가? 동서고금東西古今의 역사를 소고遡顧하여 보면 천고千古의 제왕帝王, 영웅英雄이 가장 다량多量의 살육殺戮을 아니 한 이가 없었다. 성현聖賢들은 살인 살생을 경계하였으나 사실 유명한 제왕 영웅들은 살육을 많이 하였었다. 왕도王道의 제왕으로도 무왕武王은 피가 흘러 방앗고가 떠나려 가게 죽였었고 패도覇道의 제왕帝王인 진시황秦始皇 한고조漢高祖는 그 얼마나 죽였던가!

혹은 성패成敗밖에 사람을 의논하라 하였으나 성즉군왕成則君王 패즉역적敗則逆賊은 역대의 사실史實이 증명하고 있다. 이러므로 가끔 혁명도 있었다. 오제삼왕五帝三王의 정치를 한 전형典型으로 동아東亞에서는 말하여 왔지만 그 시대가 다르면 달라진 만큼 그 변통이 없을 수 없다. 그 제왕계통帝王系統의 정치인 시대에는 충효열忠孝烈과 같은 삼강三綱으로서 유일한 정강政綱을 아니 삼을 수 없었을 것이다. 첫째 그 주권이 제왕에게 있으며 독재정치를 하던 귀족, 또는 척신戚臣 내시內侍들에게까지라도 그 서민들은 질곡桎梏 어육魚肉으로 헌신하며 오로지 충忠을 하여 왔었다. 백이숙제伯夷叔齊도 수양산首陽山에서 고사리를 캐먹다 주려죽었을망정 이 때문에 추숭追崇을 받았고 그 뒤 충신忠臣들도 그러하였다. 그러나 역대歷代로 오며 충신忠臣보다도 난신亂臣이 더 많았고 그 자손이며 복록福祿도 난신亂臣들이 더 승승承承하였다.

「인생감의기人生感義氣 공명수복론功名誰復論」은 당唐 때 위징魏徵의 시詩이지만 의기義氣에 살고 공명을 생각지 않은 이가 그 몇이나 될가? 못났거나 잘났거나 미욱하거나 슬기롭거나 인생은 인생이었다. 과연 우열優

劣, 현우賢愚 모든 차이가 있는 것이 인생이었다. 이리하여 생존경쟁生存競爭하고 우승열패優勝劣敗하던 그 시대에는 권귀權貴한 이는 더욱 권귀權貴하였고 비천한 이는 더욱 비천하였으며 게다가 명분名分 또는 계급을 두고 그 영어囹圄 같은 법령을 꼭 지키게 하여 제왕들이 각기 수백 년을 누려왔었다. 이러는 동안 아유阿諛나 일삼는 무리들이 매양 각기 부귀富貴를 하였다. 약간 높은 뜻을 가진 이들은 어초漁樵나 일삼아 은둔隱遁을 하기도 하였다.

나는 역대歷代 반역叛逆이라고 하던 이 가운데 도리어 위대한 애국자임을 몇 들어 말하고 싶다.

고려조高麗朝가 왕씨王氏의 계통으로 그대로 더 연장되었더라면 공민왕恭愍王의 계系로서 신우辛禑 신창辛昌이 될 리가 만무하였으며 최영崔瑩 정몽주鄭夢周가 참살慘殺을 당하지 않았을 것이다. 물적物的으로나 심적心的으로서 최崔. 정鄭 두 어른과 같은 공신 충신이 어느 국사國史엔들 그리 흔한 존재였던가?

최영崔瑩 장군將軍은 여말麗末 그 험란한 때 장상將相으로 있으면서도 두실와옥斗室蝸屋이 항상 그 거처였고 백전노장百戰老將으로서도 그 부하의 성명 얼굴을 아는 이 적었다. 이건 사私보다도 공公을 위한 최장군의 한 놀라운 성격이었다. 실은 여말麗末의 최崔, 정鄭 두 어른은 기우는 집을 받치고 있는 기둥과 같았으며 자기의 충성으로 남도 믿은지라 이씨李氏 태조太祖도 지극히 옹호하여주었다. 태조太祖가 위화도威化島서 반군反軍하여와 팔각전八角殿의 왕우王禑, 최영崔瑩을 곽충보郭忠輔 등 군인을 시켜 수색하매 최장군崔將軍은 왕우王禑와 읍별泣別하고 충보忠輔를 따라 나왔다. 태조는 최장군崔將軍더러 이르되 이게 부득이한 일이라 하고 드디어 고봉현高峰縣으로 귀양을 보냈다. 그때 이인임李仁任이 일찍 말하되

「이판삼사李判三司이씨태조李氏太祖가 나라 임금이 된다」
하였으나 최장군은 듣고 몹시 노하매 감히 말을 못하였더니 이날 이르러 탄식하되

「인임仁任의 말이 진실로 옳다」
하였다. 그리고 얼마 아니 하여 서울로 데려다 사형을 하였다. 나이 칠십삼에 죽을 때, 사색辭色이 변치 않았다. 죽던 날 서울 사람은 파시罷市를 하였고 원근遠近의 가동항부街童巷婦까지도 다 눈물을 흘렸다 하였다. 최장군崔將軍이 죽은 뒤에도 정몽주鄭夢周 어른께서 그래도 여조를 지탱하여 보려고 애와 힘을 다 썼었다. 이 어른도 최장군崔將軍처럼 자기의 충성된 마음으로서 남도 퍽 믿었었다. 즉 이씨 태조李氏太祖를 여조麗朝의 충신忠臣으로 믿었다. 어느 날 태조太祖의 다섯째 아드님의 태종太宗이 미리 조신朝臣의 마음을 시험해 보려하고 자기 집에 잔치를 열고 조정朝庭 관원官員들을 청하여 먹다가 태종太宗이

이런들 어떠하리 저런들 어떠하리
만수산萬壽山 들렁츩이 얼거진들 어떠하리
우리도 이러코 잇다가 백년百年 산들 어떠하리

라는 노래를 불렀다. 이 노래는 쉽게 말하면 세상이 이러하니 왕씨王氏의 신민臣民이든 어느 씨氏의 신민臣民이든 되는 대로 되어 일생을 지내는 것이 어떠냐는 말이었다. 그 자리에 참례한 여러 사람에도 이 노래의 뜻을 알고 혹은 분개를 하였거나 혹은 두려워하였거나 혹은 찬양하였거나 한 이들도 있었겠지만 그 중 정몽주鄭夢周 어른께서는 그 지극 충성한 마음에 이 노래를 들으시고 불꽃처럼 솟아나는 그 충정衷情이

이몸이 죽어죽어 일백번一百番 고쳐 죽어
백골白骨이 진토塵土 되고 넋이라도 잇고 업고
님향向한 일편단심一片丹心이야 가실 줄이 잇이랴

라는 노래로서 대답한 것이었다. 태종太宗이 이 노래를 듣고 죽이려 하였다가 마침 태조太祖에게 문병問病 왔던 정몽주鄭夢周 어른을 선죽교善竹橋 우에서 때려 죽였다. 그리하고는 정몽주鄭夢周 어른의 머리를 효시梟示하고

「허사虛事를 꾸미고 대간臺諫을 꾀고 대신大臣을 모해하고 국가國家를요란한다」

고 죄목을 게방揭榜하였다.

그래도 태종太宗 즉위卽位 원년元年에 고려高麗 충신忠臣 정몽주鄭夢周를 영의정領議政으로 증직贈職하고 문충공文忠公으로 시호諡號를 주었다. 이런 걸 보면 사기평론史記評論도 그 시세에 따라 이러고저러고 하였다.

어제 충신忠臣이 오늘 역적逆賊도 되고 어제 역적이 오늘 충신도 되고 하였다. 그러면 역적逆賊이란 무엇인가? 중국 삼국三國 때 조조曹操를 평하기를 「난세지간웅亂世之奸雄이요 치세지양신治世之良臣」이라 하였다. 역적이니 충신이니 함도 동일한 사람으로서 그때그때의 기회여하機會如何로 말미암아 운운한 것 아닐가? 세조조世祖朝의 사육신死六臣이 단종端宗에게는 충신忠臣이었으나 세조世祖에게는 역적逆賊이었다. 오래 세조世祖 혈통血統이니 왕조王朝로서 수백 년을 지난 숙종조肅宗朝에 이르러서야 겨우 신원伸寃되었다. 「견제령월곡鵑啼寧越谷 마답독량도馬踏篤梁塗」는 숙종肅宗의 대행대여大行大輿가 비로소 움직이었다는 것도 한 안타까운 민화民話였다.

이렇게 논論하고 보면 충신이나 효자 열녀처럼 고지식한 사람이 없었다. 사주단자四柱單子만 받아놓고도 그 낭재郞材가 죽었다면 일생 수절을 하고 염병染病을 하는 부모의 대변大便을 맛보기도 하고 걸주桀紂와 같은 임금이라도 따라 순사殉死를 하였다. 이런 윤리와 도덕을 또한 종교宗敎와 같이 믿었었다. 이게 유학의 특수한 성교聲敎였다. 이런 삼강三綱을 지금도 그대로 지키며 선전을 해야 할 것인가? 선왕先王의 법복法服이 아니면 입지 말고 선왕先王 법언法言이 아니면 말하지 말라 하던 것이라든가 날마다 정성定省을 하고 시묘侍墓를 산다든가 하는 일을 누가 할 것인가? 이런 이유로서는 징집소집徵集召集의 연기 신청도 아니 될 것 아닌가?

나는 고려사高麗史를 읽다가 그 열전列傳 권제사십卷第四十 반역일叛逆一에서 강조전康兆傳을 보고 놀라운 한 애국자임을 알았다. 강조康兆를 반역에 넣은 건 그때 관각館閣인 사필史筆이었다. 춘추春秋, 사기史記 등의 예를 준수하여 그 형식을 내용보다도 더 엄정히 하였다. 근조실록近朝實錄에도 명종明宗 이후부터 간간間間「사신史臣 왈曰」하고 운운云云하였으나 크게 칠 건 치지 못하고 겨우 하찮은 인신人身을 공격하였을 뿐이었다.

그런데 강조康兆는 비록 반역이라 하였을망정 그 전기를 통하여 보면 반역叛逆이 반역叛逆이 아니고 여조麗朝를 가장 사랑하고 보전하자는 이었다. 그 경력經歷을 말하면 경조庚兆는 목종穆宗 때 중복사우상시中福使右常侍로서 나가 서북면도순검사西北面都巡檢使가 되었다. 목종穆宗이 병이 난바 김치양金致陽의 모변謀邊을 알고 황보유의皇甫兪義를 보내어 현종顯宗을 맞아오게 하였다. 그런데 지중감知中監 이주정李周楨이 치양致陽에게 붙어 서북면도순검부사西北面都巡檢副使로 권수權授되어 즉일卽日 발견發遣하여 인하여 강조를 불러 입궐入闕케 하였다. 강조康兆가 그 명을 듣고 동주용천

역洞州龍川驛에 이르매 벼슬 다니던 위종정魏從正과 최창崔昌이 일찍 무슨 일로서 쫓겨나 깊이 조정을 원망하며 항상 구란構亂코자 하더니 이 두 사람이 강조를 보고 말하되

「주상主上의 병환이 몹시 위급하여 태후가 김치양金致陽으로 더불어 사직을 빼앗고자 하는데 공公은 밖에 있어 손소 중병重兵을 잡고 있으매 혹 좋지 않을가 하여 왕명을 거짓하여 부르는 것이니 공公은 마땅히 본도本道로 돌아가 의병을 크게 일으켜 나라를 보전하고 몸을 온전케 하여 때를 잃지 말라」

하였다. 강조康兆도 그렇게 여기고 생각하되 왕은 이미 죽고 조정은 다 김치양金致陽의 지휘를 받았으리라 하고 문득 본영本影으로 돌아갔었다. 태후太后는 강조康兆가 오는 걸 꺼려 내신內臣을 보내어 악령岳嶺을 지켜 행인行人을 금하였다. 강조康兆의 아버지는 이걸 걱정하여 편지를 대지팽이 속에 넣어 종놈을 머리를 깍아 중을 만들어 묘향산妙香山 중이라 하고 보내어 강조康兆에게 알리되

「왕은 이미 빈천賓天하였고 간흉姦凶이 일을 꾸미니 군사를 거느리고 와 국난國難을 정靜하라」

하였다. 그 종이 밤낮으로 급히 달려 강조康兆에게 가서는 기운이 다하여 죽었다. 강조康兆가 대지팽이 속 편지를 얻어보고 왕이 죽은 줄을 더욱 믿었다. 그리고 마침내 이현운李鉉雲 등으로 더불어 갑졸甲卒 오천 명을 거느리고 평주平州에 이르러서야 왕이 죽지 않은 줄 알고 강조康兆가 기가 죽어 머리를 숙이고 오래 있었다. 여러 장수가 가로대

「이미 왔으니 그칠 수 없다」

강조도 그렇다 하고 왕의 폐립廢立을 결의하였다.

왕이 이미 현종대량군大良君을 맞은 줄을 모르고 김응인金應仁을 보내어

군사를 거느리고 가 맞게 하고 왕께 아뢰되

「상上의 병환이 미유彌留 하신데 국본國本이 정치 못하고 간당奸黨이 엿보고 또 유행간庾行簡 등의 아첨함을 너무 믿어 상벌이 분명하지 못하여 이런 위란危亂을 이루었으니 이제 정분定分을 하고자 하는 바 인심에 관계하므로 악한 놈들을 없애어 중분衆憤을 쾌케 하려 이미 대량군大良君을 맞아 궐내闕內에 들어가매 성정聖情이 경동驚動하실가 하오니 청컨대 용흥龍興 귀법사歸法寺로 출어出御하시면 곧 간당奸黨을 소탕한 뒤에 맞아들이리라」

하였다. 왕은 이미 아뢰는 바를 알았노라 하였다.

이날 김응인金應仁이 유의兪義로 더불어 신혈사神穴寺에 이르러 현종을 모시고 돌아왔었다. 이튿날 이현운李鉉雲이 군사를 거느리고 영추문迎秋門으로 크게 떠들매 목종은 놀래어 유행간庾行簡을 잡아 강조에게로 보냈다.

강조는 대초문大初門에 이르러 호상胡床에 걸앉았다. 군사들이 궐내에 들어가매 목종은 태후와 하늘을 우러러 부르짖으며 울고 궁인宮人 소수小竪 및 채충순蔡忠順 유충정劉忠正 등을 데리고 법왕사法王寺로 출어出御하였다, 강조康兆는 건덕전乾德殿 어탑御榻 아래 앉았다. 군사들이 만세를 불렀다. 강조는 깜짝 놀래어 일어나 꿇고 가로대

「사군嗣君이 이르지 않았는데 무슨 소린고」

하였다. 조금 있다가 유의劉義 등이 현종宗을 모시고 이르매 드디어 연총전延寵殿에서 즉위卽位하였다.

이런 것이 강조康兆의 충성이요 애국愛國의 정신이었다. 만일 이 때에 건덕전乾德殿 어탑御榻에 올라 앉아 만세의 부르짖음을 듣고 눌러 뽐내고 그 자손이 그 대통大統을 이었드라면 고려高麗 다음의 또한 나라가 생겼을 것 아닌가? 견훤甄萱도 더 몇 대代만 이었더라면 남북조南北朝가 있었을

것 아닌가! 제왕帝王의 역사歷史란 그 세력과 그 전승承傳의 연장으로 큰 지반地盤을 삼았다. 오제五帝는 더 말할 것도 없으려나 삼왕三王이란 무엇인가? 성즉군왕成則君王의 가장 시초인 왕자王者였다. 종래 학설學說로는 공자孔子부터도 조술요순祖述堯舜하여 존고비금尊古卑今하였다. 이건 어느 종교에서 진화론進化論을 부정하고 말소抹消하려는 것과도 그다지 그 거리가 멀지 않았다. 이런 만성적慢性的인 것보다도 이 세상을 더 더 새롭게 나아가게 함에는 가끔 극약적劇藥的인 것이 필요하였다. 과연 강조康兆는 극약적劇藥的인 효과를 나타낸 한 사람이었다.

현종顯宗이 즉위卽位한 뒤 목종穆宗은 양국공讓國公으로 모시고 김치양金致陽 부자父子며 유행간庾行簡 등 칠인七人을 죽이고 그 당黨 및 태후太后 친속親屬 주정周禎 등 삼십여인三十餘人을 해도海島에 귀양보냈다.

穆宗과 太后는 선인문宣仁門으로 나서 忠州를 향하여 적성積城에 이르렀다. 상약직장尙藥直長 김광보金光甫가 독약을 나으니 穆宗이 마시지 않았다. 김광보金光甫가 함께 온 안패安覇 등 더러 말하되 강조의 말에 만약 진독進毒을 못하면 중금군사中禁軍士를 시켜 큰일을 행하여 자인自刃하라, 그렇지 않으면 나와 너희들은 함께 멸족을 당하겠다 하고 밤에 안패安覇 등이 목종을 죽여 스스로 목질러 죽었다 하고 문門짝으로서 관棺을 하여 아직 관館에 구조構厝를 하고 강조康兆가 사람을 시켜 현창미縣倉米로써 밥을 지어 제사를 하였다.

현종顯宗은 강조康兆로 중대사中臺使를 삼고 이현운李鉉雲으로 부사副使를 삼고 얼마 아니 하여 강조康兆는 이부상서참지정사吏部尙書參知政事를 제수除授하였었다.

현종顯宗 원년元年 오월五月에 거란주契丹主는 강조가 시군弑君하였다 핑계하고 발병문죄發兵問罪 하려 하였다. 현종顯宗은 이 소문을 듣고 강조康兆

로써 행영도사行營都使를 시키고 이현운李鉉雲, 장연우張延祐로써 부사副使 시켜 이십만二十萬을 거느려 통주通州에서 대비케 하였다. 십일월十一月에 거란주契丹主가 스스로 보기步騎 사십만四十萬을 거느리고 압록강을 건너 흥화진興化鎭을 포위하였다. 강조康兆는 군사를 이끌어 통주성남通州城南에 나가 군사를 셋으로 나누어 물을 격하여 진을 쳤는데 하나는 통주通州 서편 삼수三水 모임에 영營을 하여 강조康兆가 그중에 있었고 하나는 근주近州의 산山에 영營을 하고 하나는 성城에 붙여 영營을 하였다. 강조康兆가 검차劒車로써 배치排置하여 거란병契丹兵이 들어온즉 검차劒車로 합치하매 모두 꺼꾸러졌었다. 거란병契丹兵이 여러 번 퇴각하였다. 강조康兆는 드디어 적을 가벼이 여기고 사람을 데리고 바둑을 두었다. 거란契丹의 선봉이 삼수진三水陣을 쳤다. 진주鎭主가 거란병契丹兵이 이르렀다고 고하매 강조康兆는 믿지 않고 가로되 입안의 밥과 같아 적으면 될 수 없으니 많이 들오도록 하라 하였다. 또 고告하여 거란병契丹兵이 이미 많이들 왔다 하매 강조康兆가 놀래어 일어났다. 거란병契丹兵은 마구 대들어 강조康兆를 묶어 싣고 갔다. 이현운李鉉雲도 잡혀갔다. 거란주契丹主가 보고 강조를 풀어 놓고 묻되

「네가 재 신하가 되겠느냐?」

하였다. 대답하되

「나는 고려 사람이다. 어찌 네 신하가 되랴」

하였다. 또 물어도 같은 대답이다. 이현운李鉉雲에게 물은즉 대답하되

「양안이첨신일월兩眼已瞻新日月 일심하억구산천一心何憶舊山川」

이라 하였다. 강조는 노하여 이현운李鉉雲을 발로 차며

「네가 고려 사람으로서 어찌 이런 말을 하느냐」

하였다. 거란契丹은 드디어 강조를 죽였다. 이상의 기록을 보건대 강조康

兆가 안패安覇 등을 시켜 목종穆宗을 죽인 건 마치 고구려의 창조리倉助利가 봉상왕烽上王을 죽인 것과 다름이 없다. 창조리倉助利는 봉상왕烽上王의 상신相臣으로 봉상왕烽上王을 폐하고 미천왕美川王을 세운 것도 나라를 위함이었고 강조康兆가 목종穆宗을 폐하고 현종顯宗을 세운 것도 또한 나라를 위함이 아닌가!

「나는 고려 사람이다. 어찌 네 신하가 되랴」

함과 이현운李鉉雲을 발로 차며

「네가 고려 사람으로써 어찌 이런 말을 하느냐」

하던 강조康兆야말로 과연 애국자愛國者가 아닌가! 그리고 고려高麗 최충헌崔忠獻의 사대四代도 고려사高麗史에는 반역叛逆이라 하였으나 거란契丹 또는 몽고병蒙古兵이 쳐들어왔던 그 위란危亂한 사십여四十餘 년年에 강화江華로 천도遷都를 시키고 적適과 싸우고 대장경大藏經을 간행刊行하며 고려高麗를 보전한 것은 그 덕이라 아니 할 수 없으니 이들도 또한 애국자愛國者가 아닌가!

군주君主 한 사람에게는 비록 반역叛逆이 된다더라도 나라를 위한 일이고 보면 그는 과연 애국자愛國者가 아닌가! 근조近朝의 이충무공李忠武公도 거북선 안에서 부채살을 깍던 지극한 애국자愛國者이지만 한때 간당奸黨의 모략과 무함誣陷으로서 반역자가 되어 사형을 당할 번하지 않았던가!

그러면 누가 반역자叛逆者며 누가 애국자愛國者인가? 이는 고금古今을 막론하고 우리가 공정公正 엄정히 검토해야 할 것이다. 만약 사색당쟁四色黨爭처럼 당심黨心 야심野心을 가지고 논쟁論爭이나 하며 저희 편만 옹호하고 남의 편은 배척한다면 겨레나 나라를 어떻게 보전하고 나아 갈 것인가!

한일韓日의 불합법적不合法的 관계關係

한일韓日의 불합법적不合法的 관계關係[19]

국문학자國文學者 중앙대학교中央大學校 교수敎授

동아대륙東亞大陸의 한 모퉁이에 있는 한국韓國과 섬 속에 있는 일본과는 겨우 대마도對馬島·울릉도鬱陵島와 같은 조그마한 섬을 그 중간中間에 두고 서로 대안對岸하여 있으며, 먼 옛날부터 이 두 나라의 관계關係가 퍽 빈번頻繁하여 왔었다.그 빈번頻繁하던 관계關係 가운데 주主로 불합법적不合法的 관계關係인 것을 이에 들고자 하는바, 삼국三國 이전의 너무 묘막渺邈한 신화神話·전설傳說과 같은 건 그만 생략省略하고 삼국三國·고려高麗·근조近朝 등等 사록史錄에 적힌 것만을 말하려 한다. 이건 창작創作이 아니고 과거過去의 사실史實 그대로인 만큼 이걸 읽어 창작創作과 같은 그런 흥미興味는 얻지 못할 것이나 이는 이대로 또한 별다른 흥미興味가 없지 않으리라 생각된다.

19 「韓日의 不合法的關係」, 『가람문선』, 신구문화사, 1966.

1. 삼국시대三國時代

삼국三國은 신라新羅·고구려高句麗·백제百濟를 이름인바, 일본日本과의 불합법적不合法的 관계關係가 고구려高句麗나 백제百濟보다도 신라新羅와가 많았다. 그건 신라新羅와 일본日本과의 지리적地理的 관계關係였다. 일본日本서 백제百濟나 고구려高句麗를 오자면 반드시 신라新羅의 국경國境을 거쳐야 한다. 그러면 일본日本이 원교근공책遠交近攻策을 쓰자던 것도 아니고 다만 비교적比較的 신라新羅가 가까이 있으며 또한 신라新羅는 비옥肥沃한 지대地帶로 물산物産이 풍부豐富하므로 종종種種 이를 약취掠取하러 왔었다. 이 사실史實을 열거列擧하면 다음과 같다.

신라新羅 시조始祖 팔년八年(前五〇)에는 왜倭가 신라新羅 변경邊境을 침노하다가 왕王이 신덕神德이 있다 함을 듣고 돌아갔다. 남해왕南解王 십일년十一年(後十四)엔 신라新羅해변海邊을 침노하매 육부경병六部勁兵 천인千人을 발發하여 막았다. 아달라왕阿達羅王 사년四年(一五七) 신라新羅의 영사현迎巳縣 사람 영오迎烏 세오細烏란 부부夫婦가 있어 하루는 영오迎烏가 해초海草를 캐러 바닷가에 갔다가 갑자기 표류漂流하여 일본국日本國 소도小島에 가서 왕王이 되었다. 그 안해 세오細烏가 그 남편을 찾아가 또한 왕비王妃가 되었다 한다. 내해왕柰解王 십삼년十三年(二〇八)엔, 왜倭가 침노하매 이음利音을 보내어 막았고, 조분왕助賁王 사년四年(二三三)에는 왜인倭人이 와 침노하는데 석우노 장군昔于老將軍이 사도沙道에서 싸워 마침 불어오는 풍세風勢를 이용利用하여 불을 놓아 적賊의 전함戰艦을 다 태우니 적賊이 다 빠져 죽었다. 그리고 첨해왕沾解王 칠년七年二五三에 왜국사신倭國使臣 갈나고葛那古가 관사館舍에 있는바 석우노昔于老가 이를 접반接伴하며 더불어 희롱하되 조만간早晩間 네 임금을 잡아다 감노監奴종를 삼고 네 왕비王妃는 잡아다 찬부爨婦부엌데기를 삼으리라 하였다. 왜왕倭王이 듣고 노하여 장군將軍 우도주군于道朱君을 보내어 신라新羅를 칠새 왕王은 유촌柚村에 피거避居케 하고 석우노昔于老가

「이제 이 환란患亂은 내가 말을 삼가지 않은 탓이라 내가 나가서 당하겠다」

하고 왜군倭軍에게 나아가

「전날 말한 건 희롱이었다. 어찌 군사軍士를 일으켜 이에 이르리오」

한즉 왜인倭人이 대답지 않고 석우노昔于老를 잡아 섭 위에 놓고 불태워 죽이고 갔었다. 그 후 미추왕味鄒王 때 왜국대신倭國大臣이 왔거늘 석우노昔于老의 처妻가 국왕國王께 청하여 왜국사신倭國使臣을 대접하겠다 하고 주식酒食을 많이 먹이어 왜국사신倭國使臣이 몹시 취醉하매 장사壯士를 시켜 끌어 마당에 내려 불태워 죽였다. 왜인倭人이 분하여 또 와서 금성金城을 쳤으나 패敗하여 갔었다. 백제百濟 고이왕古尒王 오십년五十年二八三에는 일본日本의 소청所請에 의依하여 봉의여자縫衣女子를 일본日本으로 보내고 동同 오십이년五十二年(二八五)에는 백제百濟서 박사博士 왕인王仁을 일본日本에 보냈다. 왕인王仁은 논어論語와 천자문千字文을 가지고 가서 가르친바 일본日本의 한문漢文은 이때부터 시작되었다 한다. 신라新羅 유례왕儒禮王 사년四年(二八七)에는 왜인倭人이 와 일례부一禮部를 엄습掩襲하여 불을 놓고 일천인一千人을 사로잡아 갔었으며, 동同 육년六年엔 왜병倭兵이 온다 함을 듣고 주즙舟楫과 갑병甲兵을 수선修繕하였으며, 동同 구년九年(二九二)에는 왜병倭兵이 사도성沙道城을 공함攻陷하매 일길찬대곡一吉湌大谷을 시켜 군사軍士를 거느려 구완救完하였으며, 동同 십일년十一年에는 왜병倭兵이 장봉성長峯城을 와 치다가 패敗해 갔다. 동同 십이년十二年에 유례왕儒禮王은 신하臣下더러 말하되

「우리가 수전水戰에 익지 못하고 모험冒險하여 멀리 치러 가매 불측不測한위험이 있을까 하다」

하였다. 왕王은 그 말이 옳다 하고 말았다. 신라新羅 기림왕基臨王 삼년三年(三〇〇)에는 신라新羅는 왜국倭國과 교빙交聘을 하였다. 흘해왕訖解王 삼년三年(三一二)에는 왜倭가 사신使臣을 보내어 청혼請婚하매 아찬阿湌 급리急利의 딸을 보내 주었고, 동同 삼십오년三十五年에 또 사신使臣을 보내어 청혼請婚하는 걸 딸이 이미 출가出嫁하였다고 핑계하였다. 백제百濟 아신왕阿莘王 육년六年(三九七)에는 백제百濟와 일본日本이 결호結好하고 백제태자百濟太子 전지腆支를 일본日本에 보내고, 동同 구년九年에는 백제百濟가 왜倭와 연합聯合하여 신라新羅를 침노하였다. 신라新羅 실성왕實聖王 삼년三年(四〇五)엔 왜병倭兵이 와 명활성明活性을 치다 돌아갈새 왕王이 기병騎兵을 거느려 독산獨山 앞에서 맞아 두 번 싸워 파하고 삼백여 급三百餘級을 얻었다. 동同 육년六年엔 왜인倭人이 신라新羅의 동변東邊 또는 남변南邊을 침노하여 일백인一百人을 탈략奪掠해 갔다. 동同 칠년七年엔 왜인倭人이 대마도對馬島에 영營을 두고 병혁兵革과 군량軍糧을 저장貯藏하고 신라新羅를 친다는 말을 듣고 실성왕實聖王은 정병精兵을 보내어 먼저 그곳을 치려 하매 서불감舒弗邯 미사품未斯品이 불리不利하다 하여 말았다. 동同 십사년十四年엔 왜인倭人과 풍도風島서 싸워 이겼고, 눌지왕訥祇王 십오년十五年(四三一)엔 왜倭가 또 명활성明活城을 와 에웠다 가고, 동同 이년二年엔 왜倭가 또 동변東邊에 와 침략侵掠하였고 자비왕慈悲王 이년二年(四五九)엔 왜인병선倭人兵船 백여소百餘艘가 동변東邊을 내습來襲하고 나와 월성月城을 에워싸고 사면시석四面矢石이 쏟아지되 굳게 성城을 지키매 왜적倭賊이 물러가려 하는 걸 추격追擊하여 그 반수半數나 죽였고, 동同 오년五年에 왜인倭人이 감량성歃良城을 침노하다 가거늘 중로中路에 복병伏兵하여 대파大破하고 강장록변疆場綠邊에는 두 성城을 쌓고 수비守備하였고, 동同 십구년十九年엔 동변東邊에 내습來襲한 왜인倭人을 덕지장군德智將軍을 시켜 이백여인二百餘人을 죽였다. 소지왕炤智王 사년四年 팔년八年 십구년十九年, 이십이년二十二年에도 왜倭가 와 침노했으며, 임해臨海·장령長嶺 두 진鎭을 두고 왜倭를 방비防備하였고 무열왕武烈王 칠년七年(六六〇)에 신라新羅가 백제百濟를 멸滅하고, 문무왕文武王 팔년八年(六六八)에 고구려高句麗를 멸滅하고 신라통일新羅統一이 된 후로는 일본日本과 수호修好하여 가끔 사신使臣이나 왕래往來하였을 뿐이었다. 그리고 고구려高句麗와는 백제百濟가 왜倭와 연합聯合하여 신라新羅를 치는데 광개토왕廣開土王이 보기步騎 오만五萬을 보내어 구원救援해 주었을 때三九九뿐으로 불법적不法的 관계關係가 별로 없는가 하고, 백제百濟와는 퍽 친호親好하게 지내어 백제百濟의 문화文化며 사료史料가 많이 일본日本으로 흘러가 전하고 있는 바이다.

2. 고려시대高麗時代

고려조高麗朝에 이르러서도 충렬왕忠烈王 때(一二八一) 원元과 연합聯合하여 일본정벌日本征伐을 한 밖에는 가끔 서로 사신使臣이나 왕래往來하다가 려말麗末 충정왕忠定王 이년二年(一三五〇)부터는 왜구倭寇가 다시 오기 시작하여 그 사월四月에는 적선賊船 백여소百餘艘가 순천順天·남원南原·구례求禮·영광靈光·장흥長興 등지를 침범侵犯하고, 오월五月에는 또 육십육소六十六艘가 왔다. 우리 군사軍士에게 쫓겨갔고, 공민왕恭愍王 원년元年一三六二 정월正月·삼월三月에 여러 번 왜선倭船이 크게 이르러 싸우다 패하여 갔었고, 동同 삼년三年 사년四年에도 왜인倭人이 와 전라도全羅道 조선漕船 사십여소四十與艘 또는 이백여소二百餘艘를 약탈掠奪해 가고, 동同 육년六年에도 승천부昇天府 흥천사興天寺엔 왜倭가 각산角山에 와서 삼백여 소三百餘艘를 불사르고 한주韓州와 진성鎭城을 침노하고 교동喬桐·검모포黔毛浦·화지량花之梁·인주仁州 등지에 불도 지르고, 동同 팔년八年에는 왜倭가 예성강禮成江에도 오고 옹진瓮津·옥구沃溝와 양광도楊廣道의 평택平澤·아주牙州·신평新平 등지에 이르러 용성龍城 등 여남은 고을을 불지르고 또 강화江華의 선원사禪源寺·용장사龍藏寺에 들어 삼백여 인三百餘人을 죽이고 쌀 사만여 석四萬餘石을 빼앗아 갔었고, 동同 삼년三年에는 왜선倭船 이백소二百艘가 하동河東·고성固城·김해金海·밀성密城·양주梁州를 노략하고, 동同 십사년十四年에 또 교동喬桐·강화江華를 노략하고, 동同 십오년十五年, 십육년十六年에도 교동喬桐·강화江華를 노략하고, 조선漕船을 약탈掠奪해 갔다. 동同 십육년十六年부터는 일본日本과의 사신使臣이 오고 가고는 했으나 왜적倭賊이 여전如前히 끊이지 않았다. 왕우王禑 삼년三年(一三七七)에는 고려高麗가 사신使臣을 일본日本에 보내어 왜적倭賊을 금禁해 달라고 청請하기도 하였다. 그러나 왜적倭賊은 때로 침노하여 오던바, 동同 육년六年(一三九〇)에는 왜적倭賊 오백소五百艘가 충청도忠淸道 서천군舒川郡 진포鎭浦에 내박來泊하고 하삼도下三道로 들어 연해주군沿海州郡을 다 불지르고 인민人民을 도륙屠戮하여 송장이 산야山野를 덮었다. 그때 이태조李太祖가 양광楊廣·전라全羅·경상慶尙 삼도순찰사三道巡察使가 되어 치는데 퍽 악전고투惡戰苦鬪하였으며, 최후最後 가장 그 강적强敵인 효용무비驍勇無比한 적장賊將 아지발도阿只拔都와 싸울새 태조太祖는 자기自己의 편장偏將 이두란李豆蘭과 짜고 화살로 그 투구꼭대기를 맞혀 떨어뜨리고 이두란李豆蘭으로 하여 그 목을 베어 죽이고 적賊을 대파大破하였다. 동同 십년一〇年에는 왜적倭賊 백오십 소百

五十艘가 함주咸州·홍원洪原·북청北青·합 난북蘭北 등지에 침입侵入하여 인민人民을 살노殺虜하거늘 이태조李太祖가 이두란李豆蘭과 기타 장수其他將帥들과 합력合力하여 맹렬猛烈히 싸워 쫓았다. 그래도 왜적倭敵은 고려高麗가 망亡하던 해까지 침래侵來하였다. 종래 왜적倭賊은 해적단海賊團이었다. 그때 일본정부日本政府에서는 이를 금지禁止한다 하였으며 해도포착군관海盜捕捉軍官이니 하는 것이 왔었으나 그건 한 이름뿐이었다.

3. 근조시대近朝時代

근조近朝 이태조李太祖가 건국建國하며 그 육년六年(一三九七)에 사신使臣을 일본日本에 보냈었고 그 후로도 몇 해만큼 사신使臣이 왕래往來하였으며, 전과 같은 왜적倭賊의 침해侵害는 적었다. 그러나 근조近朝에 이르러서는 일본日本과의 관계關係가 가장 절정絶頂에 달하였던 것이라 함은 비록 불합법적不合法的인 건 아니라 하더라도 가장 큰 전쟁戰爭이 이 두 나라 사이 벌어졌던 것이다. 큰 전쟁戰爭이란 건 임진란壬辰亂과 대마도정벌對馬島征伐이었다. 대마도정벌對馬島征伐은 근조近朝의 제사대第四代의 임금이신 세종대왕世宗大王이 천종天縱한 성덕聖德으로 문무백도文武百度를 제정制定하고 만기萬機를 총찰總察하여 내치외교內治外交를 정려精勵할 새 그 즉위卽位하시던 해 세종世宗 원년元年(一四一九) 「첫박시」대마도對馬島를 정복征服한 것이었다. 종래 왜적倭賊의 근거지根據地고 도화선導火線은 대마도對馬島였다. 대마도對馬島는 토지土地가 척박瘠薄하여 그 거민居民들이 매양 조선의 미곡米穀과 포백布帛으로 살아왔다. 그러면서도 일본日本과 부동附同하여 조선을 항상 침해侵害하였다. 조선과 일본日本과의 문제問題는 실로 예서 기인基因하였다. 조선의 평화平和와 안녕질서安寧秩序를 유지維持함에는 대마도對馬島부터를 정계正界해야 하겠다. 세종대왕世宗大王의 거룩한 성덕聖德으로 대마도對馬島를 정복征服하심이 전연 이 때문인가 한다. 임진란壬辰亂은 일본日本이 조선을 침략侵略하자는 숙원宿願에서 생긴 전쟁戰爭이다. 명明을 치러 가는데 길을 빌려달라고 하긴 했으나 대욕소관大慾所關이 첫째 조선을 먹자는 것이다. 그러나 칠년전쟁七年戰爭에 결국結局 대패大敗하였고, 그 뒤 관백정부關白政府가 일본日本을 통치統治하면서는 조선과의 관계關係가 한층 더 깊어져 통신사通信使가 가고 오며 수백 년 동안은 서로 좋게 지냈다. 그러나 명치초明治初에는 정한론征韓論이 분운紛紜하였으며 드디어 그 야심野心과 욕망慾望을 한때 환현幻現하였던 것이다.

[부록] 24권 역사학 상세목록

1) 어린이 歷史

1	어린이歷史	1949	정음사	이병기

2) 역사이야기(신문)

순	동아일보 제목	날짜	『어린이歷史』 제목
1	어린이歷史1 성골장군	1938.10.16.	聖骨將軍
2	어린이歷史(二), (三) 진훤甄萱(上)(下)	1938.10.23. -11.06	甄萱
3	어린이歷史(4) 고려태조高麗太祖	1938.11.13.	高麗太祖
4	어린이歷史(五) 혜종과 박술희	1938.11.20.	惠宗과 朴述熙
5	어린이歷史(七)(八) 강감찬姜邯贊上下	1938.12.04.	姜邯贊
6	어린이歷史(九) 한송정곡寒松亭曲	1938.12.18.	寒松亭曲
7	어린이歷史 신혈소군神穴小君	1939.1.22.	神穴小君
8	어린이歷史(十) 왕가도의 꾀	1939.2.5.	王可道의 꾀
9	우리의歷史 조상의 음덕上下	1939.2.19.-26.	祖上의 陰德
10	어린이歷史 날러드는 봉	1939.3.5.	날러드는 鳳
11	우리의歷史 아우와 누이 송사	1939.3.12.	大覺國師의 事業
12	어린이歷史 대각국사의 사업	1939.3.19.	아우와 누이 訟事
13	어린이歷史 여진을 친 윤관	1939.3.26.	女眞을 친 尹瓘
14	어린이歷史 묘청의 술법(上), 妙淸의 싸움(下)	1939.4.2.-9.	妙淸의 術法
15	어린이歷史 김부식과 정지상	1939.4.16.	金富軾과 鄭知常
16	역사이야기 어린 시절의 궁예弓裔	1937.11.14.	어린 시절의 弓裔
17	어린이歷史(20) 仇珍川과 木弩	1939.5.28.	仇珍川과 木弩
18	어린이歷史(21) 張弓福과 鄭年	1939.6.4.	張弓福과 鄭年
19	어린이歷史(22) 大世의 큰뜻	1939.6.11.	大世의 큰뜻
20	어린이歷史(23) 검은고의 유래	1939.6.18.	검은고의 유래
21	어린이歷史(24) 가야금 내력	1939.6.25.	가야금 내력
22	어린이歷史(25) 金后稷의 忠諫	1939.7.9.	金后稷의 忠諫
23	어린이歷史(26) 異斯夫의 智謀	1939.7.23.	異斯夫의 智謀
24	어린이歷史(27) 斯多含의 勇氣	1939.7.30.	斯多含의 勇氣
25	어린이歷史(28) 黃山의 싸움	1939.8.6.	黃山의 싸움
26	어린이歷史(29) 新羅의 奇士	1939.8.13.	新羅의 奇士
27	어린이歷史(30) 麿廉의 대답	1939.8.20.	麿廉의 대답
28	어린이歷史(31) 元述의 憤恨	1939.8.27.	元述의 憤恨
29	어린이歷史(32) 金將軍의 忿怒	1939.9.3.	金將軍의 忿怒
30	어린이歷史(33) 貴山과 壽項	1939.9.10.	貴山과 壽項
31	어린이歷史(34) 薩水의 싸움	1939.9.17.	薩水의 싸움

32	어린이歷史(36) 王孫乙弗	1939.10.8.	王孫 乙弗
33	어린이歷史(37) 近肖古王	1939.10.15.	近肖古王
34	어린이歷史(37) 處容의 歌舞	1939.10.22.	處容의 歌舞
35	어린이歷史(38) 三女王	1939.10.29.	三女王
36	어린이史(39) 鄕歌	1939.11.5.	鄕歌
37	어린이歷史(40) 百濟의 美術	1939.11.12.	百濟의 美術
38	어린이歷史(41) 거룩한 忠誠	1939.11.19.	거룩한 忠誠
39	어린이歷史(42) 東明聖王	1939.11.26.	東明聖王
40	어린이歷史(43) 瑠璃明王	1939.12.3.	瑠璃明王
41	어린이歷史(44) 孝宗郞	1939.12.10.	孝宗郞
42	어린이歷史(45) 廉直한 劒君	1939.12.17.	廉直한 劒君
43	어린이歷史(46) 密友와 紐由	1939.12.24.	密友와 紐由
44	어린이歷史(47) 故國川王	1940.1.14.	故國川王
45	어린이歷史(48) 申崇謙과 金樂	1940.1.21.	申崇謙과 金樂
46	어린이歷史(49) 天命	1940.1.28.	天命
47	어린이歷史(50)(51) 孝子金遷上下	1940.2.4.-11.	孝子金遷
48	어린이歷史(52) 忠直한 李存吾	1940.2.18.	
49	어린이歷史(53) 金方慶	忠直한 李存吾	
50	어린이歷史(54) 崔瑩將軍	1940.2.25.	
51	어린이歷史(55) 三別抄	金方慶	
52	어린이歷史(56)(57) 鄭圃隱上下	1940.3.3.	
53	어린이歷史(58) 梁萬春	崔瑩將軍	
54	어린이歷史(59) 三元帥	1940.3.10.	
55	어린이歷史(60) 孔岩津	三別抄	
56	어린이歷史(61) 八萬大藏經	1940.3.17.-24.	
57	어린이歷史(62) 高麗瓷器	鄭圃隱	
58	어린이歷史(68) 世宗의 讀書	1940.3.31.	
59	어린이歷史(64) 吉冶隱	梁萬春	
60	어린이歷史(65) 朴安臣의 大膽	1940.4.7.	
61	어린이歷史(66) 樂聖 朴蘭溪	三元帥	
62	어린이歷史(67) 活字	1940.4.14.	
63	어린이歷史(68) 尹淮	孔岩津	
64	어린이歷史(64) 黃喜	1940.4.21.	
65	어린이歷史(65) 李澄玉	八萬大藏經	
66	어린이歷史(66) 神童 金時習	1940.4.28.	
67	어린이歷史(68) 大膽한 許琮	高麗瓷器	
68	어린이歷史(69) 金虬	1940.5.5.	
69	역사이야기 여옥麗玉	世宗의 讀書	
70	어린이歷史(五) 海東孔子	1940.5.12.	
71	어린이歷史(十) 광종의 일대	吉冶隱	
72	어린이歷史 강조康兆의 죄	1940.5.19.	
73	어린이歷史(25) 木州의 孝女	朴安臣의 大膽	
74	어린이歷史(26) 新羅의 花郞	1940.5.26.	

75	어린이歷史(35) 어리석은 百濟王	樂聖 朴蘭溪	
76	어린이歷史(67) 泛虛亭	1940.6.2.	
77	어린이歷史(70) 徐花潭의 窮理	活字	
78	어린이歷史(71) 綾昌大君	1940.6.9.	
79	史上의 女傑撰 (一) 先見의 總才! 平岡公主 바보 男便을 護國勇士로 出世시켜	尹淮	
80	史上의 女傑撰 (二) 金庾信을 만든 '萬明' 뼈에 사모치는 교육을 햇다	1940.6.16.	
81	史上의 女傑撰 (三) 高麗 太祖의 卽位는 神惠王后의 힘	黃喜	
82	史上의 女傑撰 (四) 감식과 판정이 놀라운 柳夫人의 訓育	1940.6.23.	
83	史上의 女傑撰 (五) 辛旽의 친세를 꺾고 恭愍王을 바로 잡은 明德太后의 총명	李澄玉	
84	史上의 女傑撰 (六) 일국을 구원해낸 지혜 있는 夫娘	1940.6.30.	
85	史上의 女傑撰 (七) 財物을 애끼지 않고 던진 慈善家 金萬德	神童 金時習	
86	史上의 女傑撰 (八) 反正의 勳業을 돕던 智謀 겸비한 鄭氏	1940.7.14.	
87	史上의 女傑撰 (九) 妬悍한 風度가 있던 무서운 沈氏	大膽한 許琮	
88	史上의 女傑撰 (十) 箴言을 많이 들이던 神德王后 康氏	1940.7.22.	

3) 역사 평론(신문·잡지)

95	獨立門과 監獄, 隨感隨想, 요새 이때에 생각되는 일	별건곤 2권8호	1927.12.	출판시부터 전문삭제
96	三國時代의武俠傳	신동아 3권10호	1933.10.	
97	朝鮮の山と川(一七) 漢拏山史話	조선통신 100집2506호	1934.8.9.	연재전5회 일본어
98	朝鮮の山と川(一八) 漢拏山史話	조선통신 101집2507호	1934.8.10.	
99	朝鮮の山と川(一九) 漢拏山史話	조선통신 102집2508호	1934.8.11.	
100	朝鮮の山と川(二0) 漢拏山史話	조선통신 103집2509호,	1934.8.13.	

101	朝鮮の山と川(二一): 漢拏山史話	조선통신 104집2510호	1934. 8.14.	
102	景福宮重建과 民怨	신동아 4권 10호반도사화와 낙토만주	1934. 10. 1943. 1	
103	景福宮と民怨(一)	조선통신, 103집2582호	1934. 11.10.	연재전5회 일본어
104	景福宮と民怨(二)	조선통신 103집 2583호	1934. 11.11.	
105	景福宮と民怨(三)	조선통신 103집 2584호	1934. 11.12.	
106	景福宮と民怨(四)	조선통신 103집 2585호	1934. 11.13.	
107	景福宮と民怨(五)	조선통신 103집 2586호	1934. 11.14.	
108	新羅史의 精華 花郎道 新羅의 花郎道	조선일보 반도사화와 낙토만주	1940. 1.4. 1943. 1	
109	史上에 나타난 馬公의 忠勇譚	춘추 3권1호	1942. 1.	
110	난세에 이 聖雄	조선일보	1946. 11.26.	
111	橫說竪說-正士와 處世	대조 4권2호	1949. 7.	
112	壬辰倭亂과 義兵의 궐기와 그 戰局推移의 大槪	호남절의사	1953. 4.	
113	乙未年의 史的 考察	삼남일보	1955. 1.1.	
114	누가 叛逆者며 누가 愛國者인가	사상계 5권7호	1957. 7.	
115	韓日의 不合法的 關係	가람문선	1966.	

가람 이병기 전집 ㉔

역사학(어린이역사 · 역사이야기 · 역사 평론)

지은이 이병기
펴낸이 양오봉
펴낸곳 전북대학교출판문화원

초판 1쇄 인쇄 2024. 12. 16
초판 1쇄 발행 2024. 12. 25

전북대학교출판문화원 전북특별자치도 전주시 완산구 어진길 32 (풍남동2가)
전화 (063) 219-5319~5322
FAX (063) 219-5323
출판등록 2012년 8월 20일 제465-2012-000021호

값 30,000원

ISBN 979-11-6372-238-0 04810
ISBN 979-11-87892-59-5(세트) 04810

* 이 책은 2024년도 익산시와 전라북도의 지원에 의해 간행되었습니다.
* 본서에 사용된 작품 및 이미지는 저작권법 제28조에 따라 보도·비평·교육·연구 등을 위해 공표된 저작물을 정당한 범위 안에서 인용할 수 있다는 규정에 의거하여 수록하였음을 밝힙니다.